Renforcer les compétences au Cameroun

DIRECTIONS DU DÉVELOPPEMENT
Développement humain

Renforcer les compétences au Cameroun

Développement inclusif de la main-d'œuvre, compétitivité et croissance

Shobhana Sosale et Kirsten Majgaard

GROUPE DE LA BANQUE MONDIALE

Table des Matières

Encadrés

Graphiques

Tableaux

Remerciements

L'équipe remercie les représentants du ministère camerounais de l'Économie, de la Planification et de l'Intégration régionale (MINEPAT), du ministère camerounais des Finances (MINFI), du ministère camerounais le l'Emploi, de l'Éducation et de la Formation Professionnelle (MINEFOP), du ministère camerounais de l'Enseignement de base (MINEDUB) du ministère camerounais de l'Enseignement Supérieur (MINESUP), du ministère camerounais de la Jeunesse (MINEJEUNE), du ministère camerounais de la Science et de l'Innovation (MINRESI), de l'Institut national de la statistique du Cameroun et de l'association du secteur privé du Cameroun d'avoir partagé leurs données et leurs informations précieuses aux différentes phases de préparation et de réalisation du présent rapport. L'équipe tient également à remercier les dirigeants du Groupe des jeunes et ceux qu'ils représentent au Cameroun de leur contribution essentielle à la préparation de l'étude.

Le présent rapport est le fruit de la collaboration entre les équipes de l'équipe multisectorielle du Gouvernement camerounais et les équipes de la Banque mondiale ci-après : éducation en Afrique Centrale, réduction de la pauvreté et éducation et pôle international finances et développement du secteur privé. Shobhana Sosale a dirigé le travail et préparé le rapport avec l'aide de Kristen Majgaard. Ramahatra Mamy Rakotomalala et Samira Halabi ont été les principaux contributeurs de la partie « note conceptuelle » de l'étude, et, Amit Dar, Xiaoyan Liang, Dena Ringold et Taye Alemu Mengistae ont constitué le comité de lecture à ce stade de l'étude. À la phase d'élaboration du concept, le Comité consultatif de l'étude était composé d'Emanuela di Gropello, de John Giles, de Patrick Premand et de Jee-Peng Tan. La version finale du rapport a bénéficié des contributions et de l'examen de Souleymane Coulibaly, Venkatesh Sundararaman, John Giles, Gilberto de Barros, Alphonse Tji Achomuma et Birger Fredriksen (réviseur externe). Gregor Binkert et Peter Nicolas Materu ont fourni des conseils généraux.

Jee-Peng Tan, Viviana Gomez Venegas, Ryan Peter Flynn, Judith Lewetchou et Eleni Papakosta ont participé à toutes les étapes de l'outil de développement de la main-d'œuvre SABER, notamment la formation des clients et à la collecte et la notation des données. L'équipe remercie Kristen Himelein et Rose Mungai du soutien opportun qu'elles ont apporté pour les données. L'équipe multisectorielle du Gouvernement, constituée de membres du personnel des ministères de l'Éducation et de la Formation, de la Jeunesse, de l'Agriculture, de la Sylviculture, de l'Industrie et de l'Exploitation minière et du Groupement inter-patronal du Cameroun (GICAM), a fourni des conseils importants pour analyser le développement de la main-d'œuvre. Les consultants Judith Lewetchou Efouefack, Eleni Papakosta, Monica Chavez et Vincent Perrot ont pu préparer des notes synthétiques d'informations générales à partir des consultations approfondies avec l'équipe multisectorielle du Gouvernement sur les employés, les jeunes leaders et les groupes constitutifs du secteur public, ainsi que sur des renseignements relatifs aux programmes et projets en cours issus des données secondaires et de l'analyse documentaire effectuée pour la note conceptuelle. L'équipe tient à remercier tous les membres de l'équipe Natalie Tchoumba Bitnga, Rose-Claire Pakabomba et Laurence Hougue Bouguen de leur appui logistique lors des nombreuses consultations, et Francine Le Touzé pour la traduction française du rapport. L'édition du rapport a été faite par Paul Holtz de Next Partners et Sandra Gain, consultante pour le département de Publications et savoirs, ECRPK, à la Banque mondiale.

Le rapport a bénéficié des délibérations de l'atelier du Programme en sciences appliquées, ingénierie et technologie (PASET) qui s'est déroulé du 10 au 12 juin 2014 à Dakar. Des consultations préalables à l'atelier avec le ministère de l'Emploi, de l'Éducation et de la Formation Professionnelle (MINEFOP), le ministère de l'Enseignement Supérieur (MINESUP) et le ministère de la Science et de l'Innovation (MINRESI), ont permis d'améliorer le document.

Les versions initiales de l'analyse des compétences, des politiques et des institutions de développement de la main-d'œuvre, ainsi que les documents d'informations générales, ont été progressivement présentés lors de la phase de préparation de l'étude aux responsables de l'équipe multi-ministérielle, au GICAM et aux parties prenantes de l'éducation et de la formation des secteurs public et privé du Cameroun.

Résumé analytique

Vision 2035 présente les objectifs du Gouvernement camerounais en matière de croissance et de développement pour le pays : l'objectif principal étant, pour le Cameroun, de devenir une économie émergente d'ici à 2035. La vision fixe des objectifs à moyen terme et met l'accent sur la réduction de la pauvreté, le fait de devenir un pays à revenu intermédiaire et nouvellement industrialisé et la consolidation de la démocratie et de l'unité nationale, dans le respect de la diversité du pays. *Vision 2035* sert également de point d'ancrage à long terme à la stratégie récemment mise à jour par le Gouvernement sur la réduction de la pauvreté : une stratégie qui place l'emploi au centre de la réflexion.

La Vision, officiellement connue sous le nom de Document de stratégie pour la croissance et l'emploi ou DSCE, a été finalisée en 2010. Le DSCE désigne entre autres le chômage et la faible productivité comme défis majeurs pour le développement du pays[1]. Il vise donc à :

- Créer des opportunités d'emploi plus solides dans le secteur formel et informel en renforçant le développement humain.
- Accroître la productivité de l'agriculture, de l'exploitation minière et des chaînes de valeur-clés, telles que le bois, le tourisme et les technologies de l'information et des communications (TIC).
- Stimuler la croissance grâce à des investissements dans les infrastructures essentielles, – notamment l'énergie, les routes, les infrastructures portuaires, l'approvisionnement en eau et l'assainissement de l'eau – et à l'amélioration du climat des affaires et de l'intégration régionale.

Le DSCE fixe l'objectif ambitieux de faire baisser le sous-emploi de 76 pour cent à 50 pour cent de la main-d'œuvre d'ici à 2020 grâce à la création de dizaines de milliers d'emplois formels. Néanmoins, si l'on en croit les résultats issus des deux premières années de sa mise en œuvre, le DSCE est loin d'atteindre cet objectif.

Le présent rapport est destiné à aider le Cameroun à augmenter les compétences de sa population active afin d'accroître la productivité et la compétitivité dans le domaine du travail et de créer des emplois, tout en reconnaissant que de nombreux facteurs autres que les compétences peuvent inhiber cette productivité et cette création d'emplois. Les termes « main-d'œuvre » et « force de travail » y sont employés de manière interchangeable. Plus précisément, l'objectif de l'étude est d'appuyer une stratégie nationale de développement des compétences et de politiques et institutions connexes aux fins de soutenir la compétitivité, la productivité et la création d'emploi.

L'étude présente des analyses empiriques du développement des compétences en lien avec le marché du travail dans le but de promouvoir la compétitivité du travail et la création d'emplois. Elle se fonde sur une approche sectorielle au développement des compétences tout en accordant une attention particulière à des secteurs qui nécessitent une main-d'œuvre abondante et en prenant en compte les investissements nécessitant une forte croissance. Elle tire ainsi des conclusions et recommande des politiques afin de répondre à six questions :

• Quelle a été la trajectoire du Cameroun en matière de croissance économique ?
• Quels types d'emplois ont été créés ?
• Quel type de compétences est mis à profit dans les secteurs où sont employés les pourcentages les plus élevés de la population ? Les employés sont-ils productifs ?
• À quels obstacles liés à l'offre et à la demande les compétences se heurtent-elles ?
• Quelles sont les politiques et institutions en jeu ? Sont-elles suffisantes pour permettre au Cameroun d'atteindre le statut à part entière de pays à revenu intermédiaire ?
• Que faut-il ou que peut-on réformer afin d'améliorer le développement des compétences et la productivité pour augmenter la compétitivité et la croissance ?

L'étude présente une analyse des secteurs des infrastructures, de la sylviculture et du bois et de la transformation du bois, de l'agriculture et de l'agroalimentaire (en particulier les textiles de coton, l'huile de palme, le tourisme et l'industrie extractive). Le secteur de la technologie et de l'innovation a été ajouté et les secteurs prioritaires ont été choisis en fonction :

• De leur capacité estimée à créer des emplois
• De leur capacité estimée à accroître la productivité. La possibilité de développer les compétences en créant des emplois est considérée comme relativement mince dans la mesure où les contraintes liées à la création d'emplois dans un secteur en particulier au Cameroun sont souvent externes aux politiques de travail traditionnelles, y compris au développement des compétences
• De la concentration des emplois
• Du recoupement des emplois dans les secteurs formel et informel où la plupart des populations pauvres et vulnérables s'investissent
• Des perspectives de création d'opportunités économiques *via* la création d'emplois et la valeur ajoutée de la main-d'œuvre dans la plupart des secteurs sélectionnés
• De leur potentiel à nécessiter une main-d'œuvre abondante, tout en étant plus aptes à la transformation structurelle.

Étant donné l'importance du secteur informel au Cameroun, le travail de diagnostic et d'élaboration de politiques comprend des analyses et des recommandations permettant d'identifier les opportunités du secteur formel et d'accroître la productivité dans les secteurs formels et informels. La désignation d'outils appropriés lors de l'étude des compétences dans le cadre du secteur informel a représenté un défi particulier.

Reconnaissant la nécessité de faire intervenir plusieurs outils pour relever le défi du développement des compétences et savoir à quelles fins et de quelle manière les utiliser, le modèle conceptuel de la présente étude comprend trois thèmes et sous-thèmes. Dans un premier temps, l'étude s'appuie sur le modèle d'agrégation-accumulation (AAM) pour créer de la croissance et développer les compétences au moyen de bases d'estimation, qui, avec le modèle de compétences pour l'emploi et la productivité (STEP), révèle la capacité de déplacer la frontière des possibilités de production (*potential for shifting the production possibility frontier* - PPF). Dans un second temps, l'étude fait place à une évaluation des réserves et des flux de compétences de la main-d'œuvre, dans la mesure où les conclusions et recommandations en termes de politiques sont différentes pour les deux. Et pour finir, l'étude applique le modèle de développement de la main-d'oeuvre SABER (SABER-Workforce Development – DMO), qui permet d'anayser les politiques et les institutions qui ont poussé ou retardé le développement des compétences.

Le modèle d'agrégation-accumulation permet de mesurer la variation au cours du temps du produit intérieur brut (variable indépendante) causée par les changements des compétences accumulées telles qu'elles ont été évaluées par niveau de réussite scolaire (variable dépendante), tous les autres facteurs de production (terre, capital) étant par ailleurs égaux. On sait que le niveau de scolarité est un piètre indicateur pour évaluer la répartition des compétences et est largement insuffisant pour éclairer les politiques. Cependant, en l'absence de meilleurs indicateurs pour évaluer les compétences, il demeure la meilleure mesure quantitative. Les évaluations d'apprentissage pourraient aussi constituer un bon outil de mesure pour les compétences. Néanmoins, l'apprentissage au Cameroun n'a pas été mesuré de manière systématique. Le Cameroun participe à l'évaluation régionale PASEC (*Programme for the Analysis of Education Systems* – Programme d'analyse des systèmes d'enseignement) et jusqu'à présent, il a maintenu sa position parmi les trois premiers du classement du PASEC, malheureusement les tests PASEC ont subi des changements avec le temps, jetant un doute sur la comparabilité des résultats par pays.

L'étude fait le point sur la croissance économique jusqu'en 2012, les aspects qui ont contribué ou nui à l'acquisition des compétences, la structure du marché du travail et son évolution, du secteur agricole primaire jusqu'au secteur tertiaire des services, mais aussi sur l'éducation et les compétences de la population active. L'analyse de la demande a été menée en se penchant sur les études de la chaîne de valeur financées par le Projet de développement et de compétitivité du secteur privé du Département des finances et du développement du secteur privé de la Banque mondiale, qui ont permis d'évaluer les types de compétences les plus recherchées dans les secteurs primaire, secondaire et tertiaire. L'analyse de l'offre a été entreprise en évaluant dans quelle mesure le développement des compétences était stimulé par le secteur de l'éducation et de la formation.

La stratégie et les indicateurs permettant de mesurer l'offre et la demande de compétences ont été élaborés en :

• Examinant l'évolution de la croissance et des contributions sectorielles à la croissance, à l'emploi et aux niveaux d'éducation associés de la main-d'œuvre
• S'appuyant sur les analyses du marché du travail réalisées par l'Institut national de la statistique et l'Organisation internationale du Travail
• Faisant l'état des lieux de la demande de compétences à partir de l'enquête 2011 sur les employeurs
• Reliant l'emploi axé sur les secteurs et les besoins en compétences pour produire une valeur ajoutée dans les analyses de la chaîne de valeur effectuées par le Département Commerce et Compétitivité dans la région Afrique de la Banque mondiale
• Menant, à l'aide de l'outil SABER-DMO, une analyse empirique permettant d'effectuer le diagnostic de la politique de développement des compétences et du cadre institutionnel en place pour le développement de la main-d'œuvre
• S'appuyant sur une analyse documentaire approfondie.

Plusieurs conclusions majeures ont été tirées. En premier lieu, les compétences disponibles dans le système, ainsi que leur utilisation, représentent une perte sèche importante, ce qui signifie que les taux de chômage les plus élevés touchent les populations les plus instruites – celles qui ont effectué des études universitaires –. Ceci s'explique par leur tendance d'une part à ne pas postuler pour les emplois peu qualifiés et par la pénurie d'emplois nécessitant des travailleurs hautement qualifiés d'autre part. En outre, la plupart des diplômés universitaires ont des compétences de généralistes par opposition à des compétences spécialisées. Ils évitent également souvent de prendre des emplois dans les zones rurales et éloignées. Enfin, le système d'éducation et de formation est très inefficace et coûteux pour les ménages, coûts qui sont supérieurs aux avantages personnels et sociaux de l'éducation et de la formation. Ensemble, ces facteurs créent un décalage entre la quantité et la qualité des compétences. L'offre n'est pas proportionnelle à la demande en compétences.

En second lieu, près de 90 pour cent des travailleurs au Cameroun sont sous-employés ou employés de manière informelle. Seuls 5 à 6 pour cent d'entre eux travaillent dans le secteur formel et le milieu des affaires n'est pas propice au travail indépendant. Les entrepreneurs évoquent les impôts élevés, le régime fiscal difficile, la corruption généralisée, les difficultés d'accès au crédit, la bureaucratie excessive, la concurrence déloyale, les problèmes liés à l'énergie et à l'eau, le transport et le système judiciaire lourd, comme principaux freins à la création d'entreprise et aux transactions commerciales. La formation et les compétences de la main-d'œuvre figurent également dans la liste des obstacles. Elles représenteraient, dans l'ensemble, un problème majeur à moyen, voire à long terme, même si la plupart des entreprises sont de petite taille ou de taille moyenne. Avec le temps, les compétences de la main-d'œuvre se révèleraient insuffisantes par rapport à la capacité accrue du marché d'absorber la main-d'œuvre qualifiée. Le manque de compétences entrepreneuriales et techniques chez la plupart des travailleurs du secteur informel, facteur majeur de la réduction de la productivité, représente également une autre difficulté. Le présent rapport traite aussi des contraintes générées par le développement des compétences, auxquelles tous les secteurs sont confrontés.

En dernier lieu, le Cameroun se trouve loin derrière la plupart des pays en termes de compétitivité : il est classé 168e économie sur 189 et 132e pour démarrer une entreprise, principalement en raison de la lourdeur et de la lenteur des procédures, de l'attente pour obtenir des licences d'exploitation, des coûts élevés et de l'absence d'un capital minimum pour démarrer des entreprises de petite et moyenne taille. Le Cameroun se situe loin derrière la Malaisie, la Thaïlande et le Vietnam au regard de la taille de son secteur de fabrication malgré leur croissance presque égale dans l'industrie des services. Il possède pourtant le potentiel nécessaire pour améliorer son industrie de fabrication grâce à l'encouragement de la fabrication légère dans l'agroalimentaire, la transformation du bois et des secteurs connexes à l'industrie extractive. Les principaux obstacles sont le contexte des affaires (régime fiscal, bureaucratie excessive, concurrence déloyale, lourdeur du système judiciaire, etc.) et la faible base de compétences, qui conduisent à une faible productivité.

Les économies performantes d'après les indicateurs de *Doing Business* (Banque mondiale, 2013) ont tendance à être plus inclusives selon deux critères. Elles ont de plus petits secteurs informels, afin qu'un plus grand nombre de personnes ait accès aux marchés formels, et elles peuvent bénéficier de réglementations telles que la protection sociale et la sécurité au travail. Le principe d'égalité des sexes a également plus de chances d'être inscrit dans la loi. En effet, les femmes représentent près de la moitié de la population au Cameroun. Stimuler leur productivité profiterait donc au pays.

Enfin, au niveau national, l'analyse comparative dans le temps indique que le système du Cameroun se situe entre le statut « latent » et « émergent » en ce qui concerne les dimensions fonctionnelles des politiques et des institutions du cadre analytique SABER, à savoir la dimension stratégique, le contrôle du système et la prestation de services. Les résultats représentent une moyenne. Un examen plus approfondi des résultats sous-jacents dans les neuf domaines relatifs aux politiques révèle des aspects problématiques inhérents au système, qui nécessitent une approche plus nuancée. Plus précisément, il existe un cadre stratégique (des domaines d'action relatifs à la direction stratégique et à la coordination, qui ne sont pas orientés par la demande) qui constitue un système latent. Ceci est dû en grande partie à la préparation centralisée des documents de vision et de stratégie et des plans d'action. Les dimensions du contrôle du système et de la prestation de services sont également latentes. En effet, l'engagement collectif dans les ministères de l'Éducation et de la Formation et autres ministères qui offrent des compétences spécialisées est limité. Cela est dû à une approche très fragmentée de la surveillance de développement des compétences de la main-d'œuvre et de la prestation de services. Pour ce qui est des autres dimensions stratégiques, le Cameroun a un potentiel « latent ».

Si l'on prend en compte tous ces éléments, la perspective, pour le Cameroun, de passer du statut de pays de faible revenu à pays à revenu intermédiaire, est prometteuse. Il est possible de permettre à la main-d'œuvre d'acquérir des compétences plus dynamiques et réactives et de créer un système de développement des compétences qui favorise la prise de nouveaux postes et satisfait à de nouvelles exigences. Il est nécessaire de mettre en œuvre une nouvelle stratégie pour favoriser l'acquisition de compétences qui ajoutent de la valeur aux secteurs nécessitant une main-d'œuvre importante et qui permettent la diversification économique et la transformation structurelle. Le Cameroun a besoin d'un cadre de développement des compétences unifié et orienté vers l'action afin de promouvoir l'action collective, de mieux superviser le système et d'assurer la prestation de services pour obtenir des résultats.

Le présent rapport se termine par la proposition d'un cadre d'action reposant sur 10 principes : l'optimisation, la concentration et l'assimilation, l'adéquation, la spécialisation par opposition à la généralisation, la facilitation, la concaténation, la pertinence, la maximisation, la transférabilité et la transformation structurelle. Quelques conseils d'orientation sont proposés pour chaque domaine, notamment le partage de bonnes pratiques à l'international sur lesquelles le Cameroun pourra s'appuyer. Des recommandations sont également fournies dans le cadre de l'examen et du renouvellement de la gouvernance et des dispositions institutionnelles, notamment le développement d'un système d'information de gestion pour les emplois et la promotion de partenariats public-privé. D'autres options de financement pour les programmes de compétences font également l'objet d'une discussion. Enfin, des systèmes de suivi et d'évaluation seront proposés.

Les résultats prévus sont la réduction des inefficacités systémiques, l'encouragement de différentes options et le renforcement de la contribution du secteur informel pour soutenir la compétitivité et la croissance du Cameroun. Le principal risque est que le Gouvernement n'approuve pas ces recommandations, risque tout relatif car des mesures d'atténuation ont été adoptées, notamment des consultations au niveau des pays à travers des activités de production participative et une collaboration étroite avec l'équipe multisectorielle du Gouvernement.

Note

1. Le DCCE, approuvé par un Comité interministériel le 26 août 2009, couvre la période 2009-2019.

Bibliographie

République du Cameroun, ministère de la Planification, de l'Économie et du Développement régional, février 2009, Vision du Cameroun 2035, Document de travail, Yaoundé, Cameroun.

Gouvernement camerounais, 2013a, « Document de Stratégie du Secteur de l'Éducation et de la Formation : 2013–2020 », Yaoundé, Cameroun.

Abréviations

A2D	Agence de développement de Douala
AAACP-ACP	Programme tous ACP relatifs aux produits de base agricoles
AAF	Cadre d'accumulation-agrégation
AAM	Modèle d'agrégation-accumulation
ADC	Aéroports du Cameroun
AES-SONEL	Société Nationale d'Électricité
AFD	Agence française de développement
AFOP	Programme d'appui à la révocation et au développement de la formation professionnelle dans les secteurs de l'agriculture, de l'élevage et de la pêche
AFVAC	Associations des Familles Victimes des Accidents de la Route
AJEHOV	Association de jeunes étudiants bénévoles dans le secteur humanitaire
AJVC	Association Jeunesse Verte du Cameroun
A/L	Niveau d'enseignement général de fin de lycée donnant accès à toutes les filières universitaires *Advanced level*
ALVF	Association de lutte contre les violences faites aux femmes
ANOR	Agence des Normes et de la Qualité
ARIZ	Accompagnement du Risque Financier
ASET	Sciences appliquées, ingéniérie et technologie
ASPPA	Projet d'appui aux stratégies paysannes et à la professionnalisation de l'agriculture
ATPO	Association des Transformateurs des Produits Oléagineux
AVD	Actions Vitales pour le Développement Durable
AYICC	African Youth Initiative on Climate Change
BAC	Baccalauréat
BEPC	Brevet d'Études du Premier Cycle
BHA	Bois Hydrauliquement Assemblé
BTS	Brevet de Technicien Supérieur

C2D	Contrat de désendettement et de développement
CAP	Certificat d'Aptitude Professionnelle
CBF	Forum des entreprises camerounaises *Cameroon Business Forum*
CCI	Centre du commerce international
CCIMA	Chambre de Commerce, d'Industrie, des Mines et de l'Artisanat
CDC	Société de développement du Cameroun
CECOPRAF	Centre de Formation Professionnelle Amour Fraternité
CEM	Cameroun – Mémorandum économique
CEMAC	Communauté économique et monétaire d'Afrique Centrale
CEP	Certificat d'Étude Primaire
CEPROMINES	Centre de Formation professionnelle aux Métiers Miniers
CFC	Fonds commun pour les produits de base
CFM	Centre de Formation Professionnelle aux Métiers
CFMIN	Centre de Formation Professionnelle aux Métiers de l'Industrie de Nyom
CFPC	Centre de Formation Professionnelle Continue
CFPE	Centres de Formation Professionnelle d'Excellence
CFPM	Centre de Formation Professionnelle des Mines
CFPS	Centres de Formation Professionnelle Sectorielle
CFR	Centres de Formation Rurale
CIEP	Centre international d'études pédagogiques de Paris
CIMSGWD	Comité de pilotage interministériel pour le développement de la main-d'œuvre
CMPJ	Centre Multifonctionnel de Promotion de la Jeunesse
CNUCED	Conférence des Nations unies sur le commerce et le développement
CONFEJES	Conférence des ministres de la Jeunesse et des Sports de la Francophonie
CQP	Certificat de Qualification Professionnelle
CRA	Centres Régionaux d'Agriculture
CRESA	Centre Régional d'Enseignement Spécialisé en Agriculture, Forêt et Bois
CTSE	Comité Technique du Suivi/éÉvaluation
DAE	Direction des affaires économiques
DEFACC	Division de l'Enseignement Agricole Coopérative et Communautaire
DEPC	Directorat des Études, des Programmes et de la Coopération

DEPCO	Division des Études, de la Planification et de la Coopération
DFOP	Direction de la Formation et de l'Orientation Professionnelle
DMJ	Dynamique Mondiale des Jeunes
DMO	Développement de la main-d'œuvre
DPPC	Département de la Planification de Projet et de la Coopération
DSCE	Document de stratégie pour la croissance et l'emploi
DUT	Diplôme universitaire de technologie
ECAM	Enquête camerounaise auprès des ménages
EDB	Conseil de Développement Économique
EDS	Enquête démographique et de santé
EESI	Enquête sur l'emploi et le secteur informel au Cameroun
EFSEAR	École pour la Formation des Spécialistes en Aménagement Rural
EFTP	Enseignement et Formation Techniques et Professionnels
EGEM	École de Géologie et d'Exploitation Minière
ENATH	École Nationale de Tourisme et d'Hôtellerie
ENEF	École Nationale des Eaux et Forêts
ENSAI	École Nationale Supérieure des Sciences Agro-Industrielles
ETA	Écoles Techniques d'Agriculture
FAAS- FASA	Faculté d'Agronomie et des Sciences Agricoles
FCFA	Franc CFA
FCJ	Fondation Conseil Jeune
FEFWE-FMBEE	Faculté des Métiers du Bois, des Eaux et de l'Environnement
FIDA	Fonds international de développement agricole
FIJ	Fonds d'Insertion des Jeunes
FMI	Fonds Monétaire International
FNE	Fonds national de l'emploi
FNE-PADER	Programme d'appui au développement
FNE-PAJERU	Programme d'appui à la Jeunesse Rurale et Urbaine
FNE-PREJ	Programme Retraite Emploi Jeune
G4S	Group 4 Securicor
GAR	Gestion axée sur les résultats
GCE-A/L	Certificat général de l'enseignement secondaire ou diplôme de fin d'études de lycée *General Certificate of Education Advanced/Level*
GCE-O/L	Certificat général de l'enseignement secondaire ou diplôme de fin d'études de collège *General Certificate of Education Ordinary/Level*

GEI	Groupe d'études et d'investissement
GEPTC	Gestion Prévisionnelle des Emplois et des Compétences
GIC	Groupement pour l'éducation et l'investissement
GICAM	Groupement inter-patronal du Cameroun
GIPA	Groupement Interprofessionnel des Artisans
GPECT	Gestion Prévisionnelle des Emplois et des Compétences
GTHE- ENSET	École Normale Supérieure de l'Enseignement Technique
HRFM	Mouvement pour les droits de l'homme et la liberté
HRDF	Fonds de développement des ressources humaines de la Malaisie
IDA	Association Internationale de Développement
IGF	Forum National sur la Gouvernance de l'Internet
INS	Institut national de la statistique
IUT	Institut Universitaire et Technologique-Bois
JICA	Agence japonaise de coopération internationale
JVE	Jeunes Volontaires pour l'Environnement
IRAD	Institut de recherche agricole pour le développement
MICROPAR	Programme de Parrainage des Micro-Entreprises
MIDENO	Mission de développement du Nord-Ouest
MINADER	Ministère de l'Agriculture et du Développement Rural
MINAGRI	Ministère de l'Agriculture
MINAS	Ministère des Affaires Sociales
MINDCAF	Ministère des Domaines, du Cadastres et des Affaires Foncières
MINDUH	Ministère du Développement Urbain et de l'Hébergement
MINEDUB	Ministère de l'Éducation de Base
MINEFI	Ministère de l'Économie et des Finances
MINEFOP	Ministère de l'Emploi, de l'éducation Professionnelle et de la Formation
MINFOPRA	Ministre de la Fonction Publique et de la Réforme Administrative
MINEPAT	Ministère de l'Économie, de la Planification et de L'Aménagement du Territoire
MINEPIA	Ministère de l'Élevage, des Pêches et des Industries Animales
MINEPDED	Ministère de l'Environnement et de la Protection de la Nature
MINESEC	Ministère de l'Enseignement Secondaire
MINESUP	Ministère de l'Enseignement Supérieur
MINFOF	Ministère des Forêts et de la Faune

MINIMIDT	Ministère de l'Industrie, des Mines et du Développement Technologique
MINJEC	Ministère de la Jeunesse et de l'Éducation Civique
MINJEUN	Ministère de la Jeunesse
MINJUSTICE	Ministère de la Justice
MINPMEESA	Ministère des Petites et Moyennes Entreprises de l'Economie Sociale et de l'Artisanat
MINPROFF	Ministère de l'Autonomisation des Femmes et de la Famille
MINRESI	Ministère de la Science et de l'Innovation
MINTOUR	Ministère du Tourisme
MINTSS	Ministre du Travail et de la Sécurité Sociale
NAF	Cadre national en matière d'accréditation
NASSCOM	Association nationale des logiciels et des entreprises des services
NSWF- ENEF	École Nationale des Eaux et Forêts
OHADA	Organisation pour l'Harmonisation en Afrique du Droit des Affaires
OIT	Organisation internationale du Travail
OMD	Objectifs du millénaire pour le développement
OMT	Organisation mondiale du Tourisme
ONCPB	Office national de commercialisation des produits de base
ONG	Organisation non gouvernementale
PADER	Programme d'Appui aux Emplois Des Ruraux
PAIJA	Programme d'Appui à l'Inclusion des Jeunes en Agriculture
PAPESAC	Pôle d'Appui à la Professionnalisation de l'Enseignement Supérieur en Afrique Centrale
PASEC	Programme d'Analyse des Systèmes Éducatifs de la CONFEMEN
PCFC	Projet Compétitivité des Filières de Croissance
PED	Programme Emploi Diplômé
PETU	Pôle d'Excellence Technologique
PIAASI	Programme Intégré d'Appui aux Acteurs du Secteur Informel
PIM	Programme de développement de la petite enfance au Brésil
PMJE	Parlement mondial de la jeunesse pour l'eau
PNUD	Programme des Nations Unies pour le développement
PNVRA	Programme National de Vulgarisation et de Recherches Agricoles
PPF	Frontière des possibilités de production
PRECASEM	Projet de Renforcement des Capacités dans le Secteur Minier

PRIMATURE	Cabinet du Premier Ministre
PRSP	Document de stratégie de réduction de la pauvreté
RCSEAFW	Centre Régional d'Enseignement Spécialisé en Agriculture, Forêt et Bois
REJEFAC	Réseau des jeunes des forêts d'Afrique Centrale
RGE	Recensement général Des Entreprises
ROJAC	Réseau des Organisations de Jeunesse pour l'Action du Citoyen
SABER	Approche systémique pour de meilleurs résultats dans le domaine de l'éducation *Systems Approach for Better Education Results*
SAP	Programme de développement des compétences en Afrique *Skills for Africa Program*
SAR	Section Artisanale et Rurale
SAR/SM	Section Artisanale Rurale et Section Ménagère
SCNPD	Service Civique national de Participation au Développement
SDF	Fonds de développement des compétences
SF	Sciences forestières
SITE	Renforcement des capacités institutionnelles
SM	Section Ménagère
SMIG	Salaire Minimum Interprofessionnel Garanti
SNPHPC	Syndicat national des producteurs de l'huile de palme au Cameroun
SOCAPALM	Société Camerounaise de Palmeraies
SODECOTON	Société de développement du coton
SOWEDA	Mission de développement du Sud-Ouest
SSF	Solidarité Sans Frontières
STEP	Modèle de compétences pour l'emploi et la productivité *Skills Towards Employability and Productivity*
SYNACSU	Synergie nationale de clubs santé scolaires et universitaires
TGCR	Techniciens de Génie Civil Réunis
TINAGRI	Techniciens et Ingénieurs en Agroalimentaire
TVA	Taxe à Valeur Ajoutée
UE	Union européenne
UICN	Union Internationale de la Conservation de la Nature et des Ressources naturelles
UITTW	Institut Universitaire de Technologie Bois
UNESCO	Organisation des Nations Unies pour la science, l'éducation et la culture
UNEXPALM	Union des Exploitants de Palmier à huile

USAID	Agence des États-Unis pour le développement international
UPI-IUP	Unité de Production Informelle
UTA	Unité de travail annuel
WWF	Fonds mondial pour la nature *World Wildlife Fund*
YDF	Fonds de développement de la jeunesse
ZEP	Zones d'Éducation Prioritaires

CHAPITRE 1

Introduction et contexte

Objectif et champ d'application

Le but principal de la présente étude est d'aider le Cameroun à réaliser son objectif stratégique : doter le pays d'une base de ressources humaines bien formée lui permettant de soutenir ses efforts pour devenir une solide économie à revenu intermédiaire d'ici à 2035. Cet objectif stratégique apparaît dans plusieurs documents nationaux, en particulier dans les documents décrivant la vision du pays *Cameroun émergent à l'horizon 2035* et le *Document de stratégie pour la croissance et l'emploi 2009* ou DSCE. Ceux-ci mettent en avant le changement de perspective : il s'agit moins de réduire la pauvreté que d'encourager la croissance, source de prospérité et d'emploi grâce à la redistribution des revenus et à la réduction de la pauvreté.

Le DSCE désigne l'agriculture, l'agroalimentaire (textiles de coton, huile de palme, cacao et café), la sylviculture (bois et transformation du bois), l'exploitation minière et le tourisme comme principaux moteurs de la croissance économique et de l'emploi. L'industrie légère dans ces secteurs est en train de devenir une option viable. S'appuyant sur ces thèmes et sur la vision du pays, la Banque mondiale perçoit l'accent mis sur la création de valeur ajoutée au travers d'une production nécessitant une main-d'œuvre importante, l'encouragement de la compétitivité et l'aide à la transformation structurelle, spatiale et sociale, comme des facteurs potentiels et fondamentaux de la croissance économique[1].

La présente étude vise à aider le Cameroun à élaborer une stratégie nationale de développement des compétences et de politiques et institutions connexes permettant de stimuler la compétitivité, la productivité et la création d'emplois. L'étude prend aussi en compte le fait que de nombreux facteurs autres que les compétences peuvent limiter la productivité et la création d'emplois, notamment la faiblesse de la gouvernance, de la bureaucratie, des infrastructures et des politiques fiscales, qui nuit directement à l'environnement des affaires.

L'étude se concentre sur le développement des compétences dans le cadre des marchés du travail formels et informels. À cette fin, les auteurs du rapport ont mené des analyses empiriques sur les effets de l'accumulation de la croissance et du développement des compétences dans le système d'éducation et de formation (effets de l'acquisition des compétences), ainsi qu'une analyse sur les chaînes de valeur, qui indique les contraintes de l'offre et de la demande de la main-d'œuvre qualifiée et non qualifiée au Cameroun. Les marchés du travail sont dynamiques. Les manques ou l'inadéquation des compétences seront toujours là. C'est pourquoi l'étude a pour objectif de revoir le système d'éducation et de formation, ainsi que son potentiel à établir une main-d'œuvre qualifiée en s'appuyant sur une approche cumulative.

Le présent rapport présente également un diagnostic complet des politiques et des institutions de développement des compétences au Cameroun. Il fait l'analyse des différents mécanismes de développement des compétences et leur correspondance avec la demande émergente du secteur. L'idée sous-jacente est que le développement d'une masse importante de main-d'œuvre qualifiée dotée de compétences de base et supérieures solides peut contribuer à améliorer la compétitivité, la satisfaction des besoins en main-d'œuvre de l'économie en transformation et à encourager la croissance. L'entreprise et l'investissement sont confrontés à des défis qui demandent qu'on y prête attention : une gouvernance faible, une bureaucratie excessive, des infrastructures insuffisantes et des politiques fiscales lourdes, qui retardent la productivité la compétitivité des entreprises et réduisent la demande de travail. Nous n'étudierons néanmoins pas leurs effets en profondeur car ces facteurs sont considérés comme exogènes au développement des compétences.

L'étude tente de pallier le manque de connaissances relatives à l'inadéquation des compétences au Cameroun et de savoir comment l'éducation et la formation peuvent contribuer de manière pertinente à développer les compétences, à stimuler la croissance, à accroître la compétitivité et à aider le Cameroun à évoluer vers des produits et des services à plus grande valeur ajoutée. Unifier l'approche actuellement fragmentée de plusieurs ministères et organismes privés pour augmenter l'offre de compétences représente un défi important. La fragmentation de l'offre de compétences, ainsi que la prépondérance de la population rurale, l'importance du secteur informel et le sous-emploi, constituent des problèmes majeurs.

La présente étude est une étape logique du travail analytique et opérationnel sur la compétitivité et la croissance entrepris au cours des cinq dernières années. Elle complète plus précisément les études déjà réalisées sur la chaîne de valeur dans l'agriculture, l'agroalimentaire (textiles de coton et huile de palme), la sylviculture (bois et transformation du bois) et le tourisme. Elle complète également l'analyse détaillée de l'Institut national de la statistique sur l'emploi, le rôle du secteur informel et les caractéristiques du travail, notamment les niveaux de compétences, en s'appuyant sur les données des secondes enquêtes auprès des entreprises (EESI II). La question est de savoir dans quelle mesure les entreprises peuvent attirer et absorber les travailleurs est abordée.

Le présent chapitre d'introduction définit le contexte, la raison d'être et la portée de l'étude, ainsi que son cadre conceptuel, les questions abordées, la méthodologie et les sources de données.

Contexte et raison d'être

Contexte socioéconomique des compétences au Cameroun

Le Cameroun est un pays à revenu intermédiaire, tranche inférieure, qui aspire à atteindre le statut à part entière de pays à revenu intermédiaire d'ici à 2035. Au cours des deux premières décennies qui ont suivi l'indépendance (déclarée en 1960), la croissance au Cameroun provenait de ses nombreuses ressources, la productivité et l'efficacité ne jouant qu'un rôle mineur. Entre 1996 et 2003, malgré des conditions externes moins favorables, la croissance fondée sur une réforme structurelle a pu être possible grâce à l'établissement de fondations à long terme dans le pays qui ont permis d'améliorer la productivité. Au cours de la dernière décennie, la croissance a ralenti car les fondations et la définition de politiques se sont affaiblies à la fois dans l'agriculture et dans les industries non minières (Banque mondiale, 2013a, 2014c). Si la plupart des populations dans le monde sont vieillissantes, celle du Cameroun (comme dans d'autres pays africains) est l'une des plus jeunes. Le Cameroun ne peut donc pas se permettre de manquer le dividende démographique pour réaliser sa vision[2].

Aux fins de créer des emplois et d'orienter la croissance, le DSCE a identifié la diversification économique dans cinq secteurs et deux sous-secteurs : les infrastructures, la sylviculture (bois et transformation du bois), l'agriculture et l'agroalimentaire (en particulier les textiles de coton et l'huile de palme), le tourisme et les industries extractives. La présente étude est basée sur l'analyse de la demande, de l'approvisionnement et du développement des compétences dans ces secteurs. Un sixième secteur, la technologie et l'innovation, fait également partie de la liste. C'est un domaine qui nécessite une attention urgente au Cameroun afin que sa compétitivité puisse être accrue au niveau international.

Les deux premiers critères de sélection des secteurs prioritaires sont l'estimation de leur potentiel à créer des emplois et celle de leurs gains de productivité. La perspective de développement des compétences liée à la création d'emplois est considérée comme relativement étroite. En effet, dans de nombreux cas, les obstacles à la création d'emplois dans un secteur au Cameroun se situent en dehors des politiques traditionnelles en matière de travail du pays, notamment celles du développement des compétences. Par exemple, les principales contraintes auxquelles sont soumises l'amélioration de la création d'emplois et l'accroissement de la productivité dans le secteur du coton au Cameroun sont entre autres le grand nombre de petites plantations familiales, le manque de connaissances relatives aux nouvelles technologies, les obstacles au transport et le manque d'informations sur les indicateurs des prix du marché. Bien que ces contraintes se situent en dehors du domaine des compétences, elles peuvent faire plus pour l'emploi que d'autres types d'investissements. Nous avons donc élargi notre point de vue pour prendre en compte un contexte plus large.

Les critères de sélection des secteurs prioritaires sont également la forte concentration de main-d'œuvre dans les secteurs sélectionnés, la suppression d'emplois dans les secteurs formel et informel où la plupart des populations pauvres et vulnérables sont actives, les perspectives de création de possibilités économiques grâce la création d'emplois et à la valeur ajoutée de la main-d'œuvre dans certains secteurs, et leur capacité à nécessiter une main-d'œuvre abondante tout en étant plus propices à la transformation structurelle. Or, les secteurs qui contribuent à la croissance ne nécessitent pas forcément ni systématiquement une main-d'œuvre abondante.

En concentrant les investissements sur le développement des compétences et les domaines de développement d'activité complémentaires dans ces secteurs, le Gouvernement camerounais pourrait créer une valeur ajoutée significative en termes d'emplois et de contributions de la main-d'œuvre à la croissance et à la productivité. Ensemble et de par leur interdépendance et leurs synergies, les secteurs pourraient élargir le marché national. Ils pourraient créer des emplois durables et aider ainsi le pays à ne plus dépendre de l'emploi saisonnier. Ils pourraient mettre le Cameroun sur la voie de l'autonomie et encourager la croissance basée sur l'exportation. La production globale et l'accumulation des compétences de la main-d'œuvre au fil du temps permettraient au pays d'atteindre une croissance durable et de réaliser son objectif de devenir un pays à revenu intermédiaire à part entière d'ici à 2035. Afin d'atteindre cet objectif, la compétitivité et l'accès aux marchés nationaux, régionaux et internationaux du Cameroun doivent s'améliorer.

La présente étude tente de comprendre quelles sont les compétences recherchées par les employeurs, les contraintes auxquelles est soumis le développement de ces compétences, et les compétences qui influent vraiment sur l'augmentation de la productivité. Le travail salarié formel représente seulement 4 à 6 pour cent de l'emploi au Cameroun. Par conséquent, l'étude balaie à la fois le secteur informel, qui représente environ 90 pour cent de l'emploi et les entreprises du secteur formel. Du point de vue du développement des compétences, l'étude cherche à identifier les types de compétences qui pourraient accroître la productivité pour les travailleurs du secteur informel. En nous appuyant sur l'analyse documentaire existante, nous étudierons donc les rôles du secteur de l'éducation formelle et des possibilités d'apprentissage informel (comme les stages d'apprentissage et la formation sur le tas) afin de savoir quelles politiques recommander.

Modèle conceptuel de l'étude

Le développement des compétences stimule la productivité et peut encourager l'emploi et les revenus. Or, il n'y a pas d'emploi sans création d'emplois. Le développement des compétences est essentiel pour améliorer la productivité et attirer les investissements étrangers directs (Ansu et Tan, 2012). Le Cameroun a longtemps protégé les industries locales de la concurrence étrangère et les investissements directs. Les niveaux d'investissement local sont également faibles. La faiblesse des compétences a conduit à des emplois et à des salaires médiocres, alors que des compétences élevées mènent à des emplois bien rémunérés. Ainsi, l'informalité prévaut et la majeure partie des travailleurs du secteur informel est sous-employée.

L'approche de l'éducation et de la formation générales au Cameroun demande d'être examinée. Des niveaux plus élevés d'enseignement supérieur spécialisé – et non généraliste – sont nécessaires pour que le Cameroun puisse réaliser sa transformation structurelle. En outre, cette dernière prend du temps. Le cadre conceptuel de la présente étude comprend donc trois thèmes et sous-thèmes :

- L'analyse s'appuie sur un cadre d'agrégation-accumulation qui permet d'orienter la croissance globale (lorsqu'on prend le produit intérieur brut (PIB) comme base d'estimation) et l'accumulation des compétences (lorsqu'on prend les années d'études comme base d'estimation). Le modèle indique que, toutes choses égales par ailleurs, les changements du niveau de scolarité peuvent faire croître le PIB dans le temps.
- Pour estimer l'offre de compétences, l'analyse prend en considération à la fois les réserves et le flux de main-d'œuvre. Par conséquent, l'étude porte sur :
  a. La *réserve de travailleurs* dans les secteurs sélectionnés et leurs caractéristiques, en particulier leurs niveaux de compétence (opportunités et contraintes). L'analyse s'appuie sur un cadre permettant d'évaluer les compétences des travailleurs dans le domaine de l'emploi, les contraintes et les obstacles auxquels ils se heurtent pour trouver un emploi, la demande en matière de compétences, et les contraintes socioéconomiques auxquelles est confrontée l'offre de compétences, qui font office de filtre pour les différents secteurs.
  b. Le *flux des futurs travailleurs*, grâce à l'analyse du secteur actuel de l'éducation et de la formation menée à l'aide du modèle de compétences pour l'employabilité et la productivité (*Skills Toward Employability and Productivity* – STEP) et de sa contribution potentielle à la croissance économique. Les compétences sont évaluées en séparant le concept en : développement des compétences de base (prendre un bon départ avec le développement de la petite enfance) qui permettent de s'assurer que tous les enfants apprennent à lire et à compter ; renforcement des compétences professionnelles ; encouragement des compétences en termes d'entrepreneuriat, d'innovation et de gestion ; et appui aux compétences de mobilité du travail afin de faciliter le passage du secteur formel au secteur informel, et *vice versa*, dans la mesure où la main-d'œuvre est souvent dynamique, en particulier dans un environnement comme le Cameroun où la stabilité de l'emploi n'est pas assurée.
- L'analyse s'appuie sur l'approche systémique pour de meilleurs résultats dans le domaine de l'éducation (*Systems Approach for Better Education Results* – SABER) ou modèle de développement de la main-d'œuvre afin d'analyser les politiques et les institutions qui ont été propices ou ont nui au développement ou à l'acquisition de compétences.

Questions principales abordées par l'étude

Le rapport est structuré de manière à répondre à six questions principales. Tout d'abord, quelle a été la trajectoire du Cameroun en matière de croissance économique et quels secteurs ont contribué à sa croissance ? Ensuite, où sont les emplois ? Quels types de compétences sont utilisés dans les secteurs où les pourcentages les plus élevés de la population sont employés et les employés sont-ils productifs ? Quels sont les obstacles à l'offre et à la demande en matière de compétences ? Quelles politiques et institutions sont à l'œuvre dans la création d'emplois et l'accroissement de la productivité et sont-elles suffisantes pour permettre au Cameroun d'atteindre le statut à part entière de pays à revenu intermédiaire ? Pour finir, que faut-il et que peut-on réformer pour améliorer le développement des compétences et la productivité au Cameroun afin de contribuer à sa compétitivité et à sa croissance ?

Méthodologie et sources des données

L'étude procède à une analyse dynamique, en tenant compte des contraintes intertemporelles et liées aux données. Les entrées analytiques nécessaires à l'élaboration de la stratégie de développement des compétences de l'étude sont :

- Le cadre de travail et l'analyse de la chaîne de valeur du secteur privé réalisés dans les secteurs clés en termes de croissance et de compétitivité. Ces secteurs sont identifiés dans la vision du Gouvernement (illustrée dans le DSCE) afin que le Cameroun passe du statut de pays à revenu intermédiaire, tranche inférieure au statut de pays à revenu intermédiaire à part entière d'ici à 2035 grâce à sa transformation structurelle. L'analyse de la chaîne de valeur permet de comprendre la demande en travailleurs en étudiant les emplacements géographiques de l'activité sectorielle, la réserve de travailleurs, leur composition, leurs niveaux d'éducation, la valeur ajoutée apportée au secteur, l'évaluation des compétences existantes, la compréhension des besoins en compétences, les manques de compétences et les stratégies possibles d'amélioration des compétences pour le développement de la main-d'œuvre au cours des 15 prochaines années. Les compétences-clés jugées pertinentes ici sont les compétences entrepreneuriales, managériales et comportementales.
- Les analyses des dernières données consultables[3] issues des enquêtes auprès des ménages et les rapports publics analytiques sur l'Enquête sur l'emploi et le secteur informel au Cameroun (Gouvernement camerounais 2012a, b et c)[4], qui fournissent des informations essentielles sur l'état actuel des niveaux actuels de formation et d'emploi des employés dans le secteur public salarié et non salarié. Les compétences-clés jugées pertinentes ici sont les compétences cognitives, non-cognitives et professionnelles.
- Le modèle original de simulation quantitative originale créé dans le cadre de la préparation du rapport d'étape du pays intitulé *Le système d'éducation et de formation du Cameroun dans la perspective de l'émergence* (Banque mondiale 2013b). Le modèle rassemble les flux d'étudiants dans le secteur de l'éducation et de la formation et concerne cinq ministères de l'éducation et de la formation au Cameroun. Il évalue l'effet de l'augmentation de l'âge scolaire, de la

population croissante des jeunes sur la réussite scolaire, ses conséquences possibles sur la population en âge de travailler et les résultats sur le marché du travail. La simulation quantitative permet d'expliquer comment pallier les insuffisances en matières de compétences requises par les entreprises. Ici, ce sont les compétences fondamentales, les compétences professionnelles supérieures et les compétences en matière de mobilité de la main-d'œuvre qui sont considérées comme importantes.

- Le modèle et outil de diagnostic de développement de la main-d'œuvre SABER-DMO vise à[5] :

   a. Appuyer systématiquement par des documents les politiques et les institutions qui influencent la performance du système d'éducation et de formation du Cameroun. L'outil comprend l'éducation et la formation initiales, continues et professionnelle offertes par le biais de multiples canaux, en particulier les programmes des niveaux secondaire et postsecondaire.

   b. Fournir un indice de référence par rapport à des normes internationales fondées sur des données.

   c. Entretenir le dialogue et l'action sur les réformes.

Les analyses ont été réalisées au moyen de consultations avec une équipe multisectorielle du Gouvernement et des groupes de jeunes. Elles servent de base pour établir des priorités parmi les interventions. L'outil de diagnostic et modèle de développement de la main-d'œuvre SABER-DMO est utile pour identifier les forces et les faiblesses du système, en particulier pour mettre en place un système sensible au marché du travail. SABER-DMO est influencé par neuf facteurs de politiques que l'on peut regrouper sous trois dimensions : l'orientation stratégique, le contrôle du système et la prestation de services. L'outil n'aide pas à établir des priorités et un ordre dans les réformes. Il s'utilise de manière conjointe avec les analyses de la chaîne de valeur relative à la demande aux fins de définir les domaines dans lesquels établir un ordre et des priorités.

Notes

1. Des rapports de la Banque mondiale (2014c), mais aussi d'autres rapports sur les chaînes de valeur du développement du secteur privé et du secteur des finances (notamment celui de la Banque mondiale, 2013b) ont mis en avant la nécessité d'une diversification économique.

2. Le dividende démographique est la croissance économique d'un pays par suite du changement de la structure par âge et des ratios de dépendance de sa population en raison de la transition démographique. Le premier dividende se produit avec le déclin du taux de natalité et l'augmentation de l'offre de travail, le second dividende lorsqu'un nombre important de travailleurs est motivé à investir pour sa sécurité financière à la retraite. Les gouvernements ont un créneau de 30 à 50 ans pour tirer profit de l'importance de la population en âge de travailler, si elle est employée de manière productive pour favoriser le développement économique et la croissance (Banque mondiale, 2013a).

3. Enquête camerounaise auprès des ménages (ECAM) 2007-08.

4. Deuxième Enquête sur l'emploi et le secteur informel (Enquêtes de 2012, EESI II) (INS 2012).

5. L'approche systémique pour de meilleurs résultats dans le domaine de l'éducation (*Systems Approach for Better Education Results* – SABER) du modèle et outil de diagnostic de développement de la main-d'œuvre (DMO) a été présentée en 2012 par l'équipe consacrée à l'éducation dans le réseau de développement de la Banque mondiale.

Bibliographie

Yaw Ansu et Jee-Peng Tan, 2012. « Skills Development for Economic Growth in Sub-Saharan Africa: A Pragmatic Perspective », dans « *Good Growth and Governance in Africa: Rethinking Development Strategies* », publié par Akbar Noman, Kwesi Botchwey, Howard Stein et Joseph E. Stiglitz Oxford Scholarship Online : mai 2012, DOI : 10.1093/acprof:oso/9780199698561.001.0001.

Banque mondiale, 2013a, *Human Development in Africa: Strategic Directions*, Région Afrique, Banque mondiale, Washington, DC.

Banque mondiale, 2013b, « Le système d'éducation et de formation du Cameroun dans la perspective de l'émergence », Banque mondiale, Washington, DC.

Banque mondiale, 2014a, « Cameroon SABER-Workforce Development and Country Report 2014 », Banque mondiale, Washington, DC.

Gouvernement camerounais, 2012a, *Deuxième enquête sur l'emploi et le secteur informel au Cameroun (ESSI 2) : Distorsions et mobilité sur le marché du travail*, Institut national de la statistique, Yaoundé, Cameroun.

Gouvernement camerounais, 2012b, *Deuxième enquête sur l'emploi et le secteur informel au Cameroun (ESSI 2) : Insertion sur le marché du travail*, Institut national de la statistique, Yaoundé, Cameroun.

Gouvernement camerounais, 2012c, Deuxième Enquête sur l'emploi et le secteur informel au Cameroun *[Productivité dans le secteur informel à Cameroun]*, Institut national de la statistique, Yaoundé, Cameroun.

République du Cameroun, ministère de la Planification, de l'Économie et du Développement régional, février 2009, Vision du Cameroun 2035, Document de travail, Yaoundé, Cameroun.

CHAPITRE 2

Modèle macro d'agrégation-accumulation

Introduction

Le présent chapitre traite de plusieurs questions : quelle a été la trajectoire du Cameroun en matière de croissance économique ? Quelle est la structure actuelle de l'emploi dans l'économie et dans quels secteurs ? Quelle est la trajectoire prévue de la croissance ? Et quels nouveaux types d'emplois sont susceptibles d'apparaître ?

Le chapitre réunit les concepts d'agrégation et d'accumulation dans le cadre d'une approche qui permet de comprendre leurs effets de mouvement jumelés sur la courbe des possibilités de production au Cameroun. La section « discussion » s'intéresse aux tendances de la croissance, aux contributions sectorielles et aux changements dans le temps, aux mouvements qui en découlent en matière d'emploi, aux évolutions dans le temps en termes de participation et de productivité de la force de travail, aux réserves et flux en matière d'adéquation et d'inadéquation des compétences et aux démarches du Gouvernement pour faire face aux défis en matière d'emploi et de compétences. Le modèle des « compétences vers l'employabilité et la productivité » (*Skills Toward Employability and Productivity* – STEP) se superpose à ce cadre pour indiquer comment se fait l'accumulation des compétences, ainsi que les effets potentiels de cette accumulation en termes de valeur ajoutée et de perspectives d'amélioration de la compétitivité et de la croissance.

Compétitivité et croissance nécessitant une main-d'œuvre abondante : modèle d'agrégation-accumulation

Le modèle d'agrégation-accumulation (AAM) permet de mesurer l'évolution du produit intérieur brut (PIB) au cours du temps (variable indépendante) découlant des changements dans l'accumulation des compétences (variable dépendante), tous les autres facteurs de production (terre, capital) étant égaux par ailleurs (graphique 2.1). La trajectoire du Cameroun au fil du temps est capturée à l'aide des données réelles sur le PIB et du niveau de scolarité[1]. L'étude aborde les facteurs expliquant le changement, ainsi que l'effet positif potentiel avec le temps.

Sur l'axe x du graphique 2.1, le modèle STEP fait état de l'acquisition des compétences dans le temps. Ensemble, le modèle d'agrégation-accumulation et le modèle STEP montrent comment la frontière des possibilités de production (FPP) peut se déplacer. L'hypothèse sous-jacente est que même si le Cameroun passait d'une compétitivité et d'une croissance nécessitant une main-d'œuvre abondante à une croissance demandant de forts investissements, il faudrait quand même aborder la question des compétences des travailleurs. Cela s'explique par le fait que le marché du travail du Cameroun ne garantit pas la stabilité de l'emploi. L'argument est le suivant : en améliorant la qualité et la quantité du niveau de compétences en fonction des évolutions de l'environnement des affaires, le Cameroun pourra accroître sa compétitivité régionale et mondiale et créer un environnement propice à des emplois stables.

Le modèle d'agrégation-accumulation est basé sur l'estimation du PIB et de la production comme mesure de la croissance et de la production dans le temps et comme estimation pour mesurer la productivité (production par heure travaillée). La tendance dans le temps indique une agrégation de la production.

Graphique 2.1 Effet d'agrégation-accumulation au Cameroun en 2010, 2020 et 2025

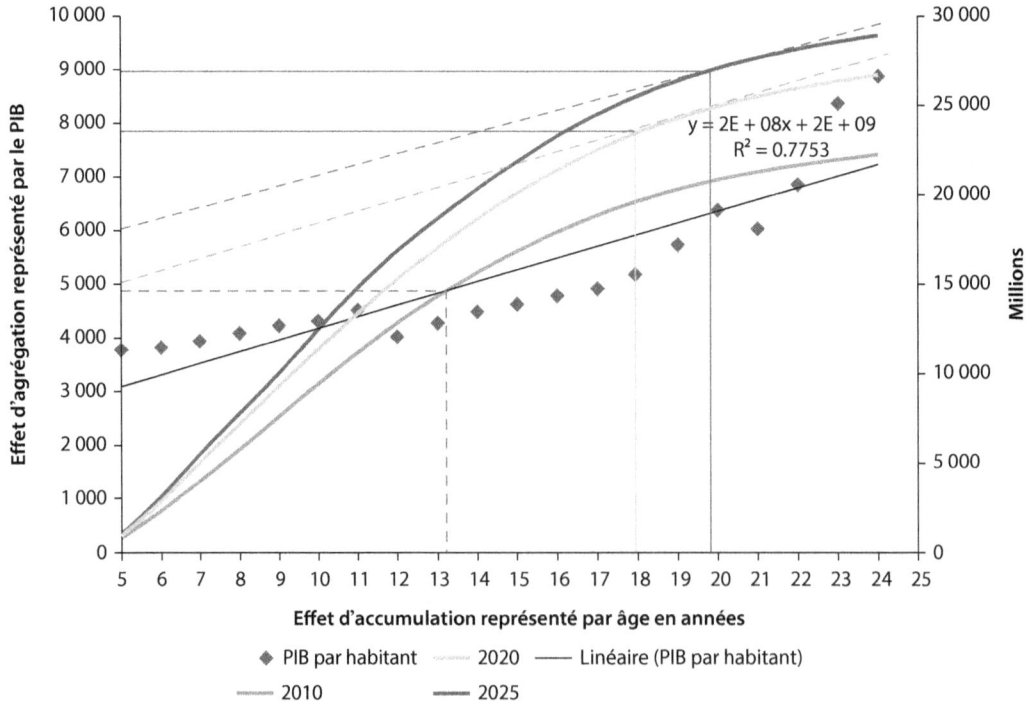

$$y = 2E + 08x + 2E + 09$$
$$R^2 = 0.7753$$

◆ PIB par habitant   2020   —— Linéaire (PIB par habitant)
—— 2010   —— 2025

Source : Calculs des services de la Banque mondiale effectués sur la base des indicateurs du développement dans le monde, 2014.
Note : L'âge en années sert de base d'estimation pour mesurer le niveau d'instruction et l'acquisition des compétences.

L'âge, en années, sert d'indicateur pour mesurer le niveau de réussite scolaire et l'acquisition des compétences. Les valeurs de 2010 sont des données réelles et la courbe de tendance du PIB estimé nous donne les projections pour le Cameroun de 2010 à 2025. L'intersection des courbes de tendance d'âge et du PIB indique les niveaux des points d'agrégation et d'accumulation. En 2010, le sous-emploi visible et invisible et le travail des enfants étaient importants au Cameroun. Avec le temps, on note des investissements dans l'éducation et un peu dans la formation. En 2010, on note une perte sèche considérable (la distance entre la tendance du PIB et la courbe de scolarité des 13 ans et plus) de l'utilisation des compétences dans le système. Or, l'investissement dans le développement des compétences pour les jeunes de 14 ans et plus pourrait dégager une plus grande valeur ajoutée, grâce à une main-d'œuvre mieux qualifiée. Il pourrait aider en effet à renforcer la base de l'industrie légère qui est déjà répandue dans les secteurs analysés par cette étude.

Le modèle STEP fournit un moyen d'intégrer le développement des compétences dans la main-d'œuvre potentielle au cours du cycle de vie (graphique 2.2). Le fait de gravir les étapes est corrélé avec l'axe y, qui correspond à l'acquisition des compétences dans le graphique 2.1, dans lequel le niveau d'éducation maximum atteint, mesuré en années, est utilisé comme estimation. Si l'on en retrace le chemin pour en évaluer les progrès à chaque étape, on pourrait conclure que le Cameroun :

- A connu un certain succès pour passer aux étapes 1 et 2, mais que l'étape 1 nécessite une certaine concertation. Les exigences de l'étape 2, telles que favoriser le questionnement, fournir une formation professionnelle de base, transmettre et diffuser des compétences comportementales, encourager les aptitudes cognitives et la socialisation pour les élèves en âge d'aller à l'école, reçoivent déjà une certaine attention, mais des efforts soutenus sont nécessaires, et des compromis doivent être soigneusement évalués pour aider à bien mener la transition vers les niveaux suivants.
- A des difficultés à faire la transition vers l'étape 3 : Renforcement des compétences professionnelles. Les principaux défis sont : rendre les programmes de développement des compétences plus accessibles aux clients ou aux bénéficiaires et encourager les prestataires ou fournisseurs à concevoir et offrir des programmes plus souples et adaptés aux besoins du marché. Les options de financement de la demande doivent être sérieusement prises en compte. Il existe d'autres options. Néanmoins, le rapport coût-efficacité des programmes comparables nécessite une plus grande attention, afin de déterminer la capacité de les mettre en œuvre à plus grande échelle. Favoriser des programmes adaptés à l'offre signifie fournir les bonnes incitations liées à la performance et aux résultats, ainsi qu'un environnement propice aux entrepreneurs aux fins de favoriser le développement des compétences. La certification et la recertification des fournisseurs et des compétences nécessitent une attention urgente.

- Connaît de grandes difficultés en ce qui concerne l'étape 4 : Encourager l'entrepreneuriat et l'innovation.
- Est en retard en ce qui concerne l'étape 5 : Faciliter la mobilité professionnelle et l'adéquation de l'offre et de la demande.

Pour que le Cameroun puisse devenir un pays à revenu intermédiaire, la transformation structurelle à travers les opportunités économiques est essentielle. Le développement des compétences de la main-d'œuvre, inclusif et mené de concert avec l'amélioration de l'environnement des affaires, pourrait faire croître la valeur ajoutée du travail et des entreprises, renforcer la compétitivité et aider à soutenir la croissance. Ces efforts aideraient le Cameroun à passer à un autre stade de développement. Le reste du présent chapitre présente en détail le modèle et explique les effets d'agrégation et d'accumulation. Les aspects spécifiques relatifs au développement des compétences sont abordés dans les chapitres suivants.

Graphique 2.2 Le modèle STEP comme ensemble intégré de programmes au cours du cycle de vie des travailleurs

Étape		Âge pré-scolaire	Âge scolaire	Jeunesse	Âge actif
5	Faciliter la mobilité professionnelle et l'adéquation de l'offre et de la demande			Apprentissage, certification des compétences, conseil	Services d'intermédiation, regulation du travail, transférabilité des droits sociaux
4	Encourager l'entreprenariat et l'innovation		Favoriser les approches basées sur l'investigation	Universités, groupes d'innovation, formation de base à l'entreprenariat, systèmes de gestion des risques	
3	Acquérir des compétences utiles à l'emploi		Formation continue de base, Compétences comportementales	Formation continue, enseignement supérieur, apprentissage, programmes ciblés	Formations dispensées par les entreprises, re-certification, ré-acquisition des connaissances
2	S'assurer que tous les enfants apprennent		Compétences cognitives, socialisation, Compétences comportementales	Éducation de la deuxième chance, Compétences comportementales	
1	Donner aux enfants un bon départ	Nutrition, stimulation psychologique and cognitive, compétences cognitives et sociales de base			

Source : Banerji et autres, 2010.
Note : Le graphique 2.2 se lit du bas vers le haut.

L'effet d'agrégation de 1960 à 2012

De 2003 à 2013, la croissance économique au Cameroun a été modeste (graphique 2.3) et a été minée par la crise économique mondiale, qui a affaibli la demande en exportations non pétrolières du Cameroun, telles que le bois et le caoutchouc. Les exportations non pétrolières sont les moteurs de la croissance économique du pays, même si l'activité dans l'industrie pétrolière a repris en 2012. Au cours des dernières années, l'économie a rebondi, avec une croissance du PIB réel approchant les 4,7 pour cent en 2012. Néanmoins, seulement 14 pour cent environ de la population active avait des emplois sûrs.

Le PIB par habitant a augmenté de 52 pour cent entre 1978 et 1986. Le secteur pétrolier a contribué de manière significative au budget de l'État, passant de 1,4 pour cent du PIB (9 pour cent des recettes totales) en 1980 à environ 9 pour cent du PIB (41 pour cent des recettes totales) en 1985. Le Gouvernement a adopté une stratégie de développement dominée par l'augmentation du budget d'immobilisations d'une moyenne de 2 pour cent du PIB sur la période 1965-1977 à une moyenne de 9 pour cent sur la période 1978-1986, tout en réduisant les dépenses courantes qui sont passées d'une moyenne de 16 pour cent à 12 pour cent. Il en a résulté un secteur public relativement important. L'amélioration des infrastructures physiques nationales a donné des routes et des terres irriguées. Toutefois, la part de l'investissement privé dans le PIB est restée largement inchangée (Ghura 1997 ; Charliers et Nçho-Oguie 2009).

Le PIB par habitant était de 1 165 dollars en 2012. Bien que le Cameroun ait obtenu le statut de pays à revenu intermédiaire, tranche inférieure, les taux de pauvreté demeurent encore relativement élevés. Alors que le taux de croissance annuel de la population est élevé (plus de 2 pour cent), la croissance réelle du PIB par habitant a été de seulement 1 pour cent par an en moyenne au cours de

Graphique 2.3 PIB par habitant, 1960-2012

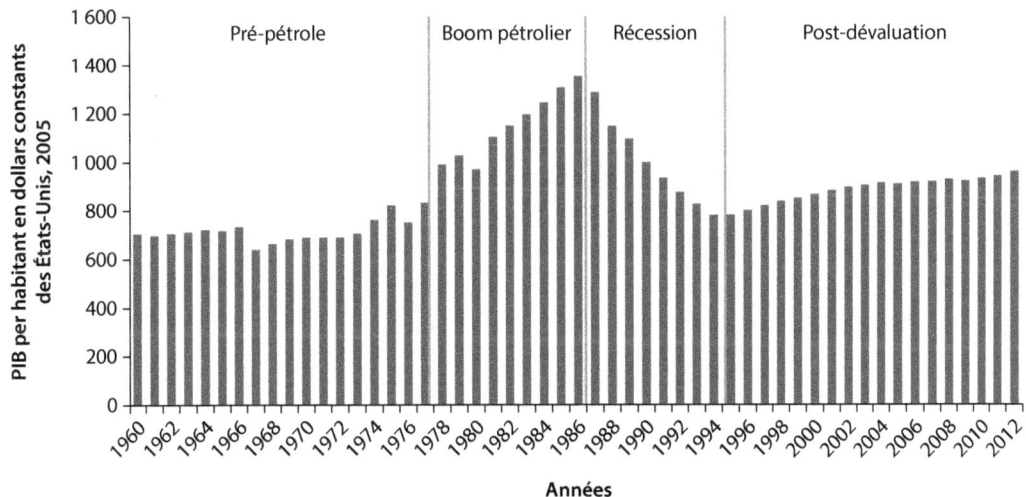

Source : Banque mondiale, 2014d.

la dernière décennie (2003-2013). Le taux de pauvreté a chuté de 13 points entre 1996 et 2001, mais a depuis stagné à environ de 40 pour cent[2]. En outre, les moyennes de la pauvreté nationale masquent de grandes disparités régionales. Alors que 56 pour cent de la population vivait dans les zones urbaines en 2007, 87 pour cent des pauvres se trouvaient dans les zones rurales. En outre, on note un écart de revenu croissant entre les régions, les zones urbaines et rurales, et les riches et les pauvres. Entre 2001 et 2007, le taux de pauvreté a augmenté dans quatre régions (Adamaoua, Extrême-Nord, Nord et Est ; graphique 2.4), les deux régions du nord ayant connu les plus fortes hausses. Les indicateurs de développement humain (notamment l'accès à la scolarisation, les taux d'achèvement du primaire, l'alphabétisation, l'accès à l'eau et à l'assainissement et l'espérance de vie) ont enregistré une croissance plus lente dans ces régions que dans d'autres parties du pays. Les disparités spatiales et géographiques entre zones rurales et urbaines et les disparités en matière de pauvreté en fonction du sexe se sont également accentuées.

L'évolution de la pauvreté est compatible avec les modèles de croissance économique (Banque mondiale 2014d). Une croissance économique moyenne réelle par habitant hors activité pétrolière de 1,2 pour cent dans le temps est significative, mais n'est pas élevée. Une réduction limitée de la pauvreté rurale est donc réaliste. En outre, alors que le secteur primaire a été le plus dynamique sur la période 2007-2011, la part relativement faible du secteur primaire dans le PIB non pétrolier (environ 25 pour cent) est également

Graphique 2.4 Incidence de la pauvreté et nombre de pauvres, 2001, 2007 et 2011

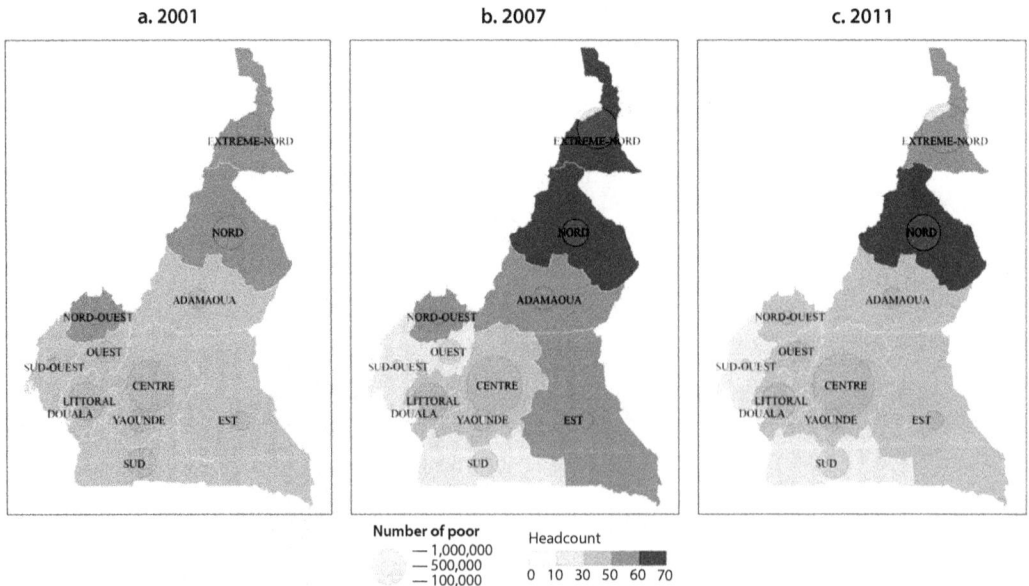

Sources : Tegoum 2013 ; Himelein 2014 ; Estimations du personnel de la Banque mondiale fondées sur l'Enquête camerounaise de consommation auprès des ménages de 1996, 2001 et 2007 et sur l'Enquête démographique et de santé de 2011.

cohérente avec des progrès limités en matière de réduction de la pauvreté dans les zones rurales.

Lors de la période 1986-2011, les contributions sectorielles à la croissance du PIB ont également changé, reflétant l'évolution des besoins en main-d'œuvre. En 1990 et 2005, le secteur tertiaire (services) a été le principal contributeur à la croissance du PIB, suivi du secteur secondaire (mines, fabrication, services collectifs et construction, mais hors pétrole) et du secteur primaire (agriculture, sylviculture, pêche, et élevage). En 2011, la croissance des secteurs tertiaires et primaires a éclipsé la contribution du secteur secondaire (graphiques 2.5 et 2.6). Cela pourrait être attribué à la période de récession qui a suivi le boom pétrolier (1986-1994) et à la période suivant la dévaluation (1994-2012).

La stratégie d'assistance aux pays de la Banque mondiale pour 2010 a identifié les principaux défis du Cameroun : stimuler une croissance saine et veiller à ce que les fruits de la croissance soient équitablement partagés. L'allégement de la dette de 2006 a permis de créer des marges budgétaires pour les dépenses de l'État liées à la réduction de la pauvreté. De fait, le Cameroun est l'un des pays les moins dépendants de l'aide en Afrique subsaharienne et fonctionne avec un nombre relativement restreint de partenaires techniques et financiers.

La stratégie de 2003 de la Banque mondiale pour la réduction de la pauvreté au Cameroun a souligné que le développement des ressources humaines était une composante essentielle de la vaste stratégie de développement du Gouvernement et des efforts pour atteindre les Objectifs du millénaire pour le développement (OMD). Renforcer la base des ressources humaines a également été identifié comme un aspect important de réduction de la pauvreté. Le volume et la qualité du capital humain ont été considérés comme essentiels

Graphique 2.5 Contributions sectorielles au PIB, 2006-2011
(%)

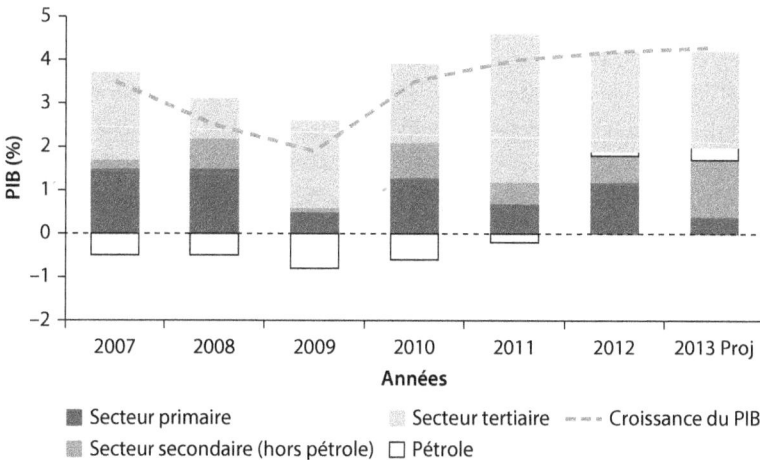

Sources : Institut national de la statistique et calculs des services de la Banque mondiale.

Graphique 2.6 Contributions sectorielles au PIB, 1990, 2005 et 2011

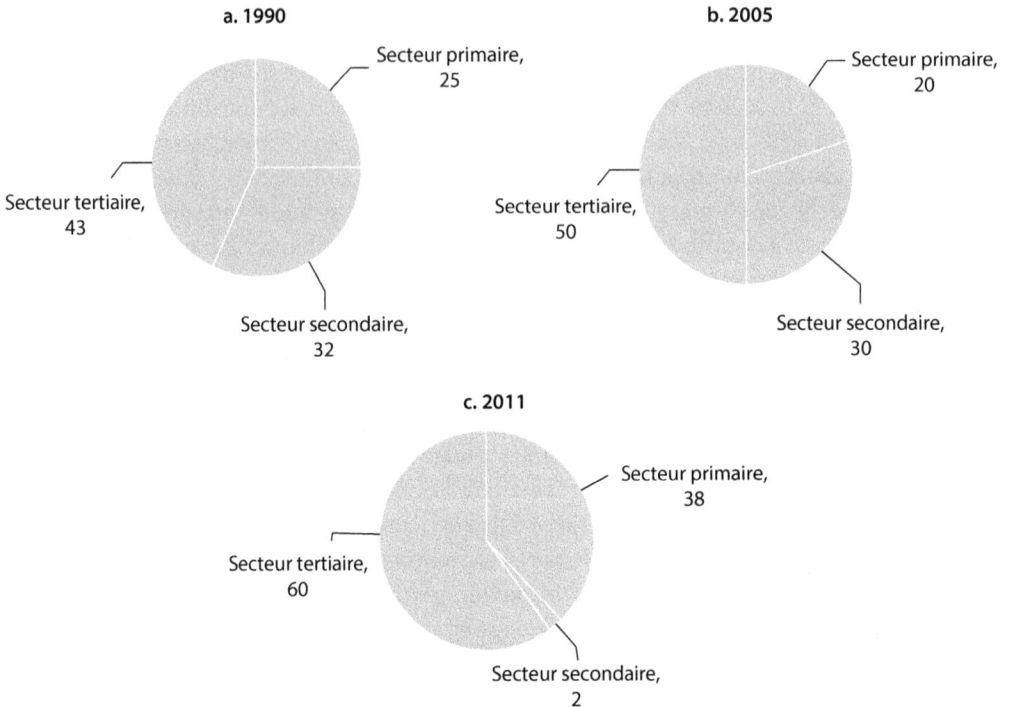

a. 1990

Secteur primaire,
25

Secteur tertiaire,
43

Secteur secondaire,
32

b. 2005

Secteur primaire,
20

Secteur tertiaire,
50

Secteur secondaire,
30

c. 2011

Secteur primaire,
38

Secteur tertiaire,
60

Secteur secondaire,
2

Sources : les données de 1990 et de 2005 sont issues de Charlier et N'Cho-Oguie 2009) et celles de 2011 de la Banque mondiale 2012a.

à la croissance économique à long terme, notamment par leurs effets sur la qualité de la croissance qui pourraient se traduire par la création d'emplois et la génération de revenus (Ghura 1997 ; Charlier et Nçho-Oguie 2009). Les politiques et les efforts du Gouvernement ont aidé à progresser vers cet objectif. En 2009-2010, le Gouvernement a révisé sa stratégie pour passer de la réduction de la pauvreté à la stimulation de la croissance et de l'emploi.

En 2012, malgré les efforts concertés, le Cameroun était loin de pouvoir atteindre les OMD. Des données récentes indiquent que l'OMD relatif à la scolarisation primaire universelle, qui était auparavant considéré comme possible à atteindre, n'était pas réalisable. L'indice de parité entre les sexes est passé de 0,88 en 2004 à 0,85 en 2010[3]. En outre, l'absence de progrès concernant les OMD liés à l'eau et à l'assainissement, le matériel pédagogique et didactique et les structures de soutien pour la réinsertion scolaire des filles pourrait affecter les effectifs et la réussite scolaires des enfants non scolarisés (en particulier les filles et les groupes vulnérables, notamment les minorités ethniques) et l'espérance de vie en général. Quoi qu'il en soit, les efforts du Gouvernement dans le temps ont permis de faire passer le Cameroun à la catégorie des pays à revenu intermédiaire (tableau 2.1).

Tableau 2.1 Indicateurs macroéconomiques, emploi et éducation, 2010

Macroéconomiques	
Croissance du PIB (% annuel)	4,6
Exportations de biens et de services (% du PIB)	29,2
Importations de biens et de services (% du PIB)	31,9
Recettes fiscales 1999 (en % du PIB)	11,2
Ratio de pauvreté au seuil de pauvreté national 2007 (% de la population)	39,9
Emploi	
Population (millions)	20,6
Chômage total (% de la population active totale) (estimations nationales)	3,8
Population urbaine	11,4
Emploi dans l'agriculture 2010 (% de l'emploi total)	53,3
Emploi dans l'industrie 2010 (% de l'emploi total)	12,6
Emploi dans les services 2010 (% de l'emploi total)	34,1
Éducation	
Ratio filles-garçons dans l'enseignement primaire et secondaire (%)	86,9
Taux de scolarisation primaire (% net)	91,5
Taux de scolarisation primaire (% brut)	110,6
Taux de scolarisation secondaire (% brut)	50,4
Taux de scolarisation secondaire 1981 (% net)	14,7
Taux d'alphabétisation, total des adultes 2010 (% des personnes de 15 ans et plus)	71,3
Taux d'alphabétisation, total des adultes 2011 (% des personnes de 15 ans et plus)	65,1

Source : Banque mondiale 2013b et 2014d.
Note : PIB = produit intérieur brut.

Démographie et emploi

Les résultats du troisième recensement de la population en 2005 indiquaient que le Cameroun comptait 18,1 millions d'habitants. En 2010, la population était passée à 20,6 millions. La population du Cameroun est jeune, nombreuse et en relativement bonne santé (graphique 2.7). On prévoit que la part des jeunes augmente au cours des deux prochaines décennies. Ceux-ci pourraient donc aider à accroître la compétitivité économique du pays, au niveau sous-régional et régional. Au cours de la prochaine décennie, un nombre important de jeunes devraient entrer sur le marché du travail. Comme dans d'autres pays d'Afrique subsaharienne, les jeunes représentent environ 40 pour cent de la population au Cameroun et pourraient générer un dividende démographique, avec des avantages en matière de ressources humaines, ou bien des coûts, s'il n'est pas géré de manière adéquate. La population jeune du Cameroun constitue donc une opportunité de taille pour créer une main-d'œuvre bien formée, qualifiée et employable, capable de mener la diversification et la transformation économiques.

Un rapport récent sur les marchés du travail des jeunes en Afrique subsaharienne et dans le monde constate que le manque de perspectives d'emploi

Graphique 2.7 Profil démographique

a. Par groupe d'âge et sexe, 2010 et 2030

b. Population par groupe d'âge, 1990–2050

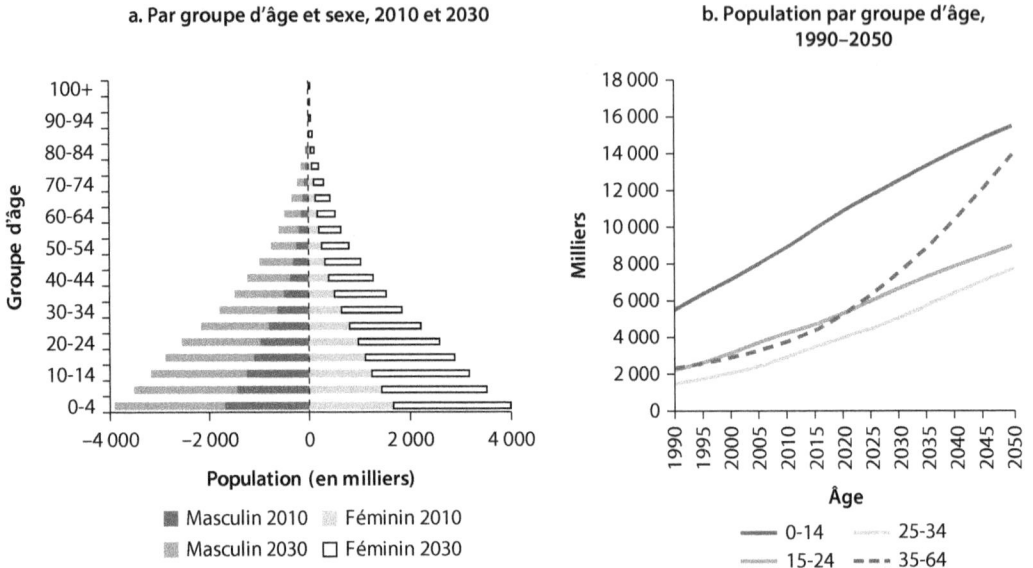

Source : Division de la population du département des affaires économiques et sociales du Secrétariat des Nations Unies, années diverses.

sécurisé, en même temps qu'une meilleure éducation, un meilleur accès aux technologies modernes et une exposition aux avantages perçus des économies développées, risquait de créer des frustrations chez les jeunes (Elder et Koné 2014). Cette frustration pourrait, à son tour, se traduire par des troubles politiques et une émigration. Selon un rapport de 2010, produit par le *McKinsey Global Institute* (2012), environ 23 pour cent seulement des jeunes au Cameroun avaient un emploi stable, 73 pour cent étaient en situation d'emploi vulnérable et 4 pour cent étaient au chômage. Par conséquent, les aspects politiques de l'économie demandent qu'on y prête une attention tout aussi importante. Le Document de stratégie pour la croissance et l'emploi fixe un objectif national pour l'emploi des jeunes de 50 pour cent d'ici à 2020, ce qui est ambitieux, et une des clés pour l'atteindre sera de maintenir l'accès à l'éducation et la formation tout en améliorant leur qualité.

Depuis 2000, l'accent a été presque exclusivement mis sur l'amélioration de l'accès à l'enseignement. Cependant, cela ne renforce pas la croissance économique. Les principales raisons en sont la relativement faible qualité de l'enseignement et l'inadéquation des compétences et des connaissances. En outre, les emplois formels du secteur privé ont mis beaucoup de temps à croître, d'où le nombre de plus en plus important d'emplois dans le secteur informel. Bien que l'on puisse considérer que l'informel est normal, la contribution potentielle du secteur informel à l'économie, en particulier à l'amélioration des recettes fiscales, n'est pas prise en compte ; et les faibles recettes fiscales nuisent à la croissance et à la compétitivité du Cameroun.

Les changements en matière d'emploi et de participation au marché du travail ont été relativement lents au cours de la dernière décennie et n'augmenteront pas de manière significative en l'absence de politiques concertées et de leur application. Le tableau 2.2 en indique les tendances dans le temps. Entre 2001 et 2010, la population a augmenté d'environ 2,3 pour cent par an, et la population active de 2,8 pour cent par an. Néanmoins, le taux de participation de la main-d'œuvre a diminué, de même que le taux de chômage, ce qui nous amène à conclure que l'informalité a augmenté sur la période. Le taux de population active âgée de 15 à 59 ans en 2001 était d'environ 19,6 pour cent en 2001, ce qui représente seulement 7,1 pour cent de la population active dans le groupe d'âge, soit une baisse de 60 pour cent. Les jeunes âgés de 25 à 34 ans ont connu un changement moins spectaculaire, le taux passant de 18,7 pour cent en 2001 à 8,2 pour cent en 2010, soit une diminution de 53 pour cent.

La ventilation par secteur indique que la majorité des emplois se trouve dans le secteur informel, qui a augmenté de 82,2 pour cent en 2001 à 84,1 pour cent en 2010 chez les travailleurs âgés de 15 à 59 ans. Dans le secteur informel, on note une réduction significative de la part des travailleurs dans l'agriculture, qui est passée de 68,1 pour cent en 2001 à 56,6 pour cent en 2010, tandis que le nombre d'emplois agricoles est passé d'environ 3 millions à 3,5 millions. Le nombre de personnes employées dans le secteur informel non agricole a augmenté pendant cette période. L'activité économique chez les 25 à 34 ans n'a, elle, que légèrement baissé, passant de 94,8 pour cent en 2001 à 93 pour cent en 2010. L'emploi dans le secteur formel a également diminué pour ce groupe d'âge, passant de 21,2 pour cent en 2001 à 19,1 pour cent en 2010, avec une augmentation du nombre de travailleurs non qualifiés.

En 2012, la population du Cameroun était estimée à 21 millions de personnes. Au cours de la prochaine décennie, le Gouvernement peut donc anticiper une main-d'œuvre croissante. En tenant compte de l'évolution du chômage au cours du temps, il est important d'évaluer la direction potentielle des emplois futurs et l'écart entre les employés qualifiés et non qualifiés.

La plupart des jeunes adultes sont au chômage, occupent des emplois dans le secteur public, sont sous-employés dans le secteur public ou travaillent dans des

Tableau 2.2 Changements dans la participation à la population active et taux de chômage par groupe d'âge

(%)

Âge (années)	Taux de participation à la population active			Taux de chômage		
	2001	2005	2010	2001	2005	2010
15-59	66,1	64,1	60,0	35,0	12,0	11,3
25-34	93,0	90,3	88,0	18,7	9,1	8,2
35-49	94,5	93,8	93,0	7,9	3,4	3,3
50-59	91,6	90,5	88,7	5,7	3,0	2,3

Source : Banque mondiale, 2013b ; calculs effectués à partir des données de l'Institut national de la statistique.

entreprises familiales qui les rémunèrent peu ou mal. Trois aspects méritent qu'on s'y attarde : la participation de la main-d'œuvre, son évolution au cours des deux dernières décennies et sa répartition dans tous les secteurs économiques, pour mieux comprendre la réserve de travailleurs ; les conséquences de l'évolution en termes de création d'emplois ; et la productivité estimée du travail dans une perspective intertemporelle et ses effets sur la mobilité intersectorielle.

La participation de la main-d'œuvre est passée de 3,5 millions en 1985 à 5,8 millions en 2005, soit un taux de croissance annuel de 2,5 pour cent (Banque mondiale, 2013b). Au cours de la même période, la répartition de la population dans tous les secteurs économiques a changé. En 2010, la population active a en effet montré qu'elle tendait à se tourner de plus en plus vers le secteur informel non salarié (graphique 2.8).

Les données sur l'emploi par secteur de 1986 à 2010 révèlent des tendances à la baisse pour l'agriculture et l'industrie et une tendance croissante pour les services (graphique 2.9). De 1978 à 1986, on note un accent accru sur les dépenses en capital qui se sont traduites par des améliorations considérables apportées aux infrastructures. L'augmentation de la contribution du secteur primaire au PIB, alors qu'il y avait une baisse de l'emploi dans l'agriculture, pourrait être due à l'amélioration de la technologie et de la productivité. En 1986, la population active était estimée à 2,04 millions de personnes. En 2005, ce nombre était tombé à 1,9 millions dans le secteur primaire (agriculture, sylviculture et pêche). La part de la main-d'œuvre employée dans l'agriculture a connu une baisse considérable, passant de 57,6 pour cent en 1985 à 32,3 pour cent en 2005 – soit une chute de près de 1,3 points par an. Entre 1985 et 2005, environ 150 000 ouvriers seulement étaient employés dans le secteur secondaire (industrie). Lors de cette même période, les effectifs employés dans le secteur tertiaire (services) ont augmenté de 1,35 millions à 3,81 millions, soit de 38,1 pour cent de la population active à 65,2 pour cent. Ainsi, les possibilités d'emploi dans le secteur tertiaire ont augmenté de façon spectaculaire.

La préférence pour l'emploi dans le secteur tertiaire crée une forte concurrence et d'importants obstacles pour accéder au marché du travail. Dans le secteur tertiaire, il est important de distinguer le secteur formel (dans lesquelles les sociétés sont immatriculées et ne sont pas tenues de payer de droits d'importation, et dans lesquelles les employés gagnent des salaires raisonnables et bénéficient de prestations de sécurité sociale) du secteur informel (qui comprend des petites entreprises et des services de vente au détail, qui offrent souvent des emplois intermittents et sont particulièrement frappés par le chômage). Au cours de la période 1985-2005, il semble que les effectifs employés dans le sous-secteur des services modernes aient presque doublé. Cela n'a représenté toutefois qu'une augmentation relativement faible par rapport au groupe en âge de travailler (15-64 ans). Une grande partie de ce groupe d'âge est entré dans le sous-secteur des services informels, c'est-à-dire que l'emploi dans ce sous-secteur est passé de 858 000 personnes en 1985, soit 24 pour cent de la population active, à 2,8 millions en 2005, ou 48 pour cent. On ne sait pas dans quelle mesure le secteur a pu agir comme élément-clé dans la fonction de production pour la croissance économique. L'augmentation pourrait refléter la redistribution du chômage qui masque les contraintes pour accéder aux secteurs formel en général et tertiaire formel.

Graphique 2.8 Structure et répartition de l'emploi par secteur et lieu, 2010

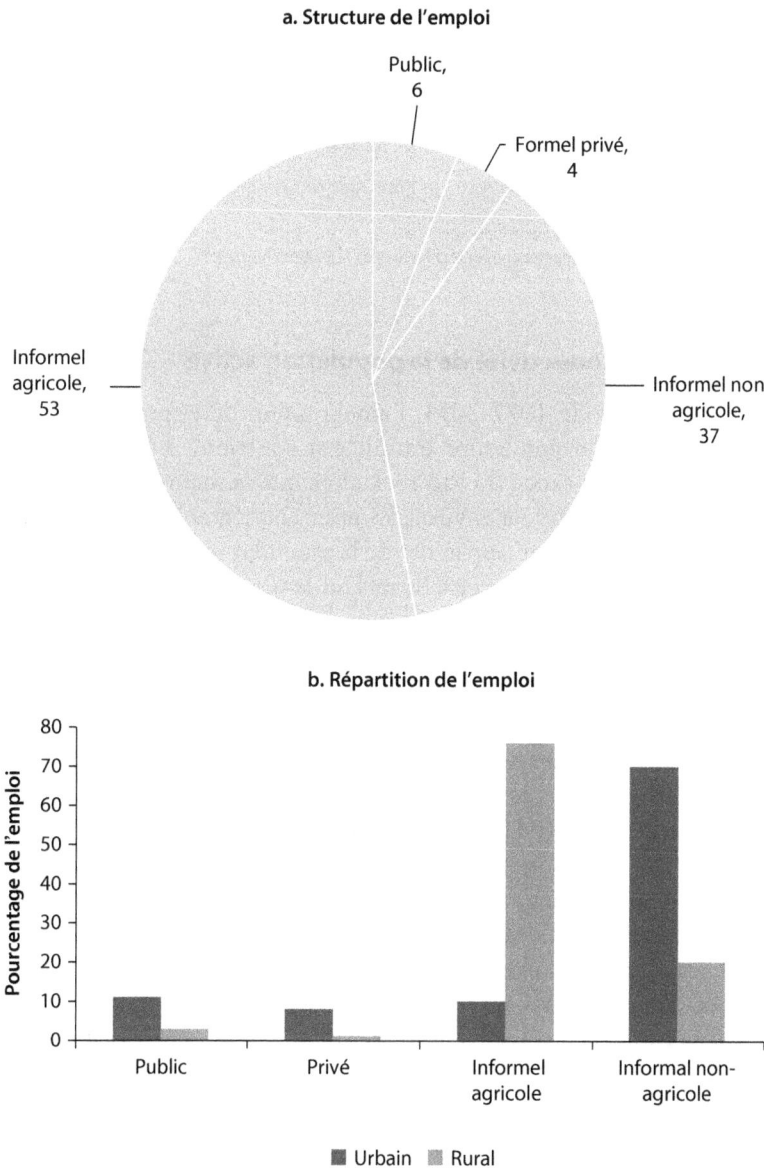

a. Structure de l'emploi

b. Répartition de l'emploi

Source : Institut national de la statistique, Enquêtes sur l'emploi et le secteur informel II, 2010.

Graphique 2.9 Emploi par secteur, 1986-2010

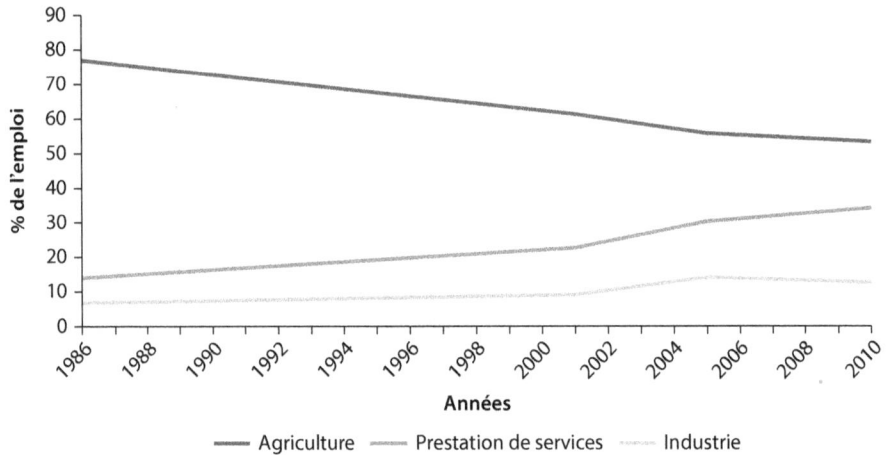

Source : Pour 1965-2006 : Indicateurs du développement mondial et calculs effectués par le personnel ; pour 2007-2012 : calculs effectués par les autorités camerounaises et le personnel de la Banque mondiale.

Participation et productivité de la population active

Au cours de la période 1977-2011, l'amélioration de la productivité définie comme la production par heure travaillée a contribué à hauteur d'environ 14 pour cent à la croissance du PIB réel, alors que la main-d'œuvre et le capital y ont chacun contribué à environ 53 pour cent (graphique 2.10).

La productivité moyenne apparente de la main-d'œuvre totale au Cameroun, à la fois dans le secteur formel et informel, et leur valeur ajoutée avec le temps, ont diminué entre 1985 et 2000[4]. Cela pourrait être attribué aux effets du changement climatique sur l'agriculture, à l'augmentation des salaires des fonctionnaires en 2008, ou à l'intervention pour la réévaluation du *salaire minimum interprofessionnel garanti (SMIG)* également en 2008. La productivité de la main-d'œuvre a montré des signes de reprise après 2000 (graphique 2.11).

La trajectoire semble correspondre à la période de dévaluation qui a suivi la récession entre 1986 et 1994. La productivité du travail a diminué de façon spectaculaire dans le sous-secteur informel non agricole de 1985 à 2000, peut-être à cause de l'augmentation de la population active globale, peut-être comme manifestation de chômage déguisé, ou les deux. Le sous-emploi est particulièrement apparent dans la population active du sous-secteur agricole informel, bien qu'il le soit surtout dans les zones rurales, chez les femmes, les familles, les apprentis et parmi le personnel non classé. Dans l'ensemble, le sous-emploi est présent dans la majorité (82,2 pour cent) de la population active. Toutefois, le sous-emploi indivisible a diminué de quelques 5,2 points entre 2005 et 2010, ce qui est une évolution encourageante pour le Gouvernement.

La productivité (aussi connue sous le nom de production par heure travaillée) au sein de la population croissante en âge de travailler dans le secteur informel

Graphique 2.10 Les différents facteurs de la productivité totale, 1977-2011

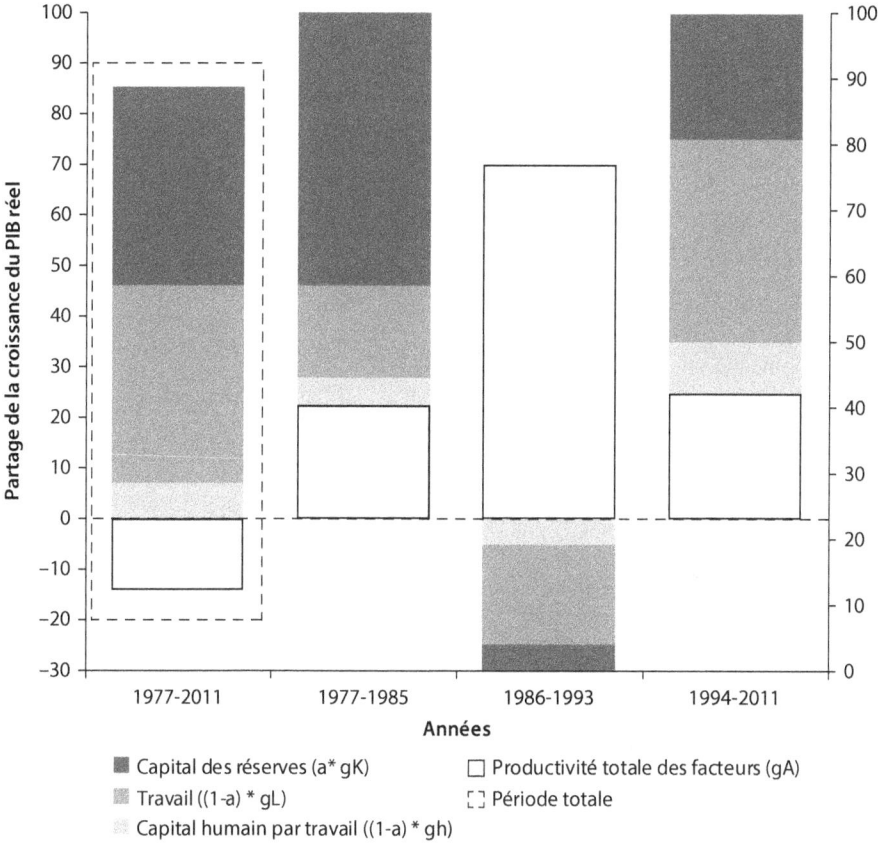

Source : Données issues de l'Institut national de la statistique et calculs des services de la Banque mondiale.

semble décliner (graphique 2.12) (Gouvernement camerounais 2012c). L'analyse réalisée par l'Institut national de la statistique constate que la productivité optimale (mesurée en termes monétaires comme étant la production de 2 $ par travailleur et par heure de travail) est atteinte par une entreprise-type du secteur informel quand celle-ci compte au moins trois travailleurs en plus de l'entrepreneur. Sans surprise, une augmentation du salaire moyen a un effet positif sur la productivité des travailleurs. Ceci est contraire à l'effet observé dans le secteur formel. Pour les entreprises du secteur informel, l'ancienneté et les années de formation de l'entrepreneur n'ont pas d'influence significative sur la productivité.

La majeure partie des 3 635 entreprises du secteur informel analysées était gérée par des femmes entrepreneurs. Leur productivité semble avoir été moindre que celle de leurs homologues masculins. Dans l'ensemble, dans une entreprise typique du secteur informel, 47 pour cent des gains de productivité venaient de la main-d'œuvre et seulement 22 pour cent du capital. Cela semble être le cas presque systématiquement dans les différents secteurs économiques.

Graphique 2.11 Productivité apparente de la population active par secteur économique, 1985-2007

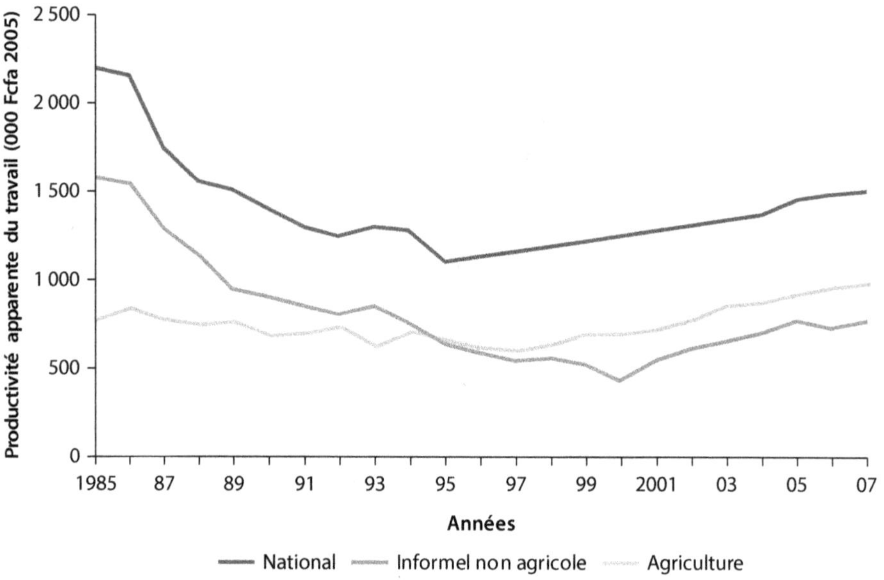

Source : Banque mondiale 2013b.

Graphique 2.12 Évolution de la productivité de la main-d'œuvre par moyenne d'âge des travailleurs

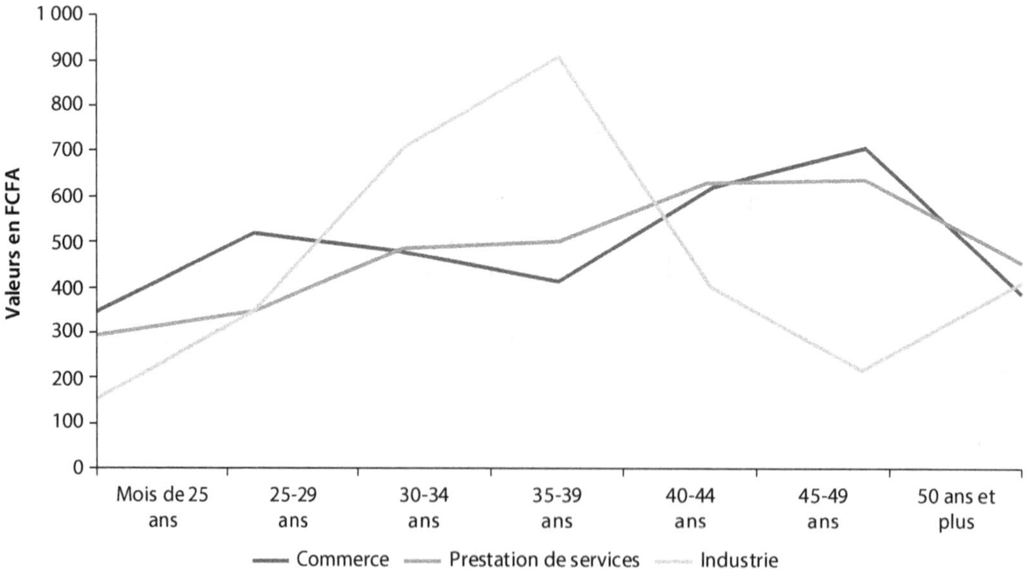

Source : INS, 2012.

L'analyse sectorielle indique que les niveaux de production ont augmenté de près de 20 fois dans le secteur commercial et celui des services.

Promouvoir seulement la croissance n'améliore pas les conditions de vie pour tous. Ainsi, la Banque mondiale encourage la notion de croissance favorable aux pauvres (Banque mondiale, 2005). Quatre-vingt-dix pour cent de la population active qui travaille fait partie du secteur informel, dont environ 52 pour cent dans le secteur agricole informel ou les fermes (INS, 2005) et environ 35 pour cent dans le secteur informel non agricole, font face à une faible productivité et au sous-emploi. En outre, plus de 20 pour cent de la population active qui travaille dans les zones rurales appartiennent au sous-secteur informel non agricole. Or, la concentration de travailleurs dans ce sous-secteur ne s'explique pas parce que le travail y est attrayant, mais parce que le secteur formel leur est fermé. Leurs conditions de travail sont précaires, les salaires sont bas, ils utilisent des mécanismes de production obsolètes, sont en grande partie mal gérés, et pour eux, travailler dans le secteur informel est le seul moyen d'éviter le chômage (Bem et autres, 2013).

Les petites et moyennes entreprises informelles ne sont pas enregistrées à la Chambre de commerce et ne respectent pas les procédures comptables formelles requises par l'Organisation pour l'Harmonisation du Droit des Affaires en Afrique[5] (INS, 2006). Ces entreprises sont en grande partie inefficaces. Qui plus est, les propriétaires et les employés du secteur informel sont mal préparés en raison de la faible qualité de l'enseignement de base et post élémentaire, en particulier dans la formation professionnelle et technique. Le développement inclusif de la main-d'œuvre est par ailleurs fondamental pour permettre une croissance favorable aux pauvres.

Notes

1. On sait que le niveau de scolarité est un piètre indicateur pour évaluer la répartition des compétences et est largement insuffisant pour étayer les politiques. Cependant, en l'absence de meilleurs indicateurs pour évaluer les compétences, le niveau de scolarité reste la meilleure mesure quantitative. Les évaluations d'apprentissage pourraient aussi constituer une bonne mesure pour les compétences. Cependant, l'apprentissage au Cameroun n'a pas été mesuré de manière systématique. Le Cameroun participe à l'évaluation régionale du Programme pour l'analyse des systèmes d'éducation (*Program for the Analysis of Education Systems* – PASEC). Jusqu'à présent, le Cameroun a maintenu sa place dans le top trois du PASEC, mais les tests PASEC ont subi des changements au fil du temps, jetant un doute sur la comparabilité des résultats.

2. Les données les plus récentes en ce qui concerne la pauvreté datent de 2007.

3. Base de données du PNUD pour le Cameroun, (mise à jour de 2012).

4. Ceci représente la participation de la force de travail dans différents secteurs de l'économie, ainsi que leur « productivité » respective (production par heure travaillée) attribuable à chaque secteur. Le calcul permet de déterminer la productivité apparente de la main-d'œuvre et d'en évaluer l'évolution dans le temps. Les chiffres agrégés doivent cependant être complétés en séparant le sous-secteur des services

modernes de celui des services informels. Aux fins du présent rapport, la valeur ajou-tée dans le sous-secteur des services informels est estimée comme la différence entre (i) la valeur ajoutée dans le secteur public et les services et (ii) la valeur ajoutée dans le secteur informel moderne, en se basant sur des estimations et les moyennes de salaire/rémunération (dans l'enquête auprès des ménages).

5. L'Organisation pour l'harmonisation en Afrique du Droit des Affaires (OHADA) a été créée à Port-Louis (Maurice), le 19 octobre 1993. Elle est devenue effective le 18 sep-tembre 1995. L'OHADA vise à créer pour les pays africains membres une zone éco-nomique offrant une sécurité juridique pour attirer les investissements directs étrangers et consolider les investissements nationaux. Or, le droit de l'OHADA est fortement inspiré par le droit des affaires français. Il ne prend pas suffisamment en compte le contexte socioéconomique de l'Afrique. Les pays membres de l'OHADA ont principalement un vaste secteur informel, et au Cameroun, un peu plus de 90 pour cent de tous les emplois se trouvent dans le secteur informel, or, le droit de l'OHADA n'est pas adapté au secteur informel. Une étude a été réalisée pour définir dans quelle mesure le droit de l'OHADA pourrait être adapté aux spécificités de niveau national (secteur informel) du Cameroun (Kwemo, 2012). L'étude n'est pas abordée en détail dans le rapport de la Banque mondiale car le sujet est au-delà la portée de l'étude.

Bibliographie

Banerji Arup, Wendy Cunningham, Ariel Fiszbein, Elizabeth King, Harry Patrinos, David Robalino et Jee-Peng Tan. 2010, *Stepping Up Skills for More Jobs and Higher Productivity*, Banque mondiale, Washington, DC.

Banque mondiale, 2005, « Pro-poor Growth in the 1990s: Lessons and Insights from 14 Countries », Banque mondiale, Washington, DC.

Banque mondiale, 2012a, « Cameroon Economic Update: Unlocking the Labor Force: An Economic Update on Cameroon, with a Focus on Employment », Bureau du Cameroun, Banque mondiale, Yaoundé, Cameroun.

Banque mondiale, 2013b, « Le système d'éducation et de formation du Cameroun dans la perspective de l'émergence », Banque mondiale, Washington, DC.

Banque mondiale, 2014c, « Some Facts on Cameroon's Growth and Poverty Dynamics », Presentation for the Cameroon Country Economic Memorandum », Banque mondiale, Washington, DC.

Banque mondiale, 2014d, *Indicateurs de développement dans le monde*, Banque mondiale, Washington, DC.

Dhaneshwar Ghura, 1997. « *Private Investment and Endogenous Growth: Evidence from Cameroon* », Document de travail du FMI n° WP/97/165, Fonds monétaire inter-national, Washington, DC.

Florence Charlier et Charles N'çho-Oguie, 2009, *Sustaining Reforms for Inclusive Growth in Cameroon: A Development Policy Review*, Banque mondiale, Washington, DC.

FMI (Fonds monétaire international), *Perspectives économiques mondiales*, octobre 2013. Washington, DC.

Gouvernement camerounais, 2010b, Enquête sur l'emploiet le secteur informel au Cameroun [*Productivité dans le secteur informel à Camerour*], Institut national de la statistique, Yaoundé, Cameroun.

Gouvernement camerounais, 2011, « La population du Cameroun en 2010 », Institut national de la statistique. 2011, Yaoundé, Cameroun.

Justin Bem, Pierre Joubert Nguetse Tegoum, Tatiana Morel Samo Tcheeko et Jackson Essoh, juillet 2013. *Efficience de production du secteur informel non-agricole et réduction de la pauvreté au Cameroun.* Document de travail n°2013-06, Partnership for Economic Policy, Nairobi, Kenya.

Kristen Himelein, 2014, « Growth Inclusiveness and the Impact of Fiscal and Budget Decisions in Cameroon », Mimeo, Région Afrique, Banque mondiale, Washington, DC.

INS (Institut national de la statistique), 2006, « Note de synthèse de principaux résultats de l'enquéte Nationale sur l'emploi au Cameroun, (Atelier du 31 mai 2006 a Yaoundé) », INS, Yaoundé, Cameroun.

INS (Institut national de la statistique). 2010. Enquêtes sur l'emploi et le secteur informel II, INS, Yaoundé, Cameroun.

INS (Institut national de la statistique), 2012, « Productivity in the Informal Sector in Cameroon: A Comprehensive Analysis of the National Statistical Institute, Employment, and Informal Sector Surveys », données EESIII, INS, Yaoundé, Cameroun.

Kwemo, Stéphanie. 2012. *L'OHADA et le secteur informel, l'exemple du Cameroun*, Editions Larcier.

McKinsey Global Institute, 2012, « Africa at Work: Job Creation and Inclusive Growth », McKinsey Global Institute.

Sara Elder et Koko Siaka Koné, 2014, « Labour Market Transitions of Young Women and Men in Sub-Saharan Africa », Organisation internationale du Travail, Genève.

Tegoum, Pierre Ngueste, 2013, « Poverty Maps of Cameroon », *Cameroon Poverty Assessment*, Institut national de la statistique et Bureau central des recensements et des études de population (BUCREP), Yaoundé, Cameroun.

CHAPITRE 3

Entreprises et main-d'œuvre

Introduction

Quel est l'état actuel des compétences de la main-d'œuvre au Cameroun ? Les travailleurs ont-il la formation nécessaire pour accroître la productivité du pays ? Quels sont les principaux obstacles au développement des compétences ?

Comme dans de nombreux autres pays d'Afrique subsaharienne, le marché du travail au Cameroun compte peu d'emplois formels et une force de travail informelle importante. Le taux de chômage y est faible car la plupart des Camerounais ne peuvent se permettre financièrement de ne pas travailler. En revanche, la plupart des emplois connaissent une faible productivité et génèrent peu de revenus. Le personnel domestique est tenu de travailler jusqu'à 54 heures par semaine et les agents de sécurité et chauffeurs 56 heures, alors que la durée hebdomadaire moyenne du travail n'est que de 39 heures, ce qui reflète un sous-emploi involontaire dans les professions principales. Le phénomène est dû à des conditions d'emploi ou à une économie inefficace. Le défi consiste donc à améliorer la productivité et les revenus de ceux qui travaillent déjà, que ce soit dans le secteur formel ou dans le secteur informel, tout en créant plus d'emplois dans le secteur formel. Ces objectifs peuvent être atteints avec un secteur privé prospère, une main-d'œuvre qualifiée et un secteur public rationalisé qui puisse créer un environnement propice aux changements des politiques et des institutions.

Le Document de stratégie pour la croissance et l'emploi (DSCE) fixe des objectifs ambitieux pour le Cameroun (Gouvernement camerounais, 2009). La condition préalable pour que le Cameroun puisse passer du statut de pays à revenu moyen, tranche inférieure, à celui de pays à revenu intermédiaire à part entière, est d'avoir un marché du travail réactif. Le présent chapitre explore donc le paysage émergent du marché du travail, la répartition des emplois par secteur économique, les niveaux de formation et les compétences de la main-d'œuvre actuelle, ainsi que les programmes de formation en place. Y sont également évaluées, du côté de la demande, la réserve de main-d'œuvre et ses compétences dans le secteur privé, l'inadéquation des compétences et autres obstacles liés à l'offre de travail, mais aussi les contraintes relatives à l'influence du climat des investissements sur la productivité de l'entreprise.

Les caractéristiques de la main-d'œuvre des entreprises au Cameroun sont définies à partir des données d'enquêtes les plus récentes. Les analyses de données reposent sur trois ensembles : les Enquêtes démographiques et de santé, les Enquêtes sur la consommation des ménages et les enquêtes auprès des entreprises (annexe A). Les enquêtes auprès des entreprises, menées par la Banque mondiale, la Société financière internationale et leurs partenaires dans toutes les régions géographiques, couvrent les petites, moyennes et grandes entreprises.[1] Elles portent sur les nombreux facteurs qui façonnent l'environnement des affaires. Ces facteurs peuvent être soit favorables, soit nuisibles aux entreprises et jouer un rôle important pour déterminer si un pays va prospérer. Un environnement d'affaires favorable encourage les entreprises à fonctionner de manière efficace en les incitant à innover et à accroître la productivité, ce qui est un facteur-clé du développement durable. Un secteur privé plus productif est à son tour créateur d'emploi et paie les taxes nécessaires aux investissements publics dans l'éducation, la santé et d'autres services. En revanche, un mauvais environnement d'affaires nuit d'autant plus aux activités commerciales et diminue les possibilités d'un pays à atteindre son potentiel en termes d'emploi, de production et de bien-être (Banque mondiale et SFI, 2014).

Paysage des entreprises et de l'emploi[2]

Caractéristiques des entreprises et de la main-d'œuvre
Entreprises par région, taille et nombre de travailleurs

Yaoundé est la capitale politique du Cameroun, Douala sa capitale économique. Le pays comprend 10 régions géographiques. Des micro-, petites, moyennes et grandes entreprises sont concentrées à Douala (35,1 pour cent), à Yaoundé (23,9 pour cent), puis dans les régions de l'Ouest, du Sud-Ouest et du Nord-Ouest (tableau 3.1). Les régions de la partie anglophone du pays semblent être plus entrepreneuriales et plus inclinées vers l'emploi dans le secteur privé, tandis que la partie francophone du pays, à l'exception de Yaoundé, est plus orientée vers le système francophone de l'emploi dans le secteur public. La plupart des entreprises se trouvent dans le secteur tertiaire (85,3 pour cent), qui arrive devant le secteur secondaire (12,9 pour cent) et le secteur primaire (0,4 pour cent). Certaines entreprises n'ont pas déclaré leur secteur d'activité économique.

Les micro-entreprises (celles de moins de cinq employés) représentent les trois quarts du total (tableau 3.2) et sont gérées au deux-tiers par des hommes.[3] Seules 25 entreprises comptent 1 000 employés ou plus.

Le nombre d'employés à durée déterminée et indéterminée des micros et petites entreprises est inférieur de quelques milliers seulement à celui des moyennes et grandes entreprises (tableau 3.3). Les hommes y sont bien plus nombreux que les femmes dans presque toutes les catégories, les disparités étant particulièrement importantes dans les grandes entreprises. Les femmes représentent 27 pour cent des employés à durée indéterminée et 24 pour cent des employés à durée déterminée. Les grandes entreprises, suivies des micro-entreprises, sont celles qui attribuent le plus de contrats à durée indéterminée.

Tableau 3.1 Répartition régionale des petites, moyennes et grandes entreprises, 2009

Région	Secteur primaire (%)	Secteur secondaire (%)	Secteur tertiaire (%)	Non déclaré (%)	Nombre d'entreprises	Part du total (%)
Douala	0,2	11,8	86,1	2	33 004	35,1
Yaoundé	0,1	14,5	84,1	1,3	22 436	23,9
Ouest	0,6	16,1	81,3	2	8 327	8,9
Sud-Ouest	0,6	15,1	83,7	0,5	6 866	7,3
Nord-Ouest	0,3	16,7	82,3	0,7	6 487	6,9
Adamaoua	0,6	8,2	90,7	0,5	2 740	2,9
Centre (sauf Yaoundé)	1,1	7,4	90,4	1,2	2 695	2,9
Est	0,6	6	93,1	0,3	1 736	1,8
Extrême-Nord	0,5	7,5	90,8	1,2	2 585	2,8
Littoral (sauf Douala)	1,5	10,7	84,8	3	1 704	1,8
Nord	1,3	14,9	82,8	0,9	2 942	3,1
Sud	0,4	9	90,2	0,4	2 447	2,6
Total	345	12 154	80 109	1 361	93 969	100
(%)	(0,4)	(12,9)	(85,3)	(1,4)		

Source : INS, 2009b ; Banque mondiale, 2009b.

Tableau 3.2 Définition des entreprises par taille, 2009

Taille de l'entreprise	Définition		Part des entreprises (%)
	Nombre d'employés	Revenus annuels (CFAF)	
Micro	5 ou moins	Moins de 15 millions	75
Petite	6-20	15 millions-100 millions	19
Moyenne	21-100	100 millions-1 milliard	5
Grande	Plus de 100	Plus d'un milliard	1

Sources : INS, 2009b ; Banque mondiale, 2009b.

Tableau 3.3 Nombre d'employés à durée déterminée et indéterminée par sexe et par taille d'entreprise, 2009

Taille de l'entreprise	Employés à durée indéterminée			Employés à durée déterminée		
	Hommes	Femmes	Total	Hommes	Femmes	Total
Micro	88 351	32 202	120 553	9 012	5 899	14 911
Petite	44 153	23 400	67 553	5 993	2 392	8 385
Moyenne	35 890	14 087	49 977	5 603	1 233	6 836
Grande	112 597	35 583	148 180	12 470	893	13 363
Total	280 991	105 272	386 263	33 078	10 417	43 495

Source : INS, 2009b ; Banque mondiale, 2009b.

Main-d'œuvre par secteur économique

Dans les trois secteurs économiques, primaires, secondaire et tertiaire, les hommes représentent 70 à 80 pour cent de la main-d'œuvre employée à durée déterminée et indéterminée et environ 75 pour cent de l'effectif total (tableau 3.4). Les femmes ont une plus grande tendance à travailler dans le

Tableau 3.4 Répartition des employés par sexe et par secteur, 2009

Secteur	Sous-secteur	Employés à durée indéterminée			Employés à durée déterminée		
		Hommes	Femmes	Total	Hommes	Femmes	Total
Primaire	Agriculture	20 361	6 169	26 530	772	122	894
	Gestion du bétail	405	144	549	42	36	78
	Sylviculture	6 533	254	6 787	289	29	318
	Pêche	30	9	39	9	3	12
	Sous-total	**27 329**	**6 576**	**33 905**	**1 112**	**190**	**1 302**
Secondaire	Mines	953	209	1 162	25	3	28
	Industrie alimentaire	15 208	4 239	19 447	6 604	123	6 727
	Autres industries de fabrication	39 843	10 150	49 993	4 608	1 727	6 335
	Électricité, eau et gaz	6 378	2 152	8 530	1 055	32	1 087
	Construction	7 389	1 368	8 757	2 383	238	2 621
	Sous-total	**69 771**	**18 118**	**87 889**	**14 675**	**2 123**	**16 798**
Tertiaire	Commerce	84 907	20 551	105 458	3 756	1 382	5 138
	Transport	12 346	2 695	15 041	634	110	744
	Banque	7 072	5 512	12 584	257	290	547
	Autres services	77 382	51 462	128 844	12 554	6 304	18 858
	Sous-total	**181 707**	**80 220**	**261 927**	**17 201**	**8 086**	**25 287**
Non déclarés		2 184	358	2 542	90	18	108
Total		**280 991**	**105 272**	**386 263**	**33 078**	**10 417**	**43 495**

Source : INS, 2009b ; Banque mondiale, 2009b.

secteur tertiaire pour « d'autres services » que le commerce, les banques et les assurances. Certaines travaillent dans les services des transports, où elles représentent 44 pour cent des employés à durée indéterminée et 53 pour cent des employés à durée déterminée.

Un très grand nombre d'employés à durée indéterminée sont soit indépendants, soit travaillent dans les petites, moyennes ou grandes entreprises du secteur tertiaire, en particulier dans les « autres services » et les sous-secteurs du commerce (graphique 3.1).

Main-d'œuvre par sexe, région, niveau de formation et secteur

Le DSCE prévoit 800 000 salariés dans le secteur formel d'ici 2020. Or, en 2010, seulement 386 263 étaient employés à durée indéterminée dans le secteur privé, dont environ 281 000 hommes (73 pour cent) et 105 000 femmes (27 pour cent). Ces chiffres reflètent la faible capacité d'absorption des entreprises. Les entreprises publiques comptent environ 196 000 employés à durée indéterminée et la plupart sont concentrées autour de Douala (47 pour cent) et de Yaoundé (21 pour cent). Environ 73 pour cent de la population active seulement, la majeure partie étant des hommes, sont employés à durée indéterminée ou travaillent comme apprentis et perçoivent un salaire régulier. Ces données reflètent l'état fragile du secteur formel au Cameroun.

Graphique 3.1 Répartition des employés à durée indéterminée par secteur

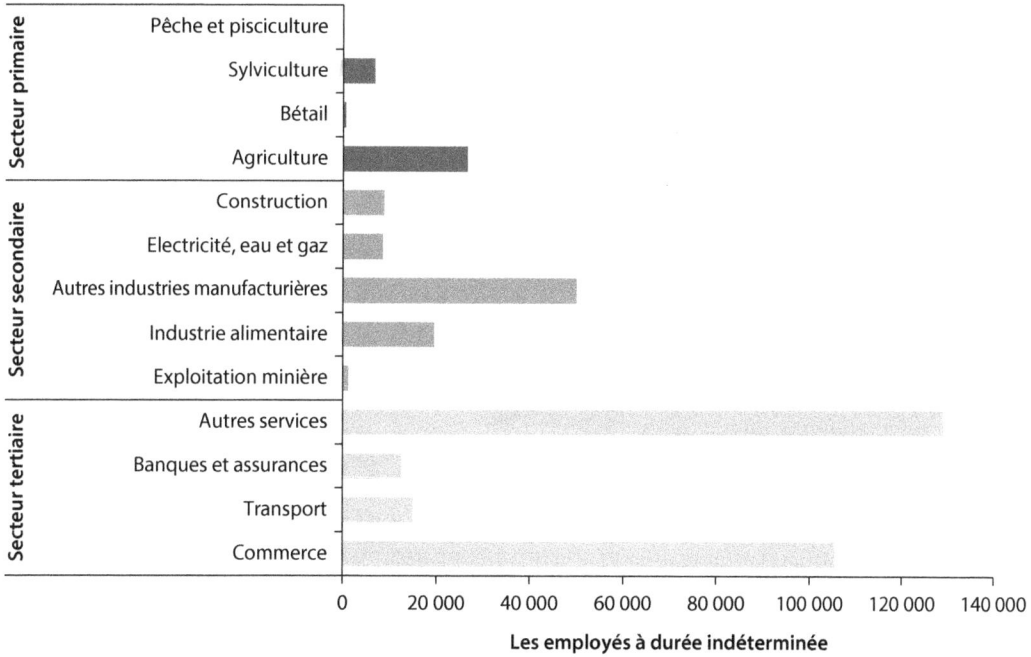

Sources : INS, 2009b ; Banque mondiale, 2009b.

La plupart des travailleurs qui n'ont aucune formation, ont arrêté les études, ou n'ont pas été jusqu'au bout du cycle de l'enseignement primaire, travaillent dans l'agriculture et, dans une moindre mesure, dans l'industrie (graphique 3.2). Ces emplois ont tendance à ne pas être salariés. En revanche, les travailleurs ayant accompli des études au-delà du secondaire et n'ayant pas suivi de formation technique, industrielle, professionnelle et de l'entrepreneuriat (EFTP) gagnent un salaire.

Peu d'employés n'ayant pas été jusqu'au bout du cycle de l'enseignement primaire travaillent dans le secteur public (graphique 3.3). Ceux qui ont achevé le cycle de l'enseignement secondaire inférieur, secondaire supérieur et postsecondaire ont le plus de probabilités de travailler dans les services publics, qui fournissent une sécurité d'emploi et un salaire assuré. Nombreux sont ceux qui suivent également une formation dans l'EFTP, ce qui les motive à poursuivre leurs études, même si l'obtention d'un emploi n'est pas garantie à la sortie de leur formation.

Une part importante de la main-d'œuvre moins instruite trouve refuge dans le secteur informel (graphique 3.4). Encore une fois, la plupart d'entre eux sont sous-employés. Davantage de femmes travaillent dans le secteur informel, et prennent plusieurs emplois à la fois ou des emplois transitoires peu rémunérés. Leur situation professionnelle est donc plus précaire que celle des hommes. Près de 87 pour cent des femmes entrepreneurs dans le secteur informel fonctionnent sans adresse professionnelle et le chômage frictionnel est élevé.

Graphique 3.2 Niveau de formation et emploi par secteur économique, 2009

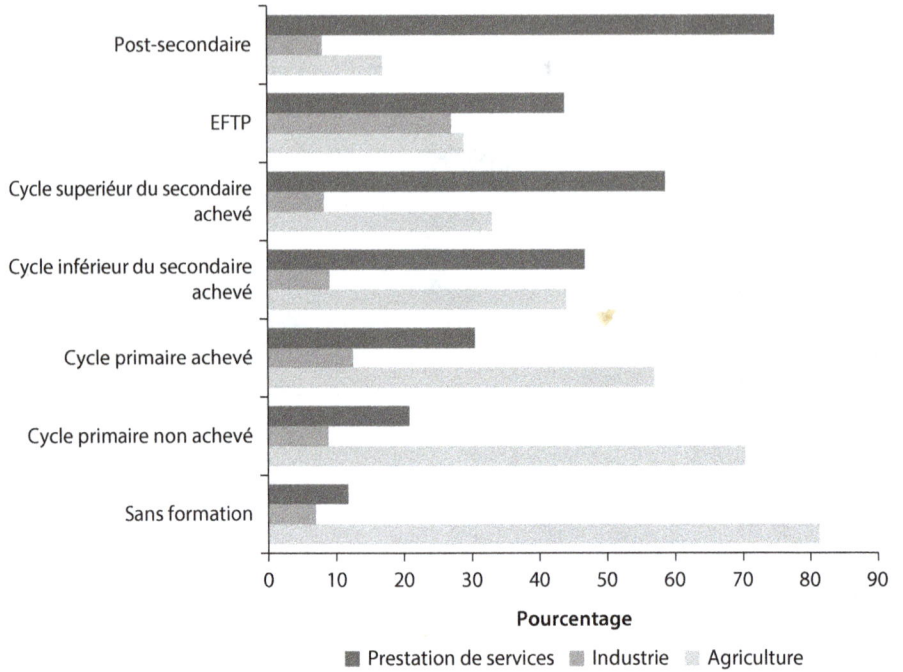

Source : INS, 2009a ; estimations de la Banque mondiale.

Graphique 3.3 Niveaux de formation et emploi public et non public, 2009

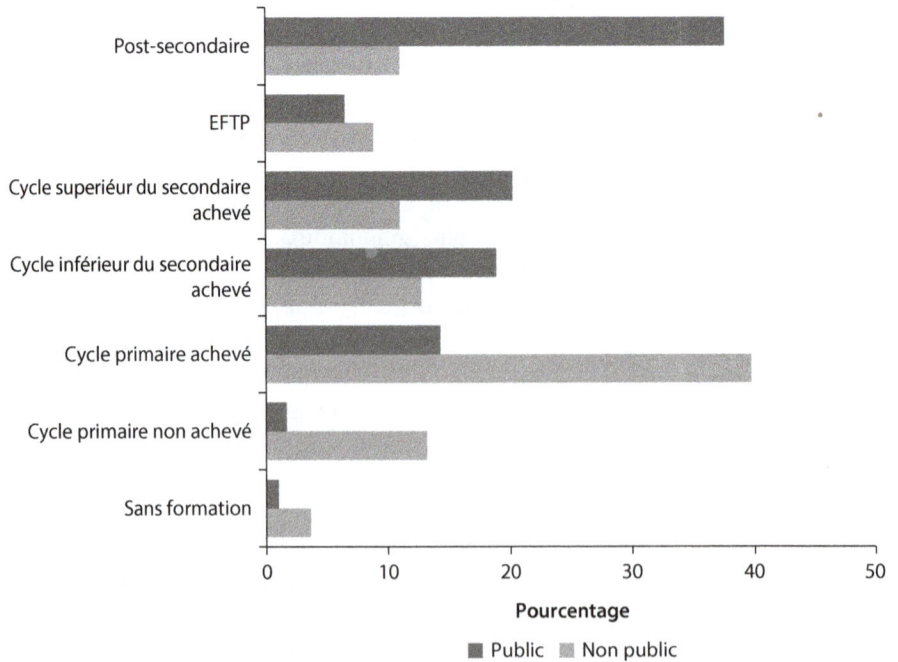

Source : INS, 2009a ; estimations de la Banque mondiale.

Graphique 3.4 Niveaux de formation et emploi rémunéré, non rémunéré et agricole, 2009

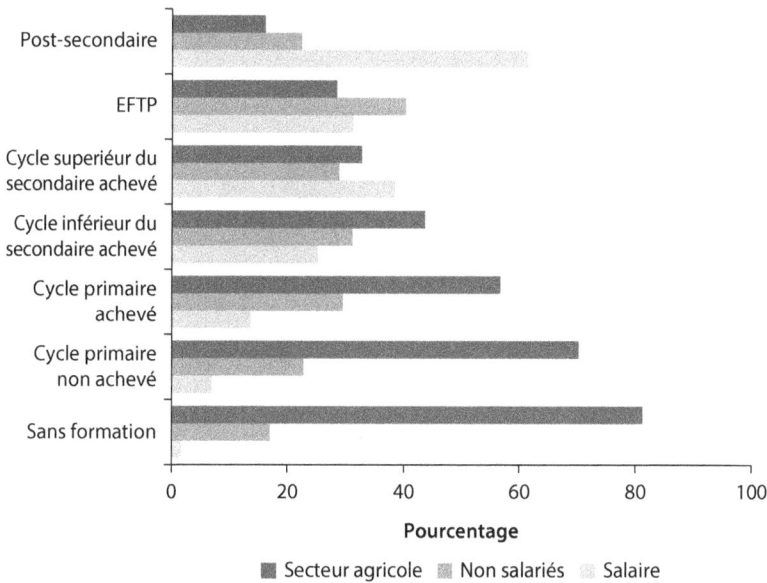

Source : INS, 2009a ; Estimations de la Banque mondiale.

Note : La catégorie de salaire comprend les salariés du secteur public et les salariés du secteur privé non agricole. La catégorie non salariale comprend les travailleurs du secteur non agricole (petites entreprises/ secteur informel). La catégorie des travailleurs agricoles comprend les salariés du secteur agricole privé, auxquels s'ajoutent ceux qui travaillent dans le secteur agricole (petites exploitations, exploitations familiales).

Sous-emploi visible et invisible de la main-d'œuvre

Le sous-emploi visible, comme invisible, de la main-d'œuvre, est considérablement plus élevé chez les femmes que chez les hommes (graphique 3.5). Le sous-emploi invisible définit les personnes dont le salaire horaire est inférieur au minimum national : c'est la proportion de travailleurs dont les revenus sont inférieurs au salaire horaire minimum (Gouvernement camerounais 2012b, 38). En 2010, c'est chez les personnes ayant une formation universitaire que le sous-emploi visible était le plus élevé, tandis que le sous-emploi invisible l'était chez les personnes sans formation.

Le sous-emploi visible avait chuté dans la plupart des régions, l'Adamaoua et l'Ouest étant celles qui enregistraient les plus fortes baisses, mais il avait augmenté de manière significative dans la région du Sud-Ouest. Le sous-emploi invisible avait légèrement diminué dans la plupart des régions et était bien plus fort dans les zones rurales et dans le secteur primaire, tandis que le sous-emploi visible était plus élevé dans les zones urbaines et avait augmenté dans le secteur tertiaire et public. Le sous-emploi invisible avait lui augmenté significativement dans le secteur agricole informel.

Graphique 3.5 Sous-emploi visible et invisible par sexe, niveau de formation, région, lieu de domiciliation, secteur économique et type d'institution, 2005 et 2010

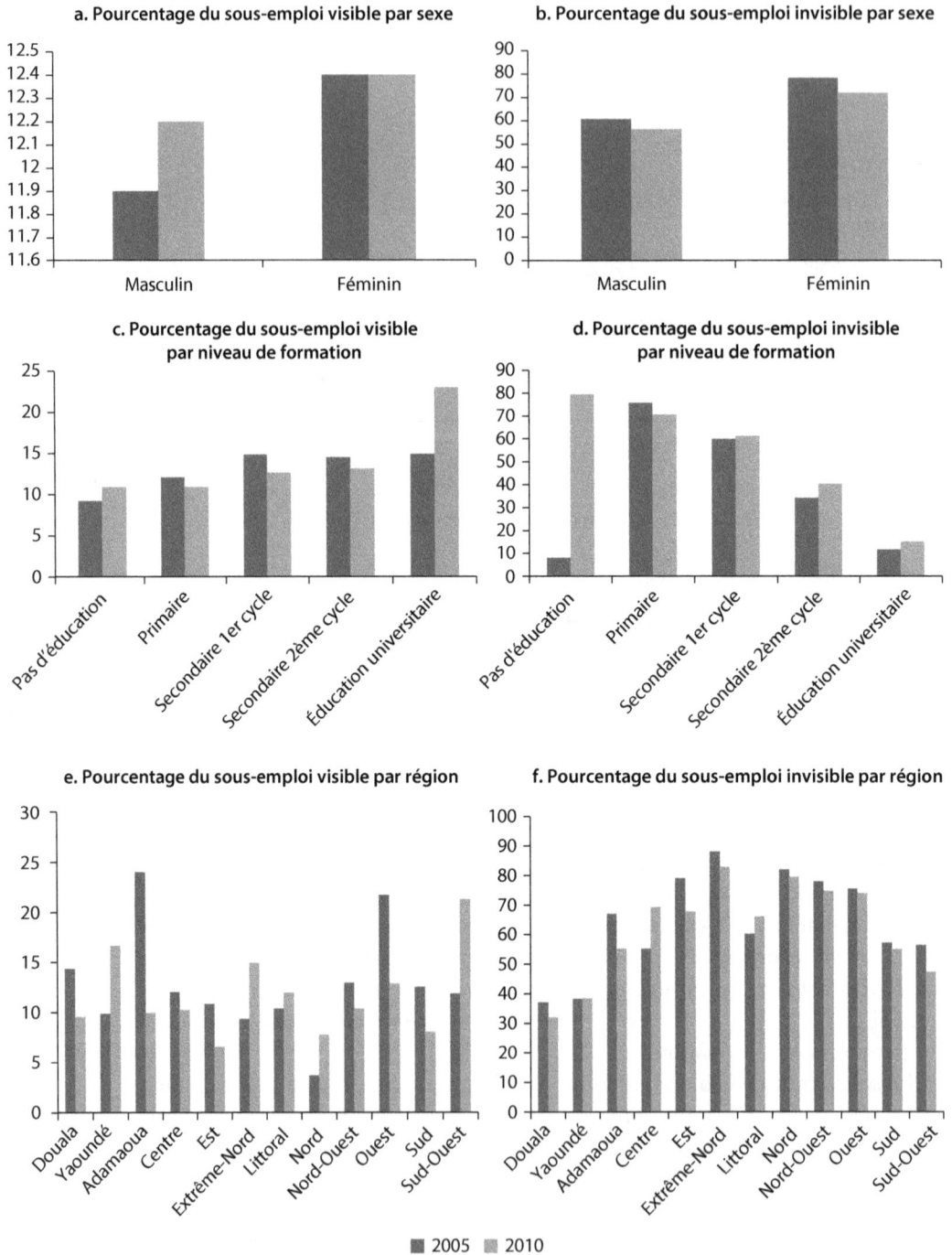

a. Pourcentage du sous-emploi visible par sexe

b. Pourcentage du sous-emploi invisible par sexe

c. Pourcentage du sous-emploi visible par niveau de formation

d. Pourcentage du sous-emploi invisible par niveau de formation

e. Pourcentage du sous-emploi visible par région

f. Pourcentage du sous-emploi invisible par région

■ 2005 ■ 2010

Suite du graphique page suivante

Graphique 3.5 Sous-emploi visible et invisible par sexe, niveau de formation, région, lieu de domiciliation, secteur économique et type d'institution, 2005 et 2010 *(suite)*

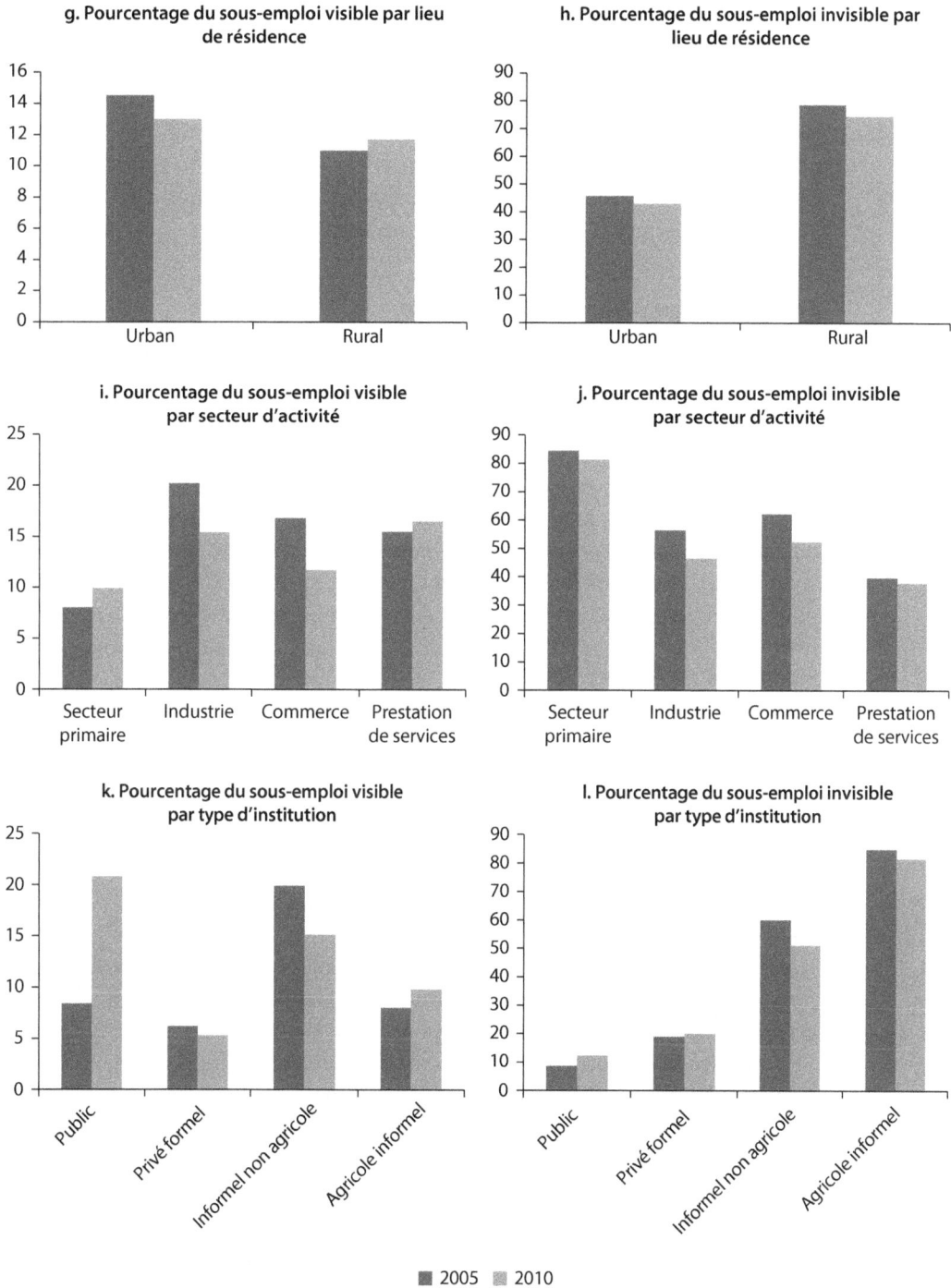

g. Pourcentage du sous-emploi visible par lieu de résidence

h. Pourcentage du sous-emploi invisible par lieu de résidence

i. Pourcentage du sous-emploi visible par secteur d'activité

j. Pourcentage du sous-emploi invisible par secteur d'activité

k. Pourcentage du sous-emploi visible par type d'institution

l. Pourcentage du sous-emploi invisible par type d'institution

■ 2005 ▨ 2010

Sources : INS, EESI 1 2005 et EESI 2 2010.

L'un des principaux objectifs du DSCE est de faire passer le sous-emploi national de 76 pour cent de la population active en 2005 à 50 pour cent en 2020. Le sous-emploi a diminué de 5 points de pourcentage entre 2005 et 2010. En 2010, le sous-emploi invisible était pourtant élevé, avec un taux à 82 pour cent, le sous-emploi visible se situant à 8,5 pour cent. La tendance encourageante entre 2005 et 2010 doit donc être soutenue par des niveaux plus élevés de création d'emplois dans le secteur formel : un objectif atteignable grâce à des projets de transformation structurelle. On note qu'entre 2005 et 2010, les programmes d'enseignement et de formation ont également subi des changements qualitatifs et quantitatifs.

Contraintes au niveau de l'entreprise

La majorité des entreprises et des travailleurs du Cameroun opèrent dans le secteur informel. Les entrepreneurs déclarent que la plupart des obstacles auxquels ils sont confrontés dans ce secteur rapportent à l'environnement des affaires : les pratiques à l'œuvre (l'une des principales conclusions de l'enquête auprès des entreprises réalisée par la Banque mondiale en 2009), des taxes élevées, un régime fiscal difficile, une corruption généralisée, des problèmes d'accès au crédit, une bureaucratie excessive, une concurrence déloyale, des infrastructures insuffisantes, des coûts de financement élevés, peu ou pas de dialogue informel pour promouvoir l'action collective, des systèmes énergétiques et des réseaux hydrographiques faibles, des problèmes de transport, un système judiciaire compliqué, des problèmes de formation et de compétences, et une législation du travail inadaptée (graphique 3.6). En conséquence, le Cameroun n'est pas compétitif sur les marchés mondiaux. Si l'aspect humain, à savoir la formation et les compétences, n'est pas pris en compte, l'augmentation de l'approvisionnement en machines, des investissements de capitaux et des financements, n'accroîtra donc pas la productivité.

Analyse comparative des compétences et de la productivité de la main-d'œuvre

L'enquête auprès des entreprises de 2009 constatait que 15,5 pour cent des responsables d'entreprises au Cameroun n'avaient pas suivi d'études formelles. Or, ces responsables employaient 6,8 pour cent de la main-d'œuvre. Environ 28,7 pour cent avaient terminé leur scolarité primaire et employaient 13,3 pour cent des employés ; 27,1 pour cent des responsables avaient atteint le niveau secondaire de scolarité et employaient 24,4 pour cent des employés ; et 27,1 pour cent avaient terminé des études universitaires, mais ne géraient que 12,8 pour cent des employés. Ce sont donc les responsables les moins instruits qui supervisaient le plus d'employés. Ceci est l'une des principales faiblesses du secteur privé du pays. Combinée à la piètre qualité des infrastructures, aux contraintes financières et à un mauvais environnement des affaires, cette faiblesse a nui à la productivité des entreprises. L'analyse comparative de la productivité du travail d'un échantillon de pays est représentée au graphique 3.7.

Graphique 3.6 Principaux obstacles à l'entreprenariat
(en % déclarés par les entrepreneurs)

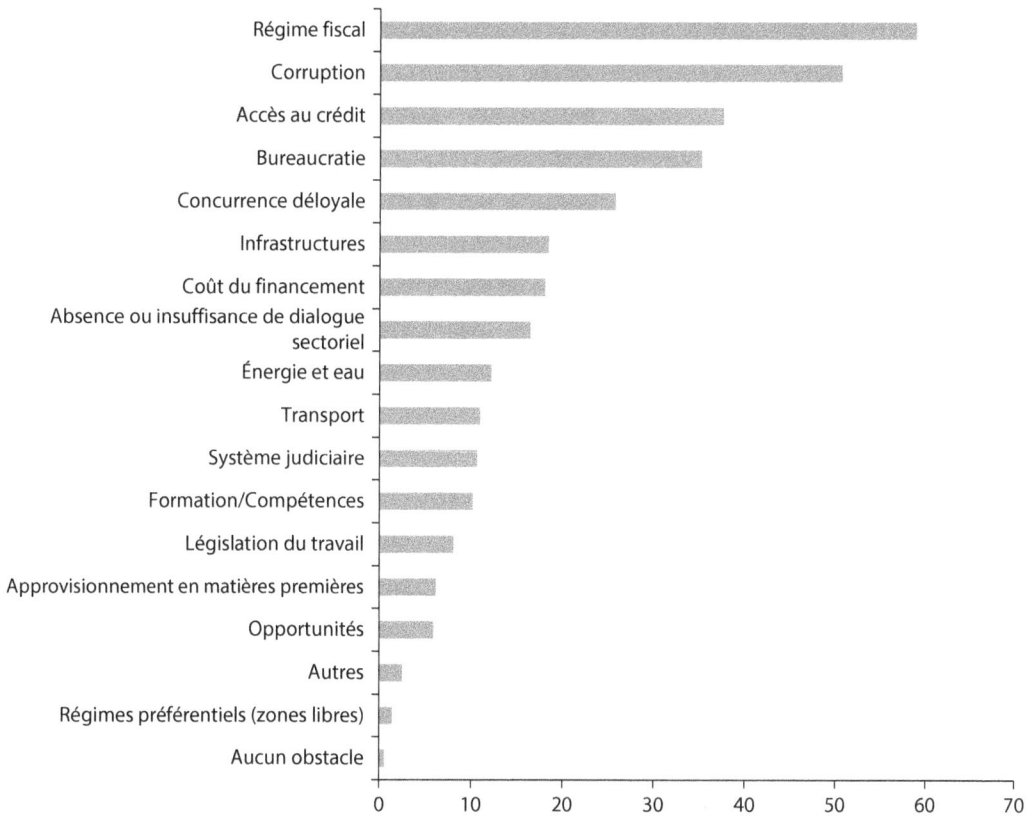

Source : Gouvernement camerounais, 2010a, 66 ; Banque mondiale, 2009b.

Il existe certaines contraintes à l'accroissement de la productivité des petites et moyennes entreprises au Cameroun (tableau 3.5). Parmi celles-ci, les personnes sondées ont cité la faiblesse des compétences entrepreneuriales et les compétences techniques des travailleurs, mais pas les compétences comportementales.

Analyse comparative des indicateurs d'innovation et de main-d'œuvre

Le Cameroun se trouve loin derrière la plupart des pays en termes de compétitivité : il est classé 168e économie sur 189. Le pays est classé 132e pour ce qui est de démarrer une entreprise, principalement en raison de la lourdeur et de la lenteur des procédures, de l'attente pour obtenir des licences d'exploitation, des coûts élevés et de l'absence d'un capital minimum pour démarrer des entreprises de petite et moyenne taille.

En juin 2013, aucune réforme n'avait été signalée dans aucun de ces domaines par rapport à l'année qui précédait. Les économies qui améliorent leurs performances dans les domaines mesurés dans le rapport de *Doing Business* de la Banque mondiale ont plus de chances de mettre également en œuvre des

Graphique 3.7 Analyse comparative de la productivité du travail dans plusieurs pays

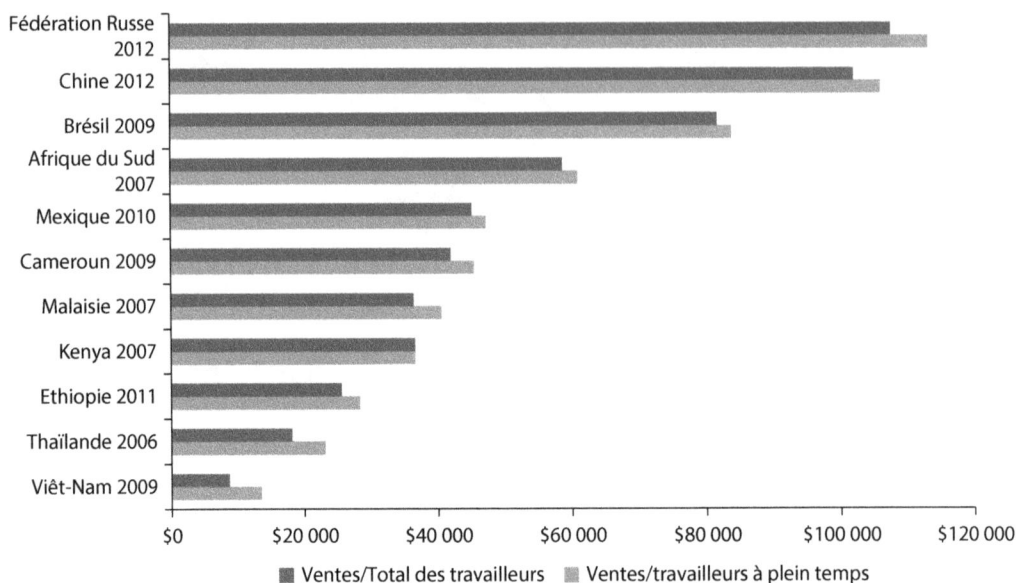

Source : Banque mondiale 2009b.
Note : moyennes pondérées, sans contrôle. Ventes en $ des États-Unis de 2009.

Tableau 3.5 Obstacles à l'accroissement de la productivité

Obstacle	Type de compétence	Explication
Compétences entrepreneuriales faibles	Compétences managériales du propriétaire de l'entreprise	Nécessaires pour obtenir des processus de production efficaces et fiables ; activité bien connue
	Compétences techniques du propriétaire de l'entreprise	Savoir-faire et capacité à mettre au point des produits innovants en réponse aux changements de la demande du marché
Faibles compétences	Compétences techniques	Production efficace et de qualité

Source : Banque mondiale 2009b.

réformes dans d'autres domaines, notamment la gouvernance, la santé, la formation et l'égalité des sexes. Les économies performantes, en fonction des indicateurs de *Doing Business*, n'ont pas nécessairement un service public plus réduit. La capacité à employer est un domaine important de régulation mesuré par *Doing Business* qui affecte systématiquement les entreprises. Or, le Cameroun est en retard par rapport à de nombreux pays dans ce domaine. Il n'a pas de registre du commerce, et l'absence d'une exigence de capital minimum entrave le développement et la croissance des entreprises.

Dans le secteur formel, le Cameroun obtient de bons résultats par rapport à la moyenne de l'Afrique subsaharienne sur sept indicateurs d'enquêtes auprès des entreprises concernant l'innovation et la main-d'œuvre, ainsi que sur certains autres indicateurs par rapport à d'autres pays à revenu intermédiaire inférieur. En 2009, les états financiers annuels de 68,3 pour cent des entreprises interrogées avaient été examinés par des auditeurs externes. L'environnement à risque en ce qui concerne la gouvernance pourrait expliquer cette exigence qu'ont toutes les entreprises. Il est également plausible que le Cameroun ait très peu de comptables formés et certifiés et que les entreprises doivent solliciter des auditeurs externes pour vérifier leurs états financiers. Il se peut aussi que les entreprises bénéficiaires d'investissements directs étrangers doivent faire vérifier leurs états financiers par des auditeurs externes. En termes d'utilisation de l'innovation et de la technologie par les entreprises, le Cameroun arrive au même rang que d'autres pays à revenu intermédiaire, tranche inférieure, pour ce qui est de communiquer par courriel avec les clients et les fournisseurs ; mais il est en retard pour ce qui est des sites Internet des entreprises. Enfin, le Cameroun est à la traîne par rapport à d'autres pays à revenu intermédiaire, et figure dans la tranche inférieure pour ce qui est du recrutement de travailleurs employés à temps plein à durée déterminée ou indéterminée (tableau 3.6).

Contraintes du climat de l'investissement pesant sur la productivité de l'entreprise

Les économies performantes d'après les indicateurs de *Doing Business* ont tendance à être plus inclusives selon deux critères. Elles ont de plus petits secteurs informels, afin qu'un plus grand nombre de personnes aient accès aux marchés

Tableau 3.6 Indicateurs d'innovation et de main-d'œuvre

Indicateur	Petites entreprises (1 à 19 employés)	Moyennes entreprises (20 à 29 employés)	Grandes entreprises (100 employés ou plus)	Cameroun	Afrique subsaharienne	Revenu moyen intermédiaire, tranche inférieure
% d'entreprises ayant obtenu une certification de qualité reconnue internationalement	9,1	31,6	58	20,4	13,0	16
% d'entreprises dont les états financiers annuels sont revus par des auditeurs externes	61,6	78,1	79,3	68,3	42,3	48,2
% d'entreprises ayant leur propre site Internet	14,8	38,6	68,1	27,5	16,3	32,0
% d'entreprises communiquant par courrier électronique avec leurs clients et/ou fournisseurs	49,4	70,1	85,6	59,3	44,0	58,3
Nombre moyen de travailleurs employés à durée déterminée	1,6	5,9	24,9	5,3	5,2	11,5
Nombre moyen de travailleurs employés à durée indéterminée à plein temps	8,6	32,0	201,4	35,3	25,7	60,9
% de travailleuses à plein temps	30,4	23,8	21,4	27,6	22,9	31,1

Source : Banque mondiale, 2009b ; Banque mondiale et SFI, 2014.

formels, et elles peuvent bénéficier de règlements tels que la protection sociale et la sécurité au travail. Comme l'ont mesuré les indicateurs *Women, Business and the Law* (Femmes, activité professionnelle et loi) de la Banque mondiale, le principe d'égalité des sexes a également plus de chances d'être inscrit dans la loi.

Il s'agit de ne pas entraver la productivité des entreprises formelles avec des règles trop lourdes et de ne pas priver inutilement l'économie des compétences et des contributions des femmes. Les autres facteurs importants sont une main-d'œuvre instruite, des infrastructures bien développées et des politiques macroéconomiques stables.

Un secteur privé prospère qui compte de nouvelles entreprises sur le marché – des entreprises qui créent des emplois et conçoivent des produits innovants –, pourrait contribuer à la croissance au Cameroun. Le Gouvernement pourrait jouer un rôle central en soutenant un écosystème dynamique qui permette aux entreprises de bénéficier d'un environnement favorable, en élaborant des règles, en renforçant les droits de propriété, en mettant en place un système permettant de régler les litiges à un coût raisonnable, en rendant les transactions économiques plus prévisibles, en créant les règlements financiers qui donnent accès à des financement/capitaux d'amorçage permettant aux entrepreneurs de tester des innovations, et en fixant des limites qui seront véritablement mises en application. Les entrepreneurs auraient un meilleur accès à des capitaux pour démarrer de petites et moyennes entreprises, créer des emplois et ainsi être les moteurs de la croissance. Il existe des opportunités de développement de l'activité dans les principaux secteurs de croissance, l'agriculture et l'agroalimentaire, la transformation forestière/du bois, les infrastructures (y compris l'énergie, les mines et pétrole) et le tourisme, qui ont été identifiées dans le DSCE.

Utilisation des compétences et lois du travail

Connaître les lois du travail du Cameroun est primordial pour comprendre les conditions de travail des employés, ainsi que leurs motivations à utiliser leurs compétences. Cela crée un environnement favorable qui incite les travailleurs qualifiés et non qualifiés à accepter des emplois à temps plein ou à temps partiel. Cela est également lié aux niveaux de salaire de la main-d'œuvre. Les lois du travail du Cameroun sont basées sur le Code du travail de 1974 et le Code du travail du Cameroun de 1992. Il existe également un Conseil national du travail. Les éléments principaux du Code du travail sont :

- Entreprises industrielles et commerciales : durée hebdomadaire du travail de 40 heures
- Secteur public : durée hebdomadaire du travail de 48 heures
- Secteur agricole : durée hebdomadaire du travail de 48 heures
- Aide à domicile : durée hebdomadaire du travail de 54 heures
- Agents de sécurité et chauffeurs : durée hebdomadaire du travail de 56 heures

Néanmoins, comme nous le verrons, la durée hebdomadaire moyenne de travail au Cameroun est d'environ 39 heures seulement dans la pratique. Il existe un sous-emploi visible dans la population active quand les travailleurs consacrent moins de 35 heures par semaine à un emploi principal en raison de l'employeur ou de l'absence de justification économique à travailler plus. Le sous-emploi invisible est également répandu, car une grande partie de la population active gagne des revenus inférieurs au salaire horaire minimum garanti.

Le sous-emploi national comprend deux aspects : le sous-emploi visible et le sous-emploi invisible. Selon les données officielles, en 2005, près de 75 pour cent de la population active était sous-employée. En 2010, la situation ne s'était pas améliorée. Elle avait au contraire empiré. En effet, près de 90 pour cent de la population active travaillait dans le secteur informel non rémunéré. L'assurance chômage n'existe pas au Cameroun. Environ 60 pour cent des personnes au chômage interrogées préféraient un emploi salarié au chômage ; environ 22 pour cent préféraient travailler de façon indépendante et moins de 20 pour cent étaient indifférents au type d'emploi. En revanche, environ 70 pour cent

Graphique 3.8 Analyse comparative de la composition des secteurs économiques dans différents pays

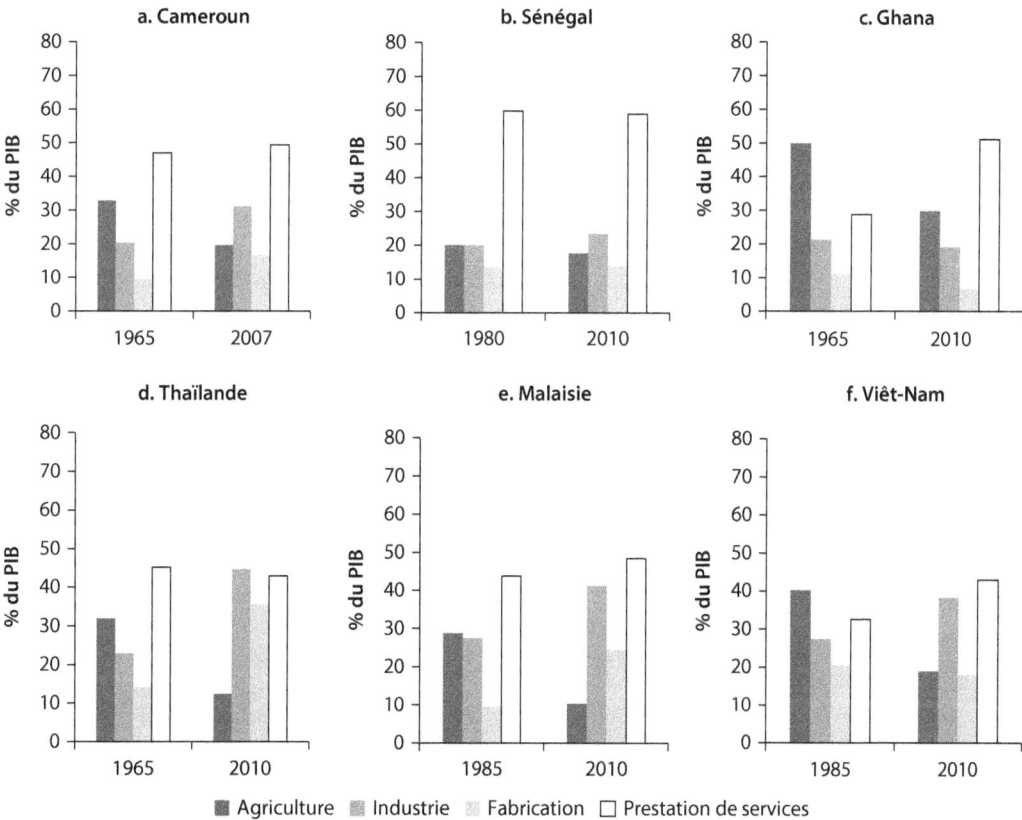

Source : Indicateurs *World Development*, pour plusieurs années. Estimations des services de la Banque mondiale.

préféraient être employés à temps plein à une durée hebdomadaire de travail de 44 heures (Gouvernement camerounais 2005 ; Ndjobo, 2013).

Afin d'accélérer sa croissance économique, le Cameroun doit établir un secteur privé prospère et concurrentiel et un secteur public plus simple, qui favoriseront la création d'un environnement propice au développement politique et institutionnel. En 2009-10, le Cameroun a élaboré des chaînes de valeur dans chaque secteur ayant été désigné comme contribuant le plus à la croissance. Les chaînes de valeur établissent les seuils minimaux d'entrée sur les marchés, de création d'emplois et de conception de produits innovants. Ces seuils comprennent entre autres les aptitudes et les compétences qui satisferaient le mieux les besoins futurs de développement des secteurs. Le chapitre suivant aborde justement la question de la valeur ajoutée, des opportunités et des contraintes dans les secteurs où une croissance est prévue.

L'analyse comparative du Cameroun et de deux autres pays d'Afrique subsaharienne par rapport à trois pays d'Asie du Sud-Est indique une composition sectorielle cohérente (graphique 3.8) : les contributions agricoles ont diminué avec le temps et l'industrie a augmenté. Contrairement à la Thaïlande et à la Malaisie, la fabrication ne bénéficie pas d'un tel changement à la hausse au Cameroun. Les services ont toujours été plus importants que tout autre secteur. Ainsi, si, comme certains pays d'Asie du Sud-Est, le Cameroun aspire à être une économie orientée vers l'exportation, favoriser l'industrie légère pourrait apporter des gains importants. Il est à noter que la part de l'industrie dans les trois économies d'Asie du Sud est presque aussi importante que celles des services, et qu'elle témoigne d'une augmentation significative avec le temps.

Notes

1. Les enquêtes auprès des entreprises sont administrées à un échantillon représentatif d'entreprises de l'économie privée formelle non agricole. L'échantillon est défini de la même manière dans tous les pays et couvre le secteur de la fabrication, des services et du transport et de la construction. Les secteurs des services publics, de la santé et des finances ne sont pas pris en compte. Les enquêtes permettent de recueillir un large éventail de données qualitatives et quantitatives au moyen d'entretiens en face-à-face avec les responsables et propriétaires d'entreprises au sujet de l'environnement des affaires dans leur pays et de la productivité de leurs entreprises. Les sujets abordés sont les infrastructures, le commerce, les finances, la réglementation, les taxes, les licences commerciales, la corruption, la criminalité, l'informalité, l'innovation, le travail et les perceptions des obstacles aux transactions commerciales. Les données recueillies par les enquêtes lient les caractéristiques de l'environnement des affaires d'un pays à la productivité et à la performance des entreprises. Les enquêtes sont utiles pour les décideurs et les chercheurs et sont répétées dans le temps afin de suivre les changements et de comparer les effets des réformes sur la performance des entreprises.

2. La présente section s'appuie sur les données de l'INS de 2009 et de la Banque mondiale (2009b).

3. En 2009, les entreprises n'étaient pas classées par type en raison de l'absence de définitions acceptables. Grâce au processus de préparation des enquêtes auprès

des entreprises, l'Institut national de la statistique a proposé des critères de classi-fication acceptables. Des modifications pertinentes ont été faites et la législation a été adoptée (N° 001/2020 du 13 avril 2010), ce qui a permis de définir les petites et moyennes entreprises selon trois critères : i) le nombre d'employés travaillant à temps plein pendant un an, à temps partiel ou temporaire ; les salariés, proprié-taires au niveau du village ou entités associées ayant une activité continue dans l'entreprise en tant que bénéficiaires financiers et la nature de l'entreprise ; ii) entité juridique résultant de l'échange de biens ou de services, excluant les taxes ; et (iii) formelle ou informelle (non immatriculée, c'est à dire sans numéro d'im-matriculation, sans comptabilité formelle, conforme au système de gestion finan-cière en vigueur au Cameroun).

Bibliographie

Banque mondiale, 2009b, « Enterprise Surveys: Cameroon Country Profile », Banque mondiale, Washington, DC.

Banque mondiale et SFI (Société financière internationale), 2014, *Doing Business 2014: Understanding Regulations for Small and Medium-Size Enterprises*, Banque mondiale, Washington, DC.

Deon Filmer, Louise Fox, Karen Brooks, Aparijita Goyal, Taye Mengistae, Patrick Premand, Dena Ringold, Siddharth Sharma et Sergiy Zorya, 2014. *Youth Employment in Sub-Saharan Africa*, Banque mondiale et Agence française de développement, Washington, DC.

Gouvernement camerounais, 2005, Enquête sur l'emploi et le secteur informel au Cameroun, *[Productivité dans le secteur informel à Cameroun]*, Institut national de la statistique, Yaoundé, Cameroun.

Gouvernement camerounais, 2009, Document de stratégie pour la croissance et l'emploi, Yaoundé, Cameroun.

Gouvernement camerounais, 2010a, *Recensement général des entreprises (RGE 2009) : Rapport principal des résultats*, Institut national de la statistique, Yaoundé, Cameroun.

Gouvernement camerounais, 2010b, Enquête sur l'emploi et le secteur informel au Cameroun *[Productivité dans le secteur informel à Cameroun]*, Institut national de la statistique, Yaoundé, Cameroun.

Gouvernement camerounais, 2012b, *Deuxième enquête sur l'emploi et le secteur informel au Cameroun (ESSI 2) : Insertion sur le marché du travail Institut national de la statistique*, Yaoundé, Cameroun.

INS (Institut national de la statistique), 1996. Enquête camerounaise auprès des ménages, INS, Yaoundé, Cameroun.

INS (Institut national de la statistique), 2002, « Deuxième enquête camerounaise auprès des ménages. Pauvreté et éducation au Cameroun en 2001 », INS, Yaoundé, Cameroun.

INS (Institut national de la statistique), 2005, Enquêtes sur l'emploi et le secteur informel, INS, Yaoundé, Cameroun.

INS (Institut national de la statistique), 2007, Troisième Enquête de consommation auprès des ménages, INS, Yaoundé, Cameroun.

INS (Institut national de la statistique), 2009a, Enquêtes démographiques et de santé, 2009, INS, Yaoundé, Cameroun.

INS (Institut national de la statistique), 2009b, *Recensement Général des Entreprises*, INS, Yaoundé, Cameroun.

INS (Institut national de la statistique). 2010. Enquêtes sur l'emploi et le secteur informel II, INS, Yaoundé, Cameroun.

Ndjobo, Patrick Marie Nga, 2013, « Analyse des impacts de l'éducation sur le fonctionnement du marché du travail au Cameroun », mémoire de thèse, Université de Yaoundé 2, Cameroun.

CHAPITRE 4

Secteurs économiques-clés pour l'emploi, la création de valeur, la compétitivité et la croissance

Introduction

Quelles compétences sont valorisées dans les secteurs étudiés dans le présent rapport ? Et quelles sont les retombées de ces compétences ?

Le Document de stratégie pour la croissance et l'emploi (Strategy Document for Growth and Employment – DSCE) identifie le chômage et la faible productivité comme des défis majeurs pour le développement du Cameroun. Le Document émet donc les recommandations ci-après :

- Créer des opportunités d'emploi plus solides, formelles et informelles, en renforçant le développement humain
- Accroître la productivité dans l'agriculture, l'exploitation minière et les chaînes de valeur-clés (comme le bois, le tourisme, et les technologies de l'information et de la communication)
- Stimuler la croissance grâce à des investissements dans les infrastructures essentielles (en particulier l'énergie, les routes, les infrastructures portuaires et d'approvisionnement en eau) et à l'amélioration du climat des affaires et de l'intégration régionale.

Le DSCE fixe l'objectif ambitieux de réduire le sous-emploi en le faisant passer de 76 pour cent de la population active en 2015 à 50 pour cent en 2020 *via* la création des dizaines de milliers d'emplois formels. Cependant, les résultats obtenus au cours des deux premières années de mise en œuvre du DSCE laissent penser que l'objectif est loin d'être atteint.

Secteurs clés

Le Gouvernement a désigné les infrastructures, la sylviculture (bois et transformation du bois), l'agriculture (agro-industrie, en particulier les textiles de coton et l'huile de palme), le tourisme et les industries extractives comme les secteurs qui généreraient le plus de valeur ajoutée et qui accéléreraient la croissance économique. Ces secteurs demandent une main-d'œuvre abondante et pourraient soutenir la transformation structurelle du Cameroun.

Infrastructures

Le domaine des infrastructures a un fort potentiel à la fois pour créer de la valeur ajoutée par sa main-d'œuvre et pour générer de la croissance économique. Développer les compétences de la main-d'œuvre dans le domaine des infrastructures demande de soutenir un ensemble de généralistes et de spécialistes. Pour les besoins de la présente étude, le domaine des infrastructures est défini comme la construction de bâtiments publics et privés et les travaux publics. Le domaine des infrastructures nécessite tout un ensemble d'entreprises de fabrication légère, et la chaîne de valeur des infrastructures a des exigences particulières en matière de main-d'œuvre et de compétences. Elle a besoin, par exemple, d'entrepreneurs de l'industrie légère engagés dans la fabrication de matériaux de construction tels que la céramique, les tuiles, les briques, les éléments à base de ciment (comme les balustrades pour escaliers) et les portes et portails métalliques. Les travaux publics exigent que des évaluations sociales et environnementales soient menées par des ingénieurs, des sociologues, des anthropologues et des spécialistes de la communication qualifiés pour sensibiliser les communautés et le public et d'experts du secteur pour la construction d'établissements de santé, d'éducation, d'eau et d'assainissement. Entre 1993 et 2005, les possibilités d'emploi dans les travaux publics ont augmenté de près de moitié au Cameroun. La gestion décentralisée est l'approche utilisée pour la construction et les travaux publics.

Les projections des besoins en main-d'œuvre sur la période 2009-12 indiquent une augmentation significative des besoins en matière de construction, de réhabilitation et d'entretien des bâtiments publics et privés, et de travaux publics. L'Organisation internationale du Travail (OIT) a estimé que les besoins mondiaux de main-d'œuvre pour les infrastructures augmenteraient de 53 pour cent pendant cette période, alors que la main-d'œuvre pour les routes ne devrait augmenter que de 1,2 pour cent. Or, la demande en construction d'écoles et autres établissements d'enseignement et centres de santé représente un marché important pour la main-d'œuvre. Se fondant sur les projections du Gouvernement concernant l'investissement dans les infrastructures pour chacun des quatre exercices 2009 à 2012, l'OIT a estimé que les emplois directs augmenteraient de 36 000 au Cameroun, dont 47 pour cent dans la construction et 45 pour cent dans les routes. Ce rythme devrait se poursuivre au cours de la période 2013-20.

En 2005, 51,3 pour cent des entreprises de travaux publics au Cameroun étaient situées à Douala et 26,6 pour cent à Yaoundé.[1] Ensemble, elles représentaient une source importante d'emplois. Maroua, dans la région de l'Extrême Nord, représentait 6,5 pour cent et Garoua, dans la région du Nord, 3,4 pour cent, suivi de Bamenda, Limbé et Bertoua. Toutes les autres communes de l'enquête combinées ne représentaient que 5,3 pour cent des entreprises de travaux publics. Les 7 % restants proviennent d'autres régions du pays.

Environ 70 pour cent de la population active est employée dans 72 pour cent des entreprises de travaux publics et contribue chaque année à hauteur d'un peu moins de 20 millions de FCFA aux revenus de l'État (environ 40 000 dollars des États-Unis). Environ 25 pour cent des employés dans les 22 pour cent restants des entreprises de travaux publics ont contribué à hauteur de 50 à 100 millions de FCFA (100 000 à 2 millions de dollars des États-Unis) par an, tandis que les 5 pour cent restants travaillant dans seulement six pour cent des entreprises de travaux publics ont contribué à plus de 100 millions de FCFA (200 000 dollars des États-Unis) par an. Entre 2003 et 2006, la productivité de la main-d'œuvre a diminué en raison d'une baisse de la demande nationale pour la construction et les travaux publics. Les frais de personnel ont augmenté de 7,3 pour cent pendant cette période et la valeur ajoutée de la main-d'œuvre est passée de 1,86 pour cent en 2003 à 1,40 en 2006.

La structure de l'emploi dans le domaine des infrastructures a considérablement changé entre 2005 et 2006 (tableau 4.1). La demande en travailleurs qualifiés a augmenté, tandis que celle en travailleurs non qualifiés a diminué. L'ingénierie pour la construction et les travaux de génie civil concentre environ 86 pour cent de l'emploi dans le domaine des infrastructures.

En 2005, 35,2 pour cent des travailleurs du domaine des infrastructures étaient âgés de 10 à 24 ans, 36,3 pour cent de 25 à 39 ans et 21,7 pour cent de 40 à 54 ans (tableau 4.2). Ainsi, un grand nombre d'entre eux étaient des jeunes, y compris des jeunes en âge d'aller à l'école (de 10 à 16 ans). Environ 89,6 pour cent du personnel technique travaillant dans la conception étaient diplômés de l'enseignement supérieur, tandis que 22,4 pour cent des travailleurs non qualifiés (ceux n'ayant pas de qualifications spécifiques) avaient terminé le premier cycle de l'enseignement secondaire, 17,8 pour cent le premier cycle de l'enseignement secondaire technique et 39,6 pour cent avaient terminé l'école primaire.

Les principales contraintes pour le développement des infrastructures au Cameroun sont la pénurie de travailleurs qualifiés dans des domaines tels que la

Tableau 4.1 Structure de l'emploi dans le domaine des infrastructures, 2005 et 2006

(%)

Catégorie	2005	2006
Spécialistes	5,1	5,3
Techniciens qualifiés	6,7	8,0
Techniciens	17,1	22,7
Travailleurs non qualifiés	68,7	64,0
Total	**100**	**100**

Source : OIT, 2010 ; Estimations des services de l'Institut national de la statistique et de l'Organisation internationale du Travail.

Tableau 4.2 Caractéristiques de la main-d'œuvre dans le domaine des infrastructures par tranche d'âge et type d'emploi, 2005

(%)

Tranche d'âge	Personnel technique/étape de conception	Personnel technique/ rénovation	Main-d'œuvre spécialisée	Main-d'œuvre sans qualifications spécifiques	Part du total
10-24	0,0	8,6	36,5	35,8	35,2
25-39	44,6	48,1	37,5	33,8	36,3
40-54	40,7	38,9	17,1	27,0	21,7
55-69	10,5	4,5	8,9	2,5	6,3
> 70	4,3	0,0	0,0	0,9	0,4
Total	100	100	100	100	100

Source : OIT, 2010 ; estimations des services de l'Institut national de la statistique et de l'Organisation internationale du Travail.

Tableau 4.3 Niveaux de formation des travailleurs dans le domaine des infrastructures

(%)

Niveau de formation	Personnel technique/étape de conception (%)	Personnel technique/ rénovation (%)	Main-d'œuvre spécialisée (%)	Main-d'œuvre sans qualifications spécifiques (%)	Part du total (%)
Aucune formation			5,6	3,9	4,7
Primaire		5,4	46,2	39,6	42,2
1er cycle général du secondaire		7,8	13,9	22,4	16,9
2è cycle général du secondaire	10,5	3,3	7,0	6,3	6,7
1er cycle secondaire technique		16,0	14,6	17,8	15,6
2è cycle secondaire technique		42,8	8,1	8,6	8,7
Enseignement supérieur	89,6	24,7	4,6	1,4	5,1
Total	100	100	100	100	100

Source : OIT, 2010 ; estimations des services de l'Institut national de la statistique et de l'Organisation internationale du Travail.

comptabilité, la gouvernance et la production de matériaux de construction. Il existe également une pénurie de spécialistes de l'environnement qualifiés pour effectuer des évaluations environnementales. La plupart des travailleurs n'ont été scolarisés que jusqu'à la fin du primaire (tableau 4.3).

Les entrepreneurs du Cameroun jugent que les compétences transmises par les grands instituts spécialisés en formation technique du pays sont adéquates. Cependant, les compétences des entrepreneurs potentiels demandent qu'on s'y attarde. Le développement des compétences en commerce et gestion, notamment des connaissances de base en économie, fiscalité, gestion de projet, comptabilité et logiciels spécialisés pour la comptabilité, les audit et l'archivage, est essentiel pour accroître la valeur ajoutée de la main-d'œuvre. La formation en management est également nécessaire, en particulier pour les inspecteurs en normes industrielles des travaux de génie civil, les gestionnaires de projet, les directeurs de ressources humaines, les comptables et les auditeurs. Enfin, il existe une tendance à abandonner des projets ou à avoir des retards importants. L'emploi en souffre et les travailleurs sont peu incités à terminer des projets.

Pour les employés potentiels, une formation technique dans une multitude de spécialisations est nécessaire, notamment dans des domaines tels que la menuiserie, la maçonnerie, l'électricité, la plomberie, la peinture et la toiture. Certaines solutions de développement de la main-d'œuvre comprennent le renforcement des capacités, en proposant une formation à grande échelle qui corresponde à la qualité requise et qui soit réalisée dans les délais convenus, afin de faciliter les possibilités d'emploi et de formation sur le tas. Les plans du Gouvernement pour le développement des compétences n'ont pas été en phase avec les besoins du marché. En outre, les sociétés multinationales ne sont pas disposées à renforcer les capacités nécessaires et à transférer des connaissances sur les nouvelles techniques et technologies. Le Gouvernement doit donc créer les conditions pour que de telles initiatives voient le jour et doit consacrer des efforts pour que de nouvelles formes de formation technique et de transfert de technologie voient le jour.

Le domaine des infrastructures est passé d'un processus qui demande une main-d'œuvre abondante à un processus exigeant un fort capital, et est de plus en plus informatisé. Des compétences plus pointues sont nécessaires, notamment de la part des ingénieurs de contrôle, ainsi qu'un développement des compétences à plus long terme. Le développement des compétences à moyen et à court terme est également primordial. Or les travailleurs non qualifiés représentent la plupart des travailleurs dans le domaine des infrastructures, qui est fortement orienté vers l'emploi saisonnier.

La transformation structurelle exige d'avoir des travailleurs qualifiés qui ont été formés en ingénierie, sciences et technologie. Les formations doivent être testées et certifiées. Les domaines prioritaires sont l'enseignement supérieur en ingénierie (génie civil, mécanique, assainissement, hydraulique, plomberie, électricité), la technologie (conception assistée par ordinateur) et la gestion assistée par ordinateur. Or, le paradoxe du domaine des infrastructures au Cameroun est que ce sont à la fois les travailleurs les plus formés et les moins instruits (analphabètes) qui trouvent un emploi en dernier dans le secteur. Près de la moitié des travailleurs âgés de 25 à 34 ans ayant au moins un diplôme de premier cycle étaient au chômage (OIT, 2010 ; estimations des services de l'OIT sur la base des données de l'Enquête auprès des ménages III). Ainsi, un enseignement technique de qualité pourrait mieux servir les personnes de cette tranche d'âge en quête de travail dans le domaine des infrastructures. Ce sont les travailleurs solidement formés en ingénierie et technologie qui pourraient attirer les investissements directs étrangers et aider le pays à réaliser sa transformation structurelle.

Filière bois (bois et transformation du bois)
Le Cameroun a la seconde plus grande zone de forêt naturelle en Afrique subsaharienne. Il est muni de lois strictes en matière de gestion forestière et possède l'industrie forestière la plus développée de la région. Les limites imposées sur les exportations de grumes de bois ont contribué à créer des emplois, notamment dans les petites entreprises impliquées dans la transformation du bois. Les plus grandes entreprises sont détenues par des sociétés belges, chinoises, françaises,

grecques, hollandaises, italiennes, libanaises et malaisiennes, dont la plupart opèrent à Douala, Yaoundé et Limbé.

En 2005, l'industrie du bois du Cameroun a contribué à environ 6 pour cent du produit intérieur brut (PIB) et cette même année, l'industrie du bois et de sa transformation représentait 170 000 emplois – 150 000 dans le secteur informel et 20 000 dans le secteur formel. Comme les coûts de démarrage sont relative-ment faibles, de nombreuses petites entreprises illégales et non enregistrées existent. Elles emploient pour la plupart des travailleurs non qualifiés comme les artisans et les menuisiers. Les lois de 1999 ont ouvert la voie à la transformation de deuxième étape dans la chaîne de valeur pour le pays.

L'industrie du bois a généré une valeur de 228 milliards de FCFA (456 millions de dollars des États-Unis) en 2005. Le Gouvernement a cherché à diversifier les produits, à attirer de nouveaux importateurs et à développer les producteurs de bois locaux : des efforts qui devraient créer 21 000 emplois à temps plein et 15 000 à temps partiel, avec une valeur ajoutée estimée à 126 milliards de FCFA (soit 252 millions de dollars des États-Unis). Les coûts estimés étaient de 1,36 milliards de FCFA (2,72 millions de dollars des États-Unis), pour un rapport bénéfice-coût de 0,92 FCFA du revenu brut pour chaque franc investi. On peut noter que si le Gouvernement accorde des subventions aux grandes entreprises, les petites entreprises n'en bénéficient pas, ce qui les pousse à être informelles.

La chaîne de valeur de l'industrie du bois est basée sur les classifications des entreprises par le Gouvernement (tableau 4.4). La plupart des entreprises du bois (134) sont impliquées dans une transformation de premier niveau, 36 dans une transformation des deux premiers niveaux, 21 des trois premiers niveaux et huit dans les quatre niveaux (MINFOF 2012).

Tableau 4.4 Chaîne de valeur de l'industrie du bois

	Transformation de niveau 1	Transformation de niveau 2	Transformation de niveau 3	Transformation de niveau 4
Définition	Première transformation des billes de bois ; scieries	Transformation des produits de niveau 1 en produits semi-finis ou finis grâce à un traitement supplémentaire		Rendre les produits disponibles à la consommation par l'utilisateur final
	Fabrication lourde	Se prête bien à l'industrie légère/demande beaucoup de main-d'œuvre		Se prête bien à l'industrie légère/demande beaucoup de main-d'œuvre
	Demande beaucoup de capital			
Exemples	• Sciage de bois de toute taille • Création de rondelles et de goujons carrés • tranchage et déroulage des feuilles de placage	• Bois hydraulique assemblé (BHA) • Bois massif reconstitué • Lambris, parquets, rides, ponts • Séchage de tous les produits sciés	• Fabrication de briquettes/ briques de bois • Stratification et collage • Fabrication de panneaux de particules • Bois de support pour empêcher la détérioration • Autres gadgets en bois	• Meubles • Portes et huisseries • Fenêtres • Tous produits en bois prêts à l'emploi

Source : Décision du Gouvernement camerounais 2637/D/MINFOF du 6 décembre 2012 ; MINEPAT, 2014.

Les entreprises et les emplois du secteur du bois sont concentrés autour des régions du Centre, de l'Est, du Littoral et du Sud (tableau 4.5), une situation liée à la couverture forestière et aux infrastructures, ce qui permet le transport relativement efficace des matières premières et des produits finis. Les données les plus récentes du ministère de l'Économie, de la Planification et de l'Intégration régionale (MINEPAT) et du ministère des Exploitations forestières et Naturelles (MINEFOF) indiquent que 77,6 pour cent de la main-d'œuvre de l'industrie du bois est composée de travailleurs spécialisés. Ceci est conforme à la législation nationale des entreprises collectives pour l'industrie du bois (accès, transformation, et sous-produits forestiers). Les travailleurs professionnels représentent environ 18,1 pour cent et les diplômés de haut niveau seulement 3,5 pour cent (diplôme de maîtrise ou d'ingénieur). En outre, seulement deux pour cent de cette dernière catégorie sont employés.

Toutes les étapes de l'industrie forestière et du bois ont de forts besoins en main-d'œuvre et offrent des possibilités d'emploi. Les offres d'emploi dans les zones rurales s'adressent notamment aux scieurs, aux assistants scieurs, aux porteurs, aux chauffeurs et aux assistants chauffeurs. Dans les zones urbaines, elles s'adressent notamment aux vendeurs, aux transporteurs, aux vendeurs de porte-à-porte et aux vendeurs de nourriture qui utilisent des matériaux ligneux transformés (comme les bols, assiettes, et plateaux). De plus, des retombées connexes existent pour relier les productions de l'industrie du bois à la valeur ajoutée du tourisme (voir ci-dessous).

Le Cameroun pourrait accroître la contribution économique de son industrie forestière et du bois, or il n'existe pas suffisamment de travailleurs qualifiés pour les phases deux et trois de transformation des matières premières permettant de fabriquer des produits de qualité d'exportation (menuiserie, panneaux, travail du bois, construction en bois, tonnellerie, séchage, emballage et palettes). Le pays souffre également de l'absence d'une structure bien organisée pour la formation professionnelle et technique liée à l'industrie du bois, d'un manque d'opportunités d'apprentissage et de la pénurie d'experts forestiers (expertise moyenne à élevée) ayant des connaissances en matière de préservation de l'environnement, de reboisement et de gestion forestière.

Tableau 4.5 Répartition régionale de l'emploi dans l'industrie du bois

Types d'entreprises	Région	Employés à plein temps (%)
Entreprises de transformation du bois	Centre	39
	Est	30,6
	Littoral	20,5
	Sud	9,8
Entreprises artisanales	Centre	40,7
	Est	22
	Littoral	20,1
	Sud	17,2

Source : Décision du Gouvernement camerounais 2637/D/MINEFOF du 6 décembre 2012 ; MINEPAT, 2014.

Une analyse de l'éducation et de la formation professionnelle et technique dans l'industrie du bois des secteurs public et privé du Cameroun permis de relever de nombreuses faiblesses :

- Plusieurs centres de formation affiliés à des universités offrent une formation dans le traitement du bois, mais ne produisent pas suffisamment de diplômés et offrent peu de cours.
- Les centres ont des formateurs peu qualifiés mais très bien payés, ce qui rend les cours coûteux.
- La plupart des centres de formation n'offrent pas un environnement propice à l'apprentissage : non seulement en termes de personnel, mais aussi en termes de matériel et d'équipement pédagogique (MINEPAT, 2014 ; Pro-Invest, 2014).

Pourtant, les centres de formation sont les seuls fournisseurs de formation formelle en traitement du bois. Il existe également de nombreux centres et programmes de formations informelles offrant une formation de qualité médiocre. Le Cameroun doit donc investir dans la formation à la production commerciale de plantes, dans l'intensification de l'utilisation de technologies durables et dans l'amélioration des compétences des formateurs.

Agriculture et agroalimentaire

Le Gouvernement camerounais a identifié six *domaines-clés* agricoles *rentables* : le coton, l'huile de palme, le maïs, le manioc, la banane plantain et l'aviculture. Les principales étapes de la chaîne de valeur de l'agriculture sont la fourniture d'intrants, la production dans les fermes, la collecte, le traitement et la livraison finale (Banque mondiale, 2008). Le Cameroun pourrait devenir une source majeure de manioc, de maïs et de banane plantain en Afrique subsaharienne – créant ainsi beaucoup d'emplois et de revenus et permettant aux compétences de se développer.

La présente étude analyse uniquement les cas du coton et de l'huile de palme. Le coton est une source importante de revenus pour les populations dans les régions relativement pauvres du Cameroun, surtout la région du Nord. Or, le coton peut également bénéficier à d'autres secteurs (comme le tourisme) au niveau national et pourrait générer des revenus grâce aux exportations régionales et internationales. L'huile de palme est aussi très prometteuse pour l'agroalimentaire et possède un fort potentiel à l'exportation. Elle bénéficie également d'un important marché national. La majeure partie du coton est cultivée dans la région du Nord, tandis que l'huile de palme, le cacao et le café poussent bien dans l'ouest, le sud et les régions centrales.

Le Cameroun possède une bonne base pour l'agroalimentaire. Le million de petites exploitations du pays se spécialise dans l'agriculture traditionnelle, l'amélioration de l'agriculture pluviale, la culture irriguée intensive, le pastoralisme et l'agro-pastoralisme, produisant ainsi beaucoup de céréales et d'autres aliments. Les moyennes et grandes exploitations sont plus spécialisées et ont généralement des gestionnaires professionnels, salariés, et sont plus mécanisées. Il existe environ

20 grandes entreprises agroalimentaires publiques et privées et leurs productions sont souvent exportées. Elles ont des employés salariés et dépendent des produits provenant des fermes de petite et moyenne taille.

La production agricole est organisée selon une hiérarchie des intrants, avec des changements d'échelle à chaque niveau (tableau 4.6).

L'agriculture souffre d'un nombre limité de travailleurs formés aux bonnes pratiques agricoles et ayant des compétences en management et un accès à intrants peu coûteux, et comme dans dans d'autres secteurs, de nombreux emplois agricoles sont informels. Les investisseurs pourraient donc offrir des possibilités de placement, mais doivent voir quel serait leur potentiel retour sur investissement. En effet, les jeunes ne considèrent pas l'agriculture comme une carrière prometteuse. Rétablir l'agriculture comme formant partie de l'agroalimentaire, avec le potentiel d'y apporter des innovations technologiques, permettrait donc de la rendre plus attrayante.

Institutions et agriculture

Les réformes des années 1990 ont promu la libéralisation et la privatisation des activités économiques au Cameroun. Comme dans les autres secteurs, il existe une variété de programmes dans le secteur agricole (tableau 4.7). Chacun de ces programmes comporte des éléments distincts de renforcement des capacités.

Plusieurs programmes de développement des capacités institutionnelles soutiennent la main-d'œuvre actuelle et pourraient aider à transférer le savoir-faire technologique. Cependant, des responsables gouvernementaux ont

Tableau 4.6 Hiérarchie des besoins de l'agroalimentaire et des travailleurs

Petite échelle	Échelle moyenne/intensification		Grande échelle
Au niveau des fermes ; Utilisation d'intrants assez faible	Au niveau des fermes ; Meilleure gestion des intrants	Production au niveau commercial	Grandes entreprises agroalimentaires ; Grande utilisation d'intrants
Manuelle (Intensive ; 1 ha au total)	Manuelle (Intensive ; 3 ha au total)	Manuelle (Intensive tendant vers extensive ; 5 ha au total)	Tracteurs ou manuelle (extensive)
Intrants à petite échelle	Intrants à échelle moyenne	Intrants à échelle moyenne et plus grande	Intrants à grande échelle
Marchés proches des fermes	Marchés à proximité des fermes	Marchés lointains ; les produits doivent être transportés	Production sur site ; matériaux transportés sur le site de production
Utilisation limitée d'équipements	Plus grande utilisation d'équipements	Utilisation d'équipements techniquement adaptés	Équipements modernes
Travailleurs familiaux	Combinaison de travailleurs familiaux et de quelques travailleurs salariés/ sous-traitants	Main-d'œuvre principalement salariée	Main-d'œuvre salariée uniquement
Compétences en entreprenariat ; Main-d'œuvre peu qualifiée ; apprentissage	Compétences en entreprenariat ; Quelques compétences en gestion ; Main-d'œuvre peu qualifiée et qualifiée	Compétences en entreprenariat ; Main-d'œuvre qualifiée	Compétences en entreprenariat ; Main-d'œuvre qualifiée

Source : Banque mondiale, 2008.

Tableau 4.7 Programmes et institutions du secteur agricole

Programme	Institutions impliquées	Orientations
Programme national pour promouvoir l'accès du public à la recherche agricole (PNVRA)	Banque mondiale/IDA Gouvernement (MINAGRI, MINEPIA, MIDENO, SOWEDA, SODECOTON) Banque africaine de développement	Politique nationale pour l'amélioration et le maintien de la productivité agricole ; Développement de la capacité technique (opérationnelle et financière) ; Améliorer l'information sur les services ; Accélérer le transfert de technologie.
Programme pour la réforme du sous-secteur des engrais	USAID Office national de commercialisation des produits de base	Soutien aux producteurs du secteur privé ; Commercialisation des engrais ; Développement des capacités institutionnelles
Projet d'appui aux stratégies paysannes et à la professionnalisation de l'agriculture (ASPPA)	Églises Organisations non-gouvernementales Donateurs internationaux/partenaires de développement – Agence française de développement (AFD) programme tels que C2D — Contrat des désendettements et de développement]	Développement des capacités institutionnelles ; Professionnalisation des petits agriculteurs
Programme ACP des marchandises agricoles (AAACP)	Union européenne (UE) (cacao, café, lait) Banque mondiale, FAO, Centre du commerce international (CCI), CNUCED et CFC (coton) Fond international pour le développement de l'agriculture	Préparation de stratégies durables pour la production agricole dans le but d'améliorer les revenus et l'accès aux ressources pour les producteurs

Source : Banque mondiale, 2008.
Note : ACP = Programme des marchandises agricoles ; CFC = Fonds commun pour les produits de base ; CNUCED = Conférence des Nations unies sur le Commerce et le Développement; FAO = Organisation des États-Unis pour l'alimentation et l'agriculture; IDA = Association internationale de développement; MIDENO = Mission de développement du Nord-Ouest ; MINAGRI = ministère de l'Agriculture; MINEPIA = ministère de l'Élevage, des Pêches et des Industries Animales ; SODECOTON = Société de développement de coton ; SOWEDA = South West Development Authority; USAID = Agence des États-Unis pour le développement international.

déclaré que si les programmes apportaient des financements, ils transféraient peu de connaissances.

À court terme, les prix alimentaires doivent être réduits pour aider les populations pauvres et au fil du temps, les petits agriculteurs doivent améliorer leur productivité. Accroître l'accès à de meilleurs intrants et techniques de production pourrait améliorer la production, ce qui obligerait les agriculteurs à suivre une formation technique dans des domaines tels que le partage d'informations, au moyen de SMS par exemple. Des coûts de transport plus bas pourraient également aider.

Toutes les stratégies de réduction des coûts nécessiteront d'améliorer les techniques de production et les connaissances des agriculteurs. Des méthodes d'utilisation des engrais, des importations directes d'engrais, la rationalisation des circuits de distribution à l'aide techniques de gestion collective et des informations à propos de la taxe sur la valeur ajoutée pourraient améliorer la production, réduire les coûts et rendre les produits du Cameroun plus compétitifs.

Les produits agricoles du Cameroun jouissent en effet de marchés régionaux au Gabon, en Guinée équatoriale, en République centrafricaine, en République du Congo et au Tchad. L'Accord de partenariat économique négocié entre les pays de la Communauté Économique et Monétaire de l'Afrique Centrale (CEMAC) et l'Union européenne pourrait donc abaisser les taxes camerounaises et ouvrir le marché du pays à la concurrence étrangère. Les investissements dans la technologie, les intrants et le crédit seraient les principaux moteurs et le recours à des possibilités comme l'épargne et l'assurance pour accroître la productivité agricole (comme au Rwanda), en combinant les financements avec les approches de développement des compétences, aiderait à maximiser les retours sur investissement.

Textiles de coton

Le Cameroun a un avantage régional comparatif pour la transformation des textiles de coton en vêtements de grande consommation et pour la distribution. Celle-ci représente les troisième et quatrième étapes de la chaîne de valeur (les deux premières sont la transformation du coton brut en fibre et de la fibre en tissu, fil, etc.). Le Cameroun est le seul pays en Afrique centrale à avoir une capacité de production en fabrication de produits finis qui satisfasse le marché national.

Le Cameroun doit favoriser les exportations régionales. Les travailleurs peuvent produire des tissus et des textiles de coton innovants. Ils produisent depuis longtemps des *matières stretch*, connaissent les besoins de leurs clients et se trouvent à proximité. Les textiles de coton pourraient également stimuler le tourisme.

Néanmoins, certaines contraintes empêchent le coton de se tourner vers les marchés étrangers. La plupart des productions sont générées par des travailleurs informels ayant des connaissances, une expertise et une formation limitées, or l'apprentissage est le principal moyen de transfert de savoir-faire. Autre problème : la réglementation sur la propriété intellectuelle est faible. Ces manques proviennent de la faiblesse des infrastructures, du faible niveau de la formation initiale et du peu d'options pour le ré-outillage ou l'apprentissage de nouvelles méthodes de production.

Certaines solutions de développement des compétences de la main-d'œuvre comprennent pour cela le développement des capacités et intègrent la formation en techniques de base et homogènes de production, la maîtrise des procédures d'exportation pour les marchés extérieurs, la promotion de la capacité pour les grandes livraisons et l'amélioration des possibilités d'emploi et de formation.

Huile de palme

La production d'huile de palme pourrait réduire la pauvreté au Cameroun. Comme de telles activités ne sont pas mécanisées, elles nécessitent de créer des emplois dans les forêts. En effet, les revenus générés par l'huile de palme sont assez stables. L'industrie est relativement petite et s'adresse à la consommation nationale et régionale. Ce n'est pas une industrie de transformation de niveau secondaire à part entière. Environ 135 000 hectares sont cultivés et environ 30 000 hectares ont été réservés à l'agroalimentaire, avec une capacité de transformation d'environ 250 000 tonnes d'huile de palme qui pourrait croître de près de 10 000 hectares par an. Le tableau 4.8 donne l'évolution de la production d'huile de palme brute au Cameroun dans le temps. On peut voir que les surfaces consacrées à la culture de l'huile de palme ont augmenté de près d'un tiers entre 2003 et 2008 (tableau 4.8).

Tableau 4.8 Production d'huile de palme brute (2003-2008)
(tonnes)

	2003	2004	2005	2006	2007	2008
Agroalimentaire	116 520	119 390	127 435	128 854	131 485	131 485
Plantations villageoises	52 680	58 680	64 880	70 680	76 680	82 680
Total	**169 200**	**178 070**	**192 115**	**199 534**	**208 165**	**214 165**

Source : Banque mondiale, 2009b. Ministère de l'Emploi, de la Formation professionnelle et de la Formation ; Organisation internationale du Travail, 2009a.

Tableau 4.9 Localisation de l'industrie groalimentaire et production d'huile de palme, 2008

Dénomination sociale	Lieu	Production (en tonnes)
SOCAPALM	Mbongo, Nkapa, Kienke, Eseka	83 000
CDC	Limbé, Idenau	18 000
SPFS	Apouh (Edea)	15 000
SAFACAM	Dizangue (Edea)	12 000
PAMOL	Lobe	16 000

Source : Banque mondiale, 2009b. Ministère de l'Emploi, de la Formation professionnelle et de la Formation, Organisation internationale du Travail 2009a et consultants internationaux.

On a estimé que la production d'huile de palme générait environ 65 000 emplois directs et indirects. Les plantations (agroalimentaires) font appel à un grand nombre de travailleurs horaires non qualifiés, ce qui en fait une industrie villageoise. Faire passer l'agroalimentaire à une plus grande échelle permettrait donc de créer plus d'emplois.

Les cinq principales industries agroalimentaires du Cameroun ont produit plus de 145 000 tonnes d'huile de palme en 2008 (tableau 4.9). Les entreprises emploient environ 30 000 employés directs, pour un investissement global de 110 milliards de FCFA (220 millions de dollars des États-Unis) et la privatisation a conduit à des rendements importants. Dans l'agroalimentaire, l'objectif est d'éliminer les obstacles à l'entrée pour les nouveaux opérateurs ayant des capitaux disponibles et possédant des connaissances sur la production d'huile de palme à des fins commerciales. La SOCAPALM a été privatisée avec succès. Cela a abouti à la culture d'un plus grand nombre de zones forestières consacrées à la récolte de l'huile de palme.

La plupart des plantations villageoises sont artisanales. En 2009, le syndicat qui représente les petits agriculteurs, l'Union des Exploitants de Palmier à Huile (UNEXPALM), a réuni près d'un million de planteurs sur les 10 000 petits agriculteurs qui cultivaient environ 35 000 hectares. Elles ont produit environ 30 000 tonnes d'huile de palme brute. L'amélioration de la récolte pourrait donc également augmenter les rendements.

Un plus grand nombre de vulgarisateurs agricoles sont aussi nécessaires pour améliorer la culture. Un défi majeur a été d'attirer une main-d'œuvre qualifiée dans les régions anglophones du pays pour travailler dans les régions du Sud et de l'Est les plus reculées. Les zones plus densément peuplées et urbanisées abritent la plupart des travailleurs les plus qualifiés, mais davantage de données sur les travailleurs de l'huile de palme sont nécessaires.

Dans la chaîne de valeur de l'huile de palme, on voit que la production demande une main-d'œuvre abondante (tableau 4.10).

Or, la capacité du Cameroun de produire de l'huile de palme est relativement faible. La production maximale représente 18 à 19 tonnes par hectare contre 25 en Indonésie, qui, avec la Malaisie, fait partie des premiers producteurs mondiaux. Dans le système de production plus extensif, le Cameroun peut produire neuf tonnes à l'hectare, contre 11 pour les pays asiatiques.

Les salaires font partie des coûts les plus élevés dans production d'huile de palme. Les agriculteurs déclarent payer les travailleurs environ 20 000 FCFA (environ 40 dollars des États-Unis en moyenne) par tonne produite. En revanche, ceux-ci ne déclarent gagner que 12 000 FCFA (environ 24 dollars des États-Unis). Selon le salaire minimal interprofessionnel garanti, un travailleur est censé gagner 28 000 FCFA (56 dollars des États-Unis) par mois et pour les petits agriculteurs, le transport est un second coût important.

L'industrie de l'huile de palme est une option précaire pour les jeunes travailleurs. Ceux-ci n'ont pas accès aux facteurs de production : la terre et le capital financier et humain. Or, si dans les zones urbaines, les jeunes ont tendance à aller à l'école et à l'université, cela est moins probable dans les zones rurales.

Tourisme

Le tourisme serait en mesure de créer de bons emplois et de favoriser la croissance économique du Cameroun. Aidé d'un modeste investissement dans les infrastructures, il a en effet le potentiel de créer plus de 5 100 emplois directs, indirects et induits à durée déterminée ou indéterminée (MINEFOP et OIT, 2009b). La construction d'hôtels trois étoiles, équipés de salles de conférence, pourrait créer des emplois et générer des investissements.

Le Gouvernement n'a pourtant pas investi de manière efficace dans le tourisme. La faiblesse des infrastructures (communications, routes et assainissement) et le manque de « culture du service » représentent des obstacles majeurs. En outre, le ministère du Tourisme (MINTOUR) n'a pas de directions régionales et il n'existe aucune synergie entre le ministère et la sécurité nationale pour promouvoir le tourisme dans le pays. L'Organisation mondiale du tourisme avait prévu l'arrivée de 500 000 visiteurs en 2007, mais seulement 196 000 sont venus. La crise financière mondiale et ses conséquences sur l'économie du Cameroun ont réduit d'autant plus le tourisme l'année suivante (2008).

Entre les exercices 1996/97 et 2009, le budget du MINTOUR a augmenté de 234 pour cent en matière de dépenses récurrentes et de 333 pour cent pour les dépenses d'investissement. Pourtant, le budget pour le tourisme ne représente qu'un pour cent du budget national. En outre, l'industrie du tourisme est mal organisée, ne s'adresse qu'à quelques touristes et n'a que très peu contribué au PIB.

Le tourisme est pourtant très important dans les régions du Littoral et du Centre. Il a généré par exemple 5 633 emplois à Limbé (Littoral) et 3 979 emplois

Tableau 4.10 Main-d'œuvre dans la chaîne de valeur de l'huile de palme

Catégorie	Caractéristiques	Potentiel et besoins
Producteurs • Cueilleurs • Plantations villageoises	• Représentés par l'UNEXPALM • Fournir 10-20 % aux artisans • Culture de produits primaires généralement dans les vieilles plantations industrielles abandonnées • Se concentrent sur un retour rapide sur l'investissement en capital • Généralement pauvres et vulnérables • Prennent plus souvent la voie de l'atténuation des risques que celle de la maximisation du profit • Données/statistiques indisponibles sur le nombre de producteurs	• Catégorie la plus importante pour le développement des compétences • Données/statistiques sur le nombre de producteurs
Agroalimentaire	• Producteurs protégés par deux syndicats : le Syndicat national des producteurs de l'huile de palme au Cameroun (SNPHPC) • L'Association des Transformateurs des Produits Oléagineux (ATPO)] [30 000 emplois dont 6 000 pour la transformation] • Cinq grands transformateurs les mieux établis (anciens) : Ferme Suisse, PAMOL, Safacam, CDC et SOCAPALM • Achat de produits primaires • Organisent leur collecte (en vrac/gros)	• Compétences en gestion de moyen et haut niveau • Plantations villageoises pour la plupart inaccessibles à l'agroalimentaire.
Transformateurs locaux	• Secteur informel • Transformateurs artisanaux • Installation de locaux temporaires ou loués • Principalement transformation manuelle, sans automatisation • Faible niveau de production (entre 15 % à 18 % au mieux pour les plus performants par rapport à l'équivalent industriel de 22 %) • Les sous-produits sont utilisés comme combustible pour la cuisson des noix • Se prête à l'industrie légère	• Diversification des produits, gestion et compétences en marketing • Un handicap majeur car les amandes de palmiers sont très recherchées par l'industrie de fabrication de savon • Informations sur les marchés pour les produits essentiels et sous-produits • Données/statistiques
Agents commerciaux	• Importateurs qui fournissent aux transformateursGrossistes qui ciblent principalement • l'agroalimentaire • Intermédiaires liés à des grossistes • Situés dans un environnement informel rural ou en milieu urbain	• Compétences en marketing, et techniques de négociation • Informations • Données/statistiques
Transporteurs	• Tout type et mode (marche, charrettes à bras, vélos, voitures, camionnettes et camions) à différents stades de la transformation	• Compétences de gestion et d'organisation • Compétences en conduite défensive
Graisses et industrie de fabrication de savon	• Étape II de la transformation • Utilisation d'usines modernes pour transformer l'huile de palme – industrie légère • Production à l'exportation de qualité • Coûts élevés de distribution – non concurrentiels	• Connaissance de l'industrie • Compétences en gestion

Source : Banque mondiale, 2009b.
Note : CDC = Société de développement du Cameroun ; SOCAPALM = Société Camerounaise de Palmeraies ; UNEXPALM = Union des exploitants de palmier à huile du Cameroun.

à Kribi (Sud). Les agences de tourisme sont également concentrées autour des deux régions, mais la plupart des hôtels touristiques sont non classés (sans étoile). Néanmoins, les déplacements intérieurs sont difficiles en raison des infrastructures limitées, qui sont constituées de grands axes routiers uniquement, de chemins de fer inadéquats et d'un éclairage peu fiable.

Près de 20 entités publiques sont engagées dans les activités touristiques (tableau 4.11). Leur coordination est difficile et l'industrie demeure à un

Tableau 4.11 Entités publiques impliquées dans le tourisme

Entité	Responsabilité
Ministère de l'Environnement et de la Protection de la Nature	Gestion des zones protégées
Ministère de la Foresterie et de la Faune	Gestion des forêts, de la faune, des zones conservées, de la chasse et des exportations de trophées
Ministère de la Culture	Inventaire des principales activités culturelles et promotion de la culture nationale
Ministère de l'Enseignement Supérieur	Formation et maîtrise de haut niveau dans les études de tourisme
Ministère de l'Enseignement Secondaire	Formation de niveau intermédiaire dans les études de tourisme
Ministère de l'Enseignement Technique et Professionnel et de la Formation	Formation technique et professionnelle dans les études de tourisme
Ministère des Finances	Financement du tourisme, dont les satellites du tourisme, l'immigration et l'échange
Ministère de l'Économie, de la Planification et l'Intégration Régionale	Investissements dans la programmation, gestion territoriale (zones touristiques)
Ministère de l'Agriculture et du Développement rural	Exportation de denrées alimentaires
Ministère de la Défense	Sécurité des personnes et des touristes
Ministère de l'Intérieur et de la Décentralisation	Surveillance des bureaux/agences locales de tourisme
Délégation à la sécurité nationale	Assurer la sécurité des personnes, des marchandises, le contrôle des frontières et l'administration des visas aux frontières nationales
Ministère des Petites et Moyennes Entreprises et de l'administration sociale et des artisans	Exportations de produits artisanaux
Ministère du Commerce	Code de l'investissement
Ministère de la Santé nationale	Santé nationale et vaccinations
Ministère des Transports et Office National des Aéroports	Administration des tarifs de transport des Aéroports du Cameroun (ADC)
Ministère de la Communication	Promotion du tourisme grâce à l'information destinée aux touristes et les campagnes de communication/ médias visant à sensibiliser la population
Ministère des Relations Extérieures	Visas et communication d'informations concernant le Cameroun pour les touristes
Ministère de la Recherche et de l'Innovation Scientifique	Recherche dans la codification de la cuisine camerounaise
Ministère des Travaux Publics	Construction, entretien et réhabilitation des sites touristiques, routes/autoroutes en général, eau publique et l'assainissement, aéroports

Source : MINEFOP et OIT, 2009b.

stade naissant. Pourtant, les plantes et les animaux du Cameroun pourraient générer des revenus importants du point de vue du tourisme.

La formation dans le domaine du tourisme est proposée par 38 institutions publiques et privées :

- Parmi les institutions publiques, cinq instituts de formation technique proposent une formation en management hôtelier. Les instituts les plus importants se trouvent à Kribi et à Limbé. L'Université de Yaoundé I comprend deux facultés pour le management hôtelier et le tourisme, mais qui ne fournissent que des autorisations pour les guides touristiques. L'École des Hôtels et du Tourisme de la CEMAC, située à N'gaoundéré, est celle qui offre la formation la plus diversifiée. Le ministère de l'Enseignement Supérieur (MINESUP), en collaboration avec le ministère du Tourisme et de la Coopération française, propose un permis en tourisme et management hôtelier dans certaines universités, et l'Institut de formation de Garoua (région du Nord) une préparation pour devenir guide touristique.
- Parmi les établissements privés, les plus importants sont les Centres de formation rapide à court terme (programmes d'accréditation, pas de diplôme) de Yaoundé et de Douala, ainsi que les établissements d'enseignement supérieur qui fournissent un brevet de Technicien Supérieur (BTS) dans le tourisme et le management hôtelier.
- La plupart des projets d'écotourisme sont lancés par les organisations non gouvernementales telles que le Fonds mondial pour la nature, l'Union internationale de la nature et des ressources naturelles la nature et *Birdlife International*.

La qualité de la formation varie, mais dans la plupart des cas, elle est en deçà de son potentiel (tableau 4.12).

Industries extractives

Parmi les industries extractives, c'est l'exploitation minière qui a le plus de potentiel pour créer de nombreux emplois. Elle nécessite cependant des investissements importants dans les infrastructures, ainsi qu'un approvisionnement régulier en produits de base. La création d'emplois dans l'industrie minière dépendra de l'étendue de l'extraction et des choix techniques (si elle nécessite une main-d'œuvre abondante ou si elle très mécanisée). Il est donc difficile de prévoir la création d'emplois dans le secteur minier.

Le Gouvernement a identifié le diamant, le cobalt-nickel, le fer et la bauxite comme les minéraux essentiels à extraire. Le développement des capacités dans le cadre du projet minier (PRECASEM) avait permis d'estimer certains niveaux d'investissement et d'emploi pour la période de 2012 à 2015 (tableau 4.13).

En accord avec le développement stratégique du secteur de la géologie et des mines du Cameroun, les projections à moyen terme (2015-25) sont :

- La réalisation d'excavations de minerai de fer à Mbalam en 2016 et de bauxite de Minim-Martap en 2019 et le début de la production

Tableau 4.12 Qualité de la formation en tourisme

Aspect	Évaluation
Environnement de formation	En général inadapté et non propice à l'apprentissage. La plupart des centres de formation se trouvent dans des bâtiments d'habitation loués et dans des quartiers bruyants. Les cours de courte durée qui se déroulent dans des hôtels n'ont pas les équipements adéquats. Les apprenants ont toutes leurs dépenses à leur charge.
Options au programme	Mal définies. Pas d'options pour la formation sur le tas. Le tourisme a été réduit aux hôtels et aux restaurants. La création, l'organisation et la distribution de voyages touristiques liés à des forfaits touristiques a entièrement disparu. Ce domaine pourrait pourtant offrir des opportunités d'emplois importantes.
Pertinence par rapport à la demande du marché	Les programmes sont mal ciblés, insuffisamment élaborés et non adaptés à l'industrie du tourisme.
Soutien pédagogique	Très théorique et relativement déconnecté de la réalité.
Personnel de formation	Pas à la hauteur des normes requises pour les professionnels de la formation en tourisme.

Source : MINEFOP et OIT, 2009b.

Tableau 4.13 Minéraux, estimation de l'investissement et de l'emploi 2012-15

Projet	Estimation de l'investissement	Estimation de l'emploi	Transformation (Unités)	Gestion territoriale	Estimation des exportations
Diamants (Mobilong)	233 millions de dollars des États-Unis	(4 000 emplois directs lors de la phase d'excavation de la transformation)	Tri des sédiments	Infrastructures locales	6 000 carats
Cobalt-nickel	617 millions de dollars des États-Unis	800 (emplois directs) 450 (emplois indirects)	Usine de traitement du minerai		4 000 à 5 500 tonnes de cobalt
Minerai de fer (Mbalam)	4,68 milliards de dollars des États-Unis	3 000 (emplois directs)	Usine de traitement du minerai	Chemins de fer, terminaux portuaires, infrastructures locales	Aucune production
Bauxite (Minim-Martap)	5 milliards de dollars des États-Unis	7 000 (emplois directs), 6 000 – 8 000 (emplois indirects)	Raffinerie d'aluminium, un barrage, centrale hydroélectrique	Chemins de fer, terminaux portuaires, infrastructures locales	Aucune production

Source : Gouvernement camerounais, 2013b.

- Le passage à l'étape suivante de transformation après l'excavation des mines de diamants dans Mobilong et de cobalt à Lomié
- La construction de mines d'or dans le secteur industriel du Sud-Est en 2018, de l'uranium dans Poli, Lolodorf en 2019 et du titane dans Akonolinga en 2019.

L'excavation devrait se terminer et la production commencer d'ici à 2020.

Les emplois prévus pour le moyen terme (2015-2025) sont présentés dans le tableau 4.14.

Tableau 4.14 Estimation de l'effet de l'exploitation minière à moyen terme (2015-2025)

Projet	Investissement	Emploi	Usines de transformation	Gestion territoriale	Estimation des exportations
Diamants (Mobilong)	223 millions de dollars des États-Unis net	4 000 (emplois directs)	Tri des sédiments	Infrastructures locales construites	6 000 carats
Cobalt – Nickel (Lomié)	617 millions de dollars des États-Unis net	800 (emplois directs) 450 (emplois indirects)	Usine de traitement du minerai	Intégration des routes et des ponts	4 000 – 5 500 tonnes de cobalt
Minerai de fer (Mbalam)	4,68 milliards de dollars des États-Unis net ; 3,14 milliards de dollars des États-Unis (Phase 2)	3 000 (emplois directs)	Usine de traitement du minerai Usine d'enrichissement du minerai	Chemins de fer, terminaux portuaires, infrastructures locales	30 tonnes de fer
Bauxite (Minim-Martap)	5 milliards de dollars des États-Unis net	1 500 – 2 000 (emplois directs) 4 000 (emplois indirects)	Raffinerie d'aluminium, barrage, centrale hydroélectrique	Chemins de fer, terminaux portuaires, infrastructures locales	3 tonnes d'aluminium
Minerai (Région industrielle du Cameroun du Sud-Est)	200 millions de dollars des États-Unis (estimation)	500 (emplois estimés)	Usine de traitement	Infrastructures locales	3 000 kg d'or
Uranium (Poli-Kitongo Lolodorf Teubang)	1 milliard de dollars des États-Unis (estimation)	500 (emplois estimés)	Usine de traitement du minerai et fabrication de *yellow cake*	Infrastructures locales	800 tonnes de minéraux enrichis par an
Titane (Akonoling)	300 millions de dollars des États-Unis (estimation)	600 (emplois directs) 300 (emplois indirects)	Traitement des minéraux	Infrastructures locales	30 000 tonnes de rutile par an

Source : Ibid

Les estimations à long terme (2025-2080) se traduisent par :

- Des excavations et des extractions continues et progressives des mines déjà en place, sauf si de nouvelles réserves se trouvent dans les régions voisines (ce qui est probable).
- La production de nouvelles ressources actuellement connues, comme le colombite-tantalite (coltan), la syénite néphélinique, le granite (rose ou noir), ou celles découvertes au cours du processus d'exploration géologique et minérale.

Concernant l'emploi, si l'on tient compte des besoins à court, moyen et long terme, les professions peuvent être classées sous les catégories stratégiques indiquées dans le tableau 4.15.

Une analyse des besoins en matière d'emploi menée par le projet de PRECASEM révèle qu'un nombre considérable d'emplois a été généré par les sites d'exploitation minière et d'extraction de minéraux. À court terme,

Tableau 4.15 Métiers stratégiques dans l'exploitation minière

Métiers	Besoins	Où suivre la formation ?
Emplois dans la prospection		
• Géologue • Topographe géomètre • Géochimiste • Géophysicien • Foreur	• À court terme : stable • À moyen terme : dépendent fortement du succès de la première phase de transformation	• Licence et troisième cycle universitaire des universités offrant des programmes d'études spécialisés en géologie
Emplois dans la construction		
• Superviseurs de génie civil : chef de génie civil et de construction • Maçons • Plombiers • Logisticiens (routes et chemins de fer) • Électricien (industriel et bâtiments) • Ingénieurs en mécanique	• À court terme : importants • A moyen terme : dépendent de l'étendue et du rythme des excavations et de l'exploration (début des activités minières)	• Licence et troisième cycle universitaire des universités offrant des programmes d'études spécialisés en génie civil et mécanique • Titulaires de diplôme des instituts de formation technique ou des centres de formation professionnelle
Emplois dans l'excavation/exploration		
• Métallurgistes/chimistes • Chef de sous-secteur minier • Opérateurs de moteur • Electro-mécanistes • Techniciens de maintenance • Techniciens en électronique/Automobile • Soudeurs • Coordinateur de la Santé et de la Sécurité • Responsable des relations communautaires	• Les offres d'emploi dépendent du rythme de construction et d'excavation. Ils arrivent 2 à 5 ans après que les sites ont été construits et fouillés.	• Diplômés des universités avec des programmes spécialisés en ingénierie • Titulaires de diplôme des instituts de formation technique/instituts de formation professionnelle • Diplômés des universités avec des programmes spécialisés en sciences de l'environnement
Clôture et rénovation de sites		
• Spécialiste social et environnemental	• Nécessaires pour le long terme	• Diplômés/licence des universités avec des programmes spécialisés en sciences de l'environnement

Source : Ibid

ils s'élèvent à environ 24 300 emplois, à moyen terme à environ 13 400 et à long terme à environ 10 400.

Le tableau 4.16 présente un aperçu des emplois générés par type de minerai, par site minier, ainsi que par période.

L'un des principaux défis auxquels fait face le Cameroun est la pénurie de main-d'œuvre qualifiée dans tous les domaines spécialisés. Bien qu'il existe des centres de formation professionnelle, des instituts de formation technique et certains programmes dans les universités (tableau 4.17), la qualité et la quantité de travailleurs formés sont insuffisantes pour répondre à la demande estimée. Une évaluation plus poussée des institutions est donc nécessaire pour évaluer les programmes offerts, le programme d'études, leur qualité et leur pertinence par rapport à l'industrie minière, ainsi que pour analyser si les diplômés trouvent un emploi, quels programmes sont les plus appréciés et pour quelles raisons.

Tableau 4.16 Estimation des emplois créés dans l'exploitation minière

		Emplois créés		
Minéraux	Site de mines	À court terme (2013-2020)	À moyen terme (2020-2030)	À long terme (2030-2080)
Diamants	Mobilong	4 000	2 000	1 000
Cobalt-nickel	Lomié	800	800	800
Minerai de fer	Mbalam/Djoum	12 000	6 000	4 000
Bauxite	Mini-Martap	7 000	3 000	3 000
Or	Sud-Est	500	500	500
Uranium	Poli		500	500
Titane	Akonolinga		600	600
	Total	24 300	13 400	10 400

Source : Ibid

Tableau 4.17 Instituts de formation et programmes universitaires par emplacement

Institut ou programme	Lieu
Centre de Formation Professionnelle Iassalien Van Haygen	Bertoua
Centre de Formation Professionnelle aux Métiers d'l'Industrie de Nyom (CFMIN)	Yaoundé
Centre de Formation professionnelle aux Métiers Miniers (CEPROMINES)	Yaoundé
Techniciens Génie Civil Réunis formation (TGCR)	Yaoundé
Professionnal Excelency Training Center (PTEC)	Edéa
Centre de Formation Professionnelle Continue de la Salle (CFPC)	Douala
Centre de Formation Professionnelle Amour Fraternité (CEFOPRAF)	Douala
Techniciens et Ingénieurs en Agro-Alimentaire (TINAGRI)	Ngaoundéré
Homelex Sarl	Douala
Matgénie	Yaoundé
Centres de formation technique	
Lycée Technique	Edéa
Lycée Technique	Kousséri
Lycée Technique	Sanmélima
Facultés/instituts affiliés aux universités	
Ecole de Géologie et des Mines (EGEM)	Maiguenga
Ecole Nationale Supérieure des Sciences Agro Industrielles (ENSAI)	N'Gaoundéré
Institut Universitaire de Technologie	N'Gaoundéré
Institut Universitaire du Sahel	Maroua
Les organismes d'intervention en Hygiène Sécurité Environnement Barakat SA	Douala

Source : Ibid

Technologies de l'information et de la communication

Il existe un grand marché inexploité pour les nouveaux entrants sur les marchés du Cameroun, en particulier dans les technologies de l'information (l'informatique) et les services permis par les technologies de l'information. Le changement structurel pourrait être favorisé par le développement des compétences de base, l'évaluation et les programmes de certification en services informatiques comparés sur le plan international. Le potentiel des médias sociaux pourrait également être mis à profit.

Les compétences en informatique peuvent améliorer la compétitivité dans un large éventail de secteurs, notamment dans les initiatives publiques. L'amélioration de la compétitivité du pays exigerait pour cela : (i) un flux soutenu des compétences professionnelles, y compris des compétences informatiques ; (ii) des coûts de main-d'œuvre compétitifs ; (iii) un climat propice aux affaires ; (iv) des infrastructures et une qualité à la hauteur de l'industrie ; (v) le soutien des investissements dans l'enseignement secondaire et post-primaire lié à l'informatique.

Pour que le Cameroun puisse réaliser sa transformation structurelle, il doit donc identifier ses manques de compétences en matière de technologie et d'innovation. Une évaluation pourrait constituer le point de départ de la formation et de la certification des personnes qualifiées. Les jeunes Camerounais manquent de compétences nécessaires au marché en informatique et dans les services qui y sont liés. En effet les taux d'inscription en enseignement supérieur dans les sciences appliquées, l'ingénierie et la technologie sont très faibles, et la représentation des femmes est particulièrement ténue dans les cours de sciences et de technologie, des métiers de la recherche et de leadership.

Fondements d'une main-d'œuvre à valeur ajoutée

Les analyses de la chaîne de valeur réalisées pour cette étude ont porté sur les manques en travailleurs possédant les compétences nécessaires (tableau 4.18). La lenteur de la croissance de l'emploi a été citée comme le second problème principal. Venaient ensuite le manque d'accès au capital financier et social, les

Tableau 4.18 Secteurs et obstacles à la disponibilité de la main-d'œuvre

Contraintes	Détails	Infra-structures	Bois	Agriculture/Agroalimentaire	Coton	Huile de palme	Tourisme	Tech-nologie
Contraintes liées aux compétences nécessaires à l'emploi	Compétences de base insuffisantes				x			x
	Inadéquation des compétences techniques	x	xxx	x	x	xxx		x
	Inadéquation des compétences comportementales							
	Compétences entrepreneuriales insuffisantes	x						x
Manque de demande d'emploi	Lente croissance de l'emploi	x	x				x	x
	Discrimination venant de l'employeur					x		

Suite du tableau page suivante

Tableau 4.18 Secteurs et obstacles à la disponibilité de la main-d'œuvre *(suite)*

Contraintes	Détails	Infra-structures	Bois	Agriculture/ Agroalimentaire	Coton	Huile de palme	Tourisme	Tech-nologie
Contraintes liées à la recherche d'emploi	Emplois qui correspondent				x			x
	Signalisation des compétences							x
Contraintes liées au lancement des entreprises	Manque d'accès au capital financier ou social					xx	x	x
Contraintes sociales sur le plan de l'offre	Contraintes liées aux groupes exclus (origine ethnique, sexe, etc.)			x				x

Source : Analyse des auteurs sur le Cameroun fondée sur les contraintes et les informations fournies par Cunningham, Sanchez-Puerta et Wuermli, 2010.

problèmes d'emplois correspondant à la demande, de compétences entrepreneuriales insuffisantes, des compétences de base inadéquates et la discrimination des employeurs. Les analyses des chaînes de valeur ont été moins utiles à la prévision des besoins de compétences de la main-d'œuvre.

Conclusion

Le Cameroun a le potentiel pour créer des emplois productifs dans les infrastructures, la transformation du bois, les textiles (coton), l'huile de palme et le tourisme. Les bases stratégiques (favoriser l'environnement, les lois et les règlements) existent à différents degrés pour chaque secteur. Le Gouvernement doit assurer un seuil minimum d'investissements nécessitant un fort capital pour transformer structurellement les processus de production. Une transformation structurelle basée sur une main-d'œuvre importante est également nécessaire. La valeur ajoutée de la main-d'œuvre est donc une condition essentielle pour favoriser le développement des compétences et *a fortiori* les effets d'accumulation. En effet, les effets d'agrégation et d'accumulation combinés pourraient se traduire par une croissance soutenue et inclusive.

Un système excessivement lourd et centralisé – avec pléthore de ministères, d'institutions et de structures de surveillance – paralyse le Cameroun. Des réformes de la fonction publique et le développement d'une main-d'œuvre rationalisée pourraient représenter un tremplin. Des réformes structurelles sont également nécessaires pour résoudre la question de la quantité et de la qualité du développement de la main-d'œuvre. Le Gouvernement a déjà entrepris des efforts dans l'enseignement primaire et se prépare à lancer une réforme de l'éducation de base d'ici à 2016. Il s'est engagé en outre à élaborer des systèmes éducatifs d'EFTP et universitaires tournés vers l'avenir. Ces aspects sont examinés et les facteurs d'acquisition des compétences analysés dans le chapitre qui suit.

Note

1. L'année 2005 était la dernière année où les données étaient accessibles, au moment de préparer l'analyse de la chaine de valeur pour le domaine des infrastructures, en 2010. Les Enquêtes sur l'emploi et le secteur informel de 2010 s'appuient sur des données plus récentes, mais l'équipe n'a pas pu y accéder.

Bibliographie

Banque mondiale, 2008, « Cameroun: Étude de compétitivité de la chaîne de valeur du secteur agricole », rapport n° AAA25-CM, Département de l'agriculture et du développement rural, Région Afrique, Banque mondiale, Washington, DC.

Banque mondiale, 2009b, « Enterprise Surveys: Cameroon Country Profile », Banque mondiale, Washington, DC.

Gouvernement camerounais et Banque mondiale, 2013b, *Évaluation de la pertinence des filières de formation préparant à l'industrie minérale*, Serge Again Godong. Rapport Intermediaire n° 1, Projet de Renforcement des Capacités du Secteur Minier (PRECASEM), Yaoundé, Cameroun.

Gouvernement camerounais, 2014, *Diagnostique de la formation technique et professionnelle et la présentation d'un plan d'action dans les métiers du Bois au Cameroun*, Gouvernement camerounais, Yaoundé, Cameroun.

Gouvernement camerounais, Ministère des Forêts et de la Faune (MINFOF), 2012, Décision n° 2637/D/MINFOF du 6 décembre 2012, Yaoundé, Cameroun.

Hinh T. Dinh, V. Palmade, V. Chandra et F. Cossar. 2012. *Light Manufacturing in Africa: Targeted Policies to Enhance Private Investment and Create Jobs*, Forum pour le développement de l'Afrique, Banque mondiale, Washington, DC.

MINEFOP (Ministère de l'Emploi et de la Formation Professionnelle) et OIT (Organisation internationale du Travail), 2009a, « Étude sur la filière porteuse d'emploi « Palmier à Huile », MINEFOP, Yaoundé, Cameroun.

MINEFOP (Ministère de l'Emploi et de la Formation Professionnelle) et OIT (Organisation internationale du Travail), 2009b, Projet d'Appui à la Promotion de l'Emploi et à la Réduction de la Pauvreté: Étude sur le filière porteuses d'emploi « Le Tourisme ». Onana, Zacharie Ewolo, MINEFOP, Yaoundé, Cameroun.

Ministère de l'Emploi et de la Formation Professionnelle), OIT (Organisation internationale du Travail), Bureau Sous Régional pour l'Afrique centrale avec le ministère de l'Enseignement de la Formation et Professionnelle et le BIT/BSR, 2009. *Étude sur la filière porteuse d'Emploi « Le Tourisme »*. Projet d'Appui à la Promotion de l'Emploi et à la Réduction de la Pauvreté. Rapport définitif de Zacharie Ewolo Onana, Yaoundé, Cameroun.

MINEPAT (Ministère de l'Économie, de la Planification et de L'Aménagement du Territoire), 2014, diagnostic commandé pour le Projet Compétitivité des Filières de Croissance, MINEPAT, Yaoundé, Cameroun.

Ministère de l'Emploi et de la Formation Professionnelle et Organisation Internationale du Travail — Bureau Sous Régional pour l'Afrique centrale, 2009a, *Étude de la filière Bois au Cameroun : Identification des interventions porteuses d'emplois*, Rapport Final, Ed. Perry et Kolokosso A. Bediang, Yaoundé, Cameroun.

Ministère de l'Emploi et de la Formation Professionnelle et Organisation Internationale du Travail — Bureau Sous Régional pour l'Afrique centrale, 2009b, *Étude sur la filière porteuse d'Emploi* « Palmier à Huile », Rapport Final, Lebailly Philippe and Tentchou Jean, Yaoundé, Cameroun.

OIT (Organisation internationale du Travail), 2009a, *Étude sur la filière porteuse d'emploi « Palmier à Huile »*, Ministère de l'Emploi et de la Formation professionnelle, Yaoundé, Cameroun.

OIT (Organisation internationale du Travail), 2009b, « School to Work Transition Survey». OIT, Genève, http://www.ilo.org/wcmsp5/groups/public/---ed_emp /documents/instructionalmaterial/wcms_140858.pdf.

OIT (Organisation Internationale du Travail), 2009c, *Étude sur le potentiel d'emploi dans lesecteur des infrastructures au Cameroun*, Samuel Yemene, Martine Ekoue Niyabi, Donnat Takuete, Francis Te ubissi, Vincent Kouete et Angélique Matene Sob, OIT, Yaoundé, Cameroun.

OIT (Organisation internationale du Travail), 2010, « Global Employment Trends for Youth »,numéro spécial sur les retombées de la crise économique mondiale chez les jeunes, OIT, Genève.

Pro-Invest, 2014, IDA-47800 CM financé par la Banque mondiale, rapport élaboré par Pro-Invest, janvier 2014, « Technical Assistance for the Realization of a Diagnostic Study of theTechnical and Vocational Training and the Presentation of an Action Plan in the Trade of Wood in Cameroon », Pro-Invest.

Wendy Cunningham, Marcia Laura Sanchez-Puerta et Alice Wuermli, novembre 2010, *Banque mondiale: Active Labor Market Programs for Youth*, n° 16, Banque mondiale, Washington, D.C.

CHAPITRE 5

Acquisition des compétences et nombre et flux de travailleurs

Introduction

Comment le Gouvernement aborde-t-il les contraintes rencontrées en matière de main-d'œuvre ? Comment les réformes de l'enseignement et de la formation actuellement menées au Cameroun peuvent-elles influencer le développement de la main-d'œuvre au cours de la prochaine décennie ? Les travailleurs potentiels auront-ils les compétences et les aptitudes nécessaires pour améliorer la productivité économique et contribuer à la croissance ? En outre, quel rôle les employeurs privés devraient-ils jouer dans le développement des compétences des travailleurs ?

Investir dans le développement des compétences est coûteux. Peu de gouvernements ont les moyens de financer l'acquisition par les travailleurs des compétences nécessaires, à la fois en termes d'étendue et de qualité, ce qui crée un cercle vicieux : ainsi, les coûts élevés pèsent sur l'investissement dans les compétences, ce qui nuit à la croissance économique et limite de ce fait les ressources consacrées à cet investissement. Conscients de cette réalité, Ansu et Tan (2012) proposent une stratégie en deux temps. Dans un premier temps, il faudrait tenir compte du développement des compétences dans les plans de développement économique. L'adoption de mesures volontaristes et souples permettrait de satisfaire la demande immédiate de compétences exprimée par les employeurs, en particulier dans les secteurs qui ont de bonnes perspectives de croissance. Dans un second temps, des efforts à plus long terme devraient être déployés pour améliorer le système dans son ensemble, ce qui permettrait à tous les Camerounais d'acquérir de solides compétences en lecture, en écriture et en calcul, d'orienter le système éducatif vers les sciences et les technologies et de renforcer les liens avec le monde du travail, en particulier dans l'enseignement supérieur.

Le présent chapitre constitue un examen critique de la question de l'acquisition des compétences au Cameroun, processus graduel qu'il convient d'analyser sous l'angle du système d'enseignement et de formation. Le niveau d'éducation en fonction de l'âge est l'indicateur utilisé pour donner une représentation du processus d'acquisition des compétences, des compétences de base acquises dans les petites classes aux compétences de haut niveau acquises à l'université. L'évolution du niveau d'éducation au fil du temps a été analysée à l'aide d'un modèle de simulation de l'enseignement et de la formation. Les effets quantitatifs et qualitatifs des actuelles réformes de l'enseignement de base, le taux de rendement de l'éducation et l'évolution de l'offre de main-d'œuvre sont chiffrés. Le présent chapitre porte également sur la manière dont les politiques, institutions et programmes mis en place dans le cadre du système d'enseignement et de formation techniques et professionnels (ETFP) facilitent le développement des compétences au niveau de la formation professionnelle et de l'enseignement technique. On peut se faire une idée de la situation en matière de demande de main-d'œuvre en observant les tendances de l'emploi.

Système éducatif

Le système éducatif camerounais est géré par plusieurs ministères, chargés respectivement de l'enseignement primaire, de l'enseignement secondaire, de l'enseignement technique et de la formation professionnelle, et de l'enseignement supérieur (encadré 5.1). Un ministère distinct est responsable des questions et des politiques relatives aux jeunes. Il faut également noter qu'il existe deux systèmes éducatifs parallèles : l'un est destiné aux régions francophones, l'autre aux régions anglophones (voir les annexes B et C pour de plus amples informations sur leur structure). Le Gouvernement cherche à créer un système unifié.

Encadré 5.1 Système éducatif camerounais

- **Enseignement préscolaire** : deux ans. Entités responsables — **Communautés, secteur privé.**
- **Enseignement primaire** : ministère responsable — **Ministère de l'Enseignement primaire**.
  - Dans le système francophone, l'enseignement primaire dure six ans et s'achève par l'obtention du Certificat d'Études primaires.
  - Dans le système anglophone, l'enseignement primaire dure sept ans et s'achève par l'obtention du *First School Leaving Certificate (FSLC)*.
  - Dans les deux systèmes, la fin de l'école primaire marque la préparation à la formation professionnelle ou le début de l'enseignement secondaire.
- **Enseignement secondaire** : six ans (trois ans dans le premier cycle et trois ans dans le second cycle) — **Ministère de l'Enseignement secondaire.**
- **Enseignement postprimaire** : deux ans (sections artisanales rurales et employés domestiques).
- **Secondaire et formation des enseignants** : ministère responsable — Ministère de l'Enseignement supérieur **(MINESUP).**
  - Dans le système francophone, **l'enseignement secondaire général** (accessible par voie de concours) dure quatre ans et s'achève par l'obtention du Brevet d'Études du Premier

Suite de l'encadré page suivante

Encadré 5.1 Système éducatif camerounais *(Suite)*

Cycle (BEPC). Dans le système anglophone, il dure cinq ans et s'achève par l'obtention du *General Certificate of Education Ordinary/Level (GCEOL/L)*.

- **L'enseignement secondaire technique** est divisé en deux cycles. Le premier cycle, d'une durée de quatre ans, s'achève, dans le système francophone, par l'obtention du Certificat d'Aptitude Professionnelle (CAP). Le second cycle dure trois ans. Dans le système francophone, ce cycle est ouvert aux titulaires du BEPC et du CAP et est sanctionné par le Baccalauréat de Technicien ou Brevet de Technicien. Dans le système anglophone, le second cycle s'achève par l'obtention du *General Certificate of Education Advanced Level*, qui permet à ses titulaires d'accéder à l'enseignement supérieur ou à l'emploi. Dans les deux systèmes, les élèves scolarisés dans le second cycle de l'enseignement secondaire technique doivent réussir les épreuves du Probatoire.
- **Enseignement technique et formation professionnelle**. Ministère responsable — Ministère de l'Emploi, de la Formation professionnelle et de l'éducation **(MINEFOP)**.
  - Des instituts relevant du MINEFOP dispensent des formations de courte durée.
- **Enseignement post-secondaire ou supérieur**. Ministère responsable — **MINESUP**.
  - Plusieurs établissements publics et privés dispensent un enseignement postsecondaire ou supérieur : Universités publiques : Yaoundé I, Yaoundé II, Douala, Buéa, Dschang, N'Gaoundéré, Maroua et Bamenda.
  - Les instituts universitaires de technologie (IUT), qui dispensent des formations d'une durée de deux à trois ans, se trouvent à Douala, à Bandjoun et à N'Gaoundéré. Pour accéder aux IUT, les ressortissants camerounais doivent réussir un concours d'entrée ; les étudiants étrangers doivent, quant à eux, présenter un dossier détaillant leur parcours scolaire et leur expérience dans le domaine choisi. Les diplômés obtiennent un Diplôme Universitaire de Technologie (DUT) ou un Brevet de Technicien Supérieur (BTS).
  - Universités publiques : Université catholique d'Afrique centrale, Université catholique, Université de Yaoundé-Sud Joseph Ndi Samba et Institut Siantou supérieur.
  - Principaux instituts de formation : la plupart d'entre eux relèvent des universités.

Source : Ministère de l'Enseignement, 2013.

De 2007 à 2011, le Cameroun a fait progresser ses taux d'accès et d'achèvement au niveau de l'enseignement primaire (tableau 5.1), mais le taux d'achèvement chez les filles a enregistré une hausse moins importante dans les Zones d'Éducation Prioritaires (ZEP). Le taux net de scolarisation et le taux d'achèvement dans le primaire (pour les deux sexes) ont fortement augmenté et le taux de redoublement a reculé. Des progrès ont été accomplis dans les ZEP — en particulier dans les régions de l'Extrême-Nord, du Nord, de l'Adamaoua, du Nord-Ouest et de l'Est, dans les secteurs désavantagés des zones urbaines et périurbaines et dans les zones frontalières du pays —, mais ils ont été bien plus lents que dans le reste du pays. Par exemple, alors que le taux global d'achèvement dans le primaire est passé de 51 pour cent en 2007 à 80 pour cent en 2011, le taux d'achèvement dans le primaire chez les filles a peu progressé, ne passant que de 38 pour cent en 2007 à 43 pour cent en 2011. La nouvelle stratégie du

Tableau 5.1 Effectifs bruts des établissements publics et privés d'enseignement et de formation, 2000-01 et 2010-11

(%)

Niveau	Effectifs 2010-2011 (en milliers)	Public		Privé	
		2000-01	*2010-11*	*2000-01*	*2010-11*
Préscolaire	339,6	13,3	27,2	58,0	61,9
Primaire	3 576,9	102,8	112,9	27,0	22,2
1er cycle de l'enseignement secondaire général	1 005,5	28,8	53,4	29,0	24,1
2d cycle de l'enseignement secondaire général	380,5	16,3	30,2	29,0	30,5
1er cycle de l'enseignement secondaire technique	254	7,3	13,5	42,0	16,8
2d cycle de l'enseignement secondaire technique	102,1	3,8	8,1	39,5	26,4
Formation professionnelle	39,5	Non disponible	Non disponible	Non disponible	69,9
Enseignement universitaire (Nombre d'étudiants pour 100 000 habitants)	189,8	454	1 103	7,6	14,6

Source : Banque mondiale, 2013a.

Gouvernement en matière d'éducation pour 2013-2020 fixe un objectif ambitieux pour les ZEP ; il s'agira de faire en sorte que leur taux d'achèvement dans le primaire atteigne 84 pour cent en 2016.

Il ressort des données recueillies en 2011 par deux sources — à savoir l'Annuaire statistique national et l'Enquête démographique et de santé (EDS) — que les flux d'élèves sont en baisse dans l'ensemble du système éducatif, si l'on tient compte des taux d'abandon et de redoublement (graphique 5.1).

Si l'on examine les flux d'élèves par niveau d'éducation et secteur d'activité, on constate qu'une évolution s'opère au fil du temps et qu'un important écart se creuse entre l'emploi et le niveau d'éducation des diplômés (tableau 5.2).

Niveau d'éducation en fonction du groupe d'âge

Ces dernières décennies, le niveau d'éducation des Camerounais s'est accru. Le taux d'achèvement dans le primaire est passé de 53 pour cent en 2001 à environ 80 pour cent en 2011 (graphique 5.2). Au cours de la même période, l'espérance de scolarisation — c'est-à-dire le nombre d'années pendant lesquelles un enfant entrant à l'école peut espérer être scolarisé — s'est accrue de quatre années, ce qui représente une grande amélioration par rapport aux pays comparables (graphique 5.3). Ces progrès ont été obtenus grâce à la suppression, en 2000, des droits de scolarité pour les élèves de l'enseignement primaire, qui s'est traduite par une hausse du nombre d'élèves scolarisés, et à l'amélioration de la prestation de services obtenue grâce au programme relatif aux enseignants contractuels pour 2007-11.

Graphique 5.1 Profil transversal et probabiliste des flux d'élèves, 2011

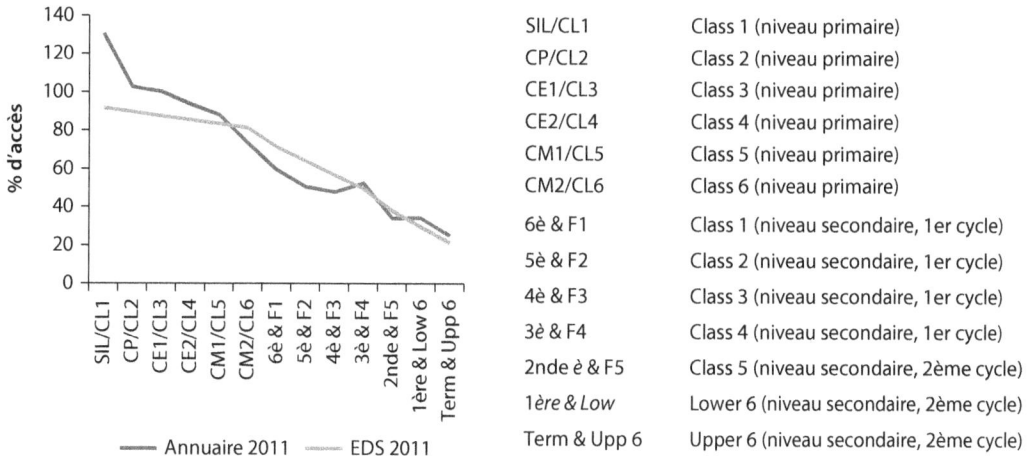

SIL/CL1	Class 1 (niveau primaire)
CP/CL2	Class 2 (niveau primaire)
CE1/CL3	Class 3 (niveau primaire)
CE2/CL4	Class 4 (niveau primaire)
CM1/CL5	Class 5 (niveau primaire)
CM2/CL6	Class 6 (niveau primaire)
6è & F1	Class 1 (niveau secondaire, 1er cycle)
5è & F2	Class 2 (niveau secondaire, 1er cycle)
4è & F3	Class 3 (niveau secondaire, 1er cycle)
3è & F4	Class 4 (niveau secondaire, 1er cycle)
2nde è & F5	Class 5 (niveau secondaire, 2ème cycle)
1ère & Low	Lower 6 (niveau secondaire, 2ème cycle)
Term & Upp 6	Upper 6 (niveau secondaire, 2ème cycle)

— Annuaire 2011 — EDS 2011

Source : Banque mondiale, 2013a.

Tableau 5.2 Niveau d'éducation et structure de l'emploi (2010)

Niveau d'éducation des diplômés			Accès à l'emploi			
Niveau d'éducation	Effectifs	Pourcentage du total	Activité	Emploi	Effectifs	Pourcentage du total
Études universitaires achevées	16 782	3,6		Cadres supérieurs	13 444	2,9
Études universitaires inachevées	50 723	11,0		Cadres moyens	14 156	3,1
Études secondaires du second cycle achevées	29 425	6,4		Travailleurs qualifiés	23 505	5,1
Études secondaires du second cycle inachevées	78 467	17,0		Travailleurs non qualifiés	36 496	7,9
Études secondaires du premier cycle achevées	55 389	12,0		Travailleurs non agricoles du secteur informel	119 001	25,8
Études secondaires du premier cycle inachevées	96 930	21,0		Travailleurs agricoles du secteur informel	115 047	24,9
Études primaires achevées	46 157	10,0	Chômeurs		6 445	1,4
Pas de scolarisation et études primaires inachevées	87 699	19,0	Population inactive		133 479	28,9
Total	461 573	100.0	Total		461 573	100,0

Source : Banque mondiale, 2013a.

Au cours des 20 dernières années, les effectifs inscrits dans l'enseignement secondaire ont plus que doublé pour s'établir à près de 1,3 million en 2009. Dans l'ensemble, les enfants vont à l'école 2,5 années de plus qu'il y a 20 ans, ce qui porte la durée moyenne de la scolarisation à 10 ans – bien après l'entrée dans le secondaire.

En moyenne, le nombre total d'années d'études (primaire et secondaire) a également augmenté chez la population camerounaise en âge de travailler

Graphique 5.2 Taux d'achèvement dans le primaire, 1991-2011

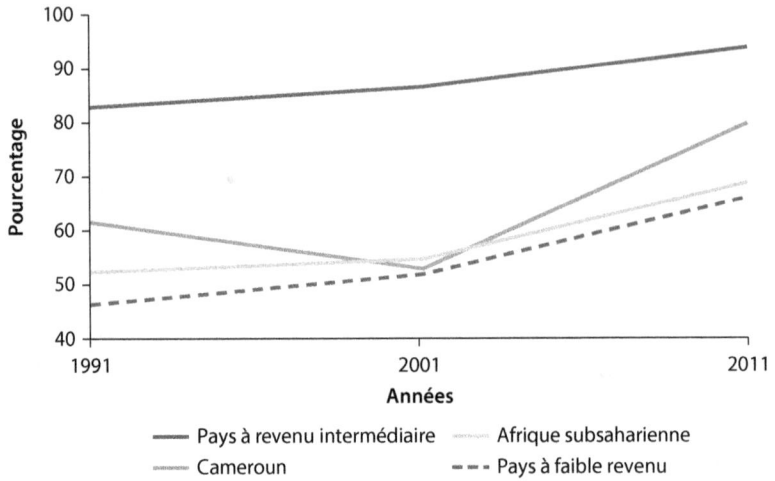

Sources : Banque mondiale, 2003, 2013a, Institut de statistique de l'UNESCO, 2009

Graphique 5.3 Espérance de scolarisation, 2001-2011

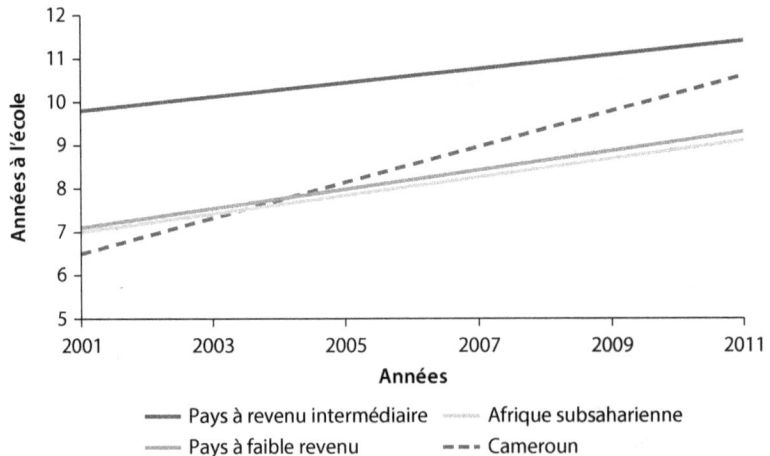

Sources : Banque mondiale, 2003, 2013a, Institut de statistique de l'UNESCO, 2009

(graphique 5.4). À l'échelle du pays, la part de la population en âge de travailler (15 à 64 ans) sans instruction a diminué de plus de moitié de 1990 à 2010, tombant à moins de 20 pour cent (graphique 5.5). Il est de plus en plus fréquent que les travailleurs aient achevé leurs études secondaires. Toutefois, les progrès accomplis au Cameroun ont été moins importants que dans les pays qui ont officiellement le statut de pays à revenu intermédiaire, comme la Malaisie ou la Thaïlande. Qui plus est, l'accès à l'éducation s'est amélioré, mais la qualité de l'enseignement s'est dégradée.

Graphique 5.4 Niveau de scolarité des personnes en âge de travailler (15 à 64 ans), 1990-2010

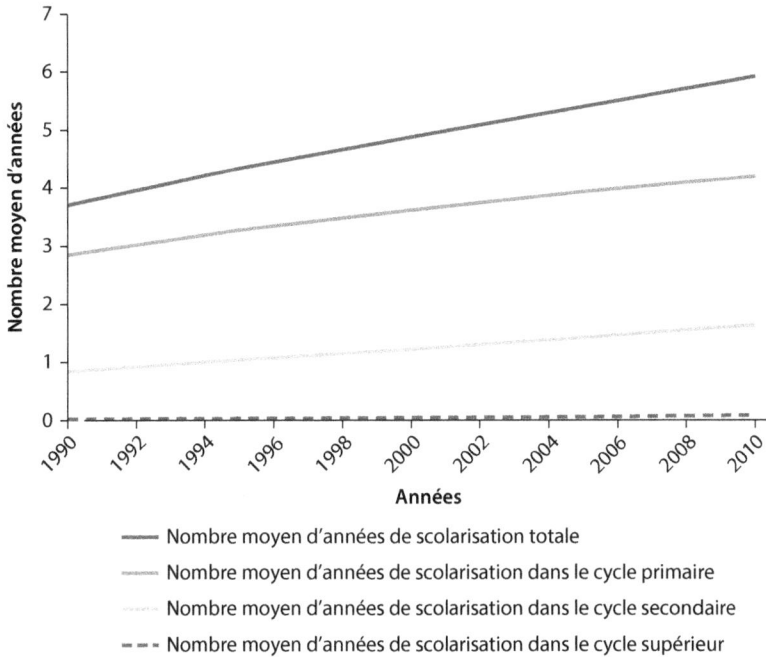

Nombre moyen d'années de scolarisation totale
Nombre moyen d'années de scolarisation dans le cycle primaire
Nombre moyen d'années de scolarisation dans le cycle secondaire
Nombre moyen d'années de scolarisation dans le cycle supérieur

Graphique 5.5 Plus haut niveau d'éducation atteint par les personnes en âge de travailler (15 à 64 ans), 1990-2010

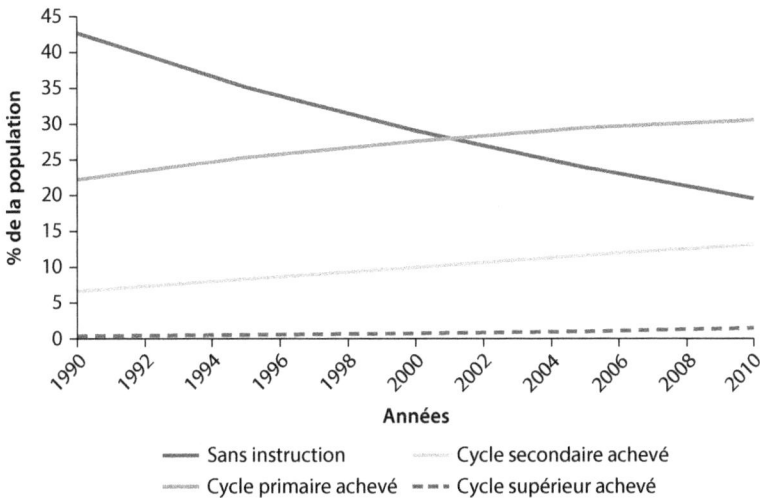

Sans instruction   Cycle secondaire achevé
Cycle primaire achevé   Cycle supérieur achevé

Source : Barro et Lee, 2010.

Le système éducatif a évolué de manière inégale (Banque mondiale, 2012b). À cause des coupes budgétaires opérées dans les années 1990, le taux brut de scolarisation dans l'enseignement primaire a diminué de 10 points de pourcentage (passant de 94 pour cent à 84 pour cent). Les coupes budgétaires ont également touché les enseignants. Les fonctionnaires ont vu leur salaire diminuer sensiblement en 1993 et le recrutement d'enseignants a été limité. En conséquence, la taille des classes a augmenté, atteignant plus de 60 élèves et variant considérablement selon les régions. Pour répondre au besoin croissant d'enseignants, les régions et les communautés ont mis en œuvre différentes stratégies.

Effet d'accumulation (chez les 5-24 ans)

De la période 1965-1977 à la période 1978-1986, le capital humain camerounais a presque doublé, passant de 1,3 année d'études à 2,5 années d'études par travailleur. Le taux de scolarisation dans l'enseignement primaire et secondaire a augmenté à la fois de manière générale et chez les filles, et le taux global d'alphabétisation a progressé. Les progrès réalisés au cours de la période 1978-1986 en matière de technologies et de productivité étaient attribuables à l'accent accru mis sur la mise en valeur du capital humain. En comparaison avec la moyenne des pays d'Afrique subsaharienne, le Cameroun a obtenu de bons résultats en ce qui concerne le niveau d'éducation de sa main-d'œuvre. En 2005, le travailleur camerounais moyen suivait l'équivalent de 3,18 années d'études dans l'enseignement primaire et de 3,88 années aux différents niveaux d'enseignement, soit une durée d'études supérieure à la moyenne observée dans les pays d'Afrique centrale et d'Afrique de l'Ouest (3,10 années) et dans les pays d'Afrique subsaharienne (3,14 années) (Ghura 1997 ; Charlier et Nçho-Oguie, 2009). De même, les indicateurs de santé se sont nettement améliorés, reflétant l'accroissement du nombre de médecins et de personnels infirmiers en proportion de la population. En outre, la mortalité maternelle et la mortalité infantile ont baissé (Banque mondiale, 2013b).

De 1986 à 2010, l'investissement dans la mise en valeur du capital humain — enseignement, formation et emplois — a atteint son paroxysme, avant de diminuer en termes réels. Durant la même période, la qualité de l'enseignement primaire s'est également améliorée avant de se dégrader. Il faudrait réexaminer et ajuster les dépenses publiques consacrées à l'éducation et à la formation afin d'améliorer leur efficacité.

Les avancées réalisées depuis le milieu des années 1980 n'ont pas été uniformes, en particulier chez les quintiles les plus pauvres de la population, dont le taux de scolarisation est très inférieur à celui du reste de la population à différents niveaux d'enseignement (graphique 5.6). Le tableau 5.3 indique le taux de scolarisation et son pourcentage correspondant dans l'enseignement privé. L'EFTP est le secteur comportant de loin le pourcentage le plus élevé d'inscriptions dans les établissements privés, mais c'est aussi celui qui compte le taux le plus bas d'inscriptions en 2010-2011.

Graphique 5.6 Taux de scolarisation par quintile, 2011
(%)

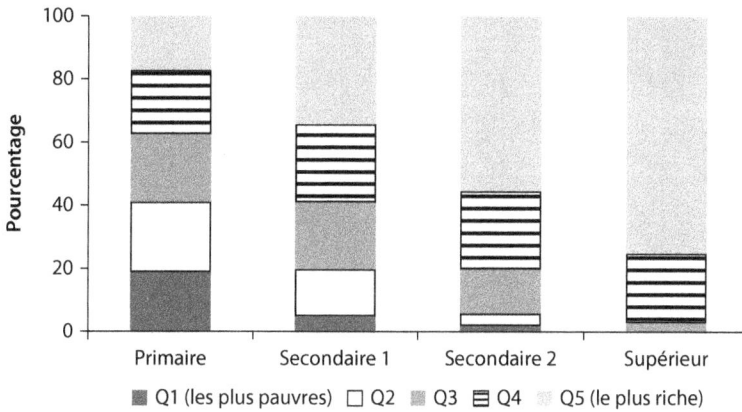

Source : Banque mondiale, 2013b.

Tableau 5.3 Education et inscriptions, 2010-11

Niveau d'éducation	Inscriptions en 2010-11 (milliers)	Part de l'éducation privée (%)
Développement de la petite enfance	339,6	61,9
Primaire	3 576,9	22,2
Secondaire général	1 386	
1er cycle	*1 005,5*	24,1
2nd cycle	*380,5*	30,5
Secondaire technique	356 1	
1er cycle	*254 0*	16,8
2nd cycle	*102 1*	26,4
EFTP	39,5	69,9
Université	189,8	14,6

Source : Annuaires statistiques des ministères de l'Enseignement primaire, de l'Enseignement secondaire et de l'Enseignement supérieur et estimations des services concernant le premier cycle de l'enseignement secondaire général et le premier cycle de l'enseignement secondaire technique ; Le système d'éducation et de formation du Cameroun dans la perspective de l'émergence. Banque mondiale, 2013b.

Le nombre d'enfants et de jeunes (de 5 à 24 ans) scolarisés commence à baisser vers l'âge de 10 ans (graphique 5.7).

On retrouve également, dans ces groupes d'âge, un grand nombre de personnes qui n'ont jamais été scolarisées, ont quitté l'école ou n'ont pas achevé leurs études primaires. Depuis 2010, la hausse du coût de la scolarisation pèse sur le niveau d'éducation des enfants et des jeunes. De plus en plus d'enfants et de jeunes âgés de 12 ans ou plus ne sont pas scolarisés, ne suivent aucune formation ou ne travaillent pas dans le secteur formel. La plupart d'entre eux ont suivi des études secondaires générales qui ne les ont pas préparés à travailler dans le secteur formel, un petit nombre d'entre eux a bénéficié d'un enseignement secondaire technique et ils sont encore moins nombreux à être diplômés de

Graphique 5.7 Niveau d'éducation des enfants et des jeunes (5 à 24 ans), 2010

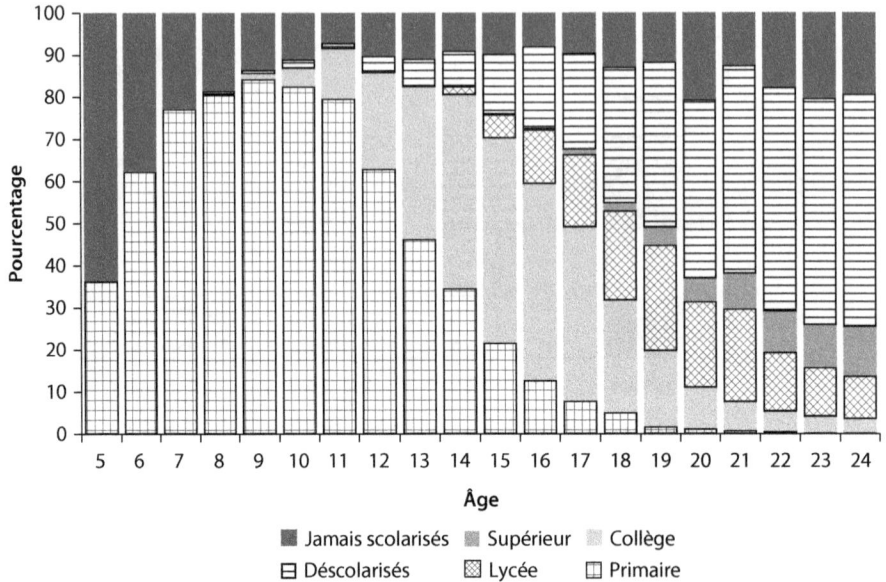

Source : Banque mondiale, 2013b.

l'enseignement supérieur. Compte tenu de l'accroissement du nombre d'élèves qui achèvent leurs études primaires et sachant qu'un certain nombre d'entre eux achèvent le premier cycle de l'enseignement secondaire, il est probable qu'une crise de l'enseignement post-basique éclate dans les années à venir (2014 et au-delà). On notera également que les jeunes sont de plus en plus nombreux à réclamer un enseignement post-basique diversifié (technique, professionnel et universitaire).

Bien que les politiques du pays stipulent que l'enseignement est officiellement gratuit, les frais de scolarité à la charge des ménages sont en hausse. Un paquet d'assistance minimum est supposé couvrir les frais d'inscription et l'achat de fournitures, mais la pratique ne rejoint pas la politique. Dans les faits, le paquet minimum n'est pas distribué à temps, ce qui oblige les ménages à engager des dépenses pour acheter des manuels scolaires, payer leur contribution à l'Association des parents d'élèves (APE) et des enseignants qui rémunère les enseignants, et s'acquitter des frais d'examen. Toutefois, les ménages sont nombreux à refuser d'engager de telles dépenses ou à ne pouvoir s'acquitter que de frais minimes, ce qui engendre deux conséquences importantes. En premier lieu, le ratio élèves-manuels scolaires, qui s'établit à 12:1, est l'un des plus mauvais de toute l'Afrique subsaharienne, les autres supports pédagogiques sont tout aussi rares et la faiblesse des salaires sape la motivation des enseignants des associations des parents d'élèves et des enseignants. En second lieu, la qualité de l'enseignement se dégrade, en particulier dans les secteurs désavantagés (zones urbaines pauvres, zones rurales, ZEP et zones frontalières). Les niveaux d'apprentissage ont chuté,

Graphique 5.8 Dépenses publiques consacrées à l'éducation, 2010
(en % du produit intérieur brut)

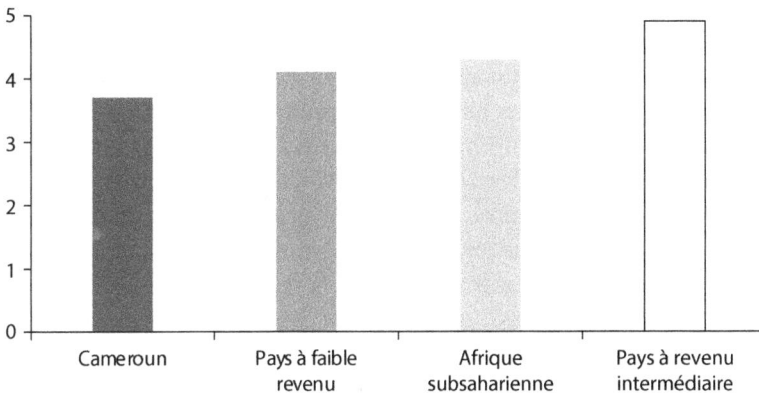

Source : Banque mondiale, 2013b ; Estimations des services de la Banque mondiale.

ce qui montre que la qualité de l'enseignement se dégrade en dépit de l'amélioration de l'accès à l'éducation. Avec l'appui de ses partenaires pour le développement, le Gouvernement s'emploie à inverser la tendance à la dégradation de la qualité de l'enseignement.

Les dépenses publiques et les dépenses des ménages allouées à l'enseignement et à la formation pourraient être considérées comme un investissement. Bien que les dépenses publiques d'éducation soient passées de 1,9 pour cent à 3,3 pour cent du produit intérieur brut (PIB) de 2000 à 2003, elles n'ont, depuis lors, pas progressé et sont restées inférieures à la moyenne régionale, qui s'élève à 4,3 pour cent (graphique 5.8). Qui plus est, la répartition de ces ressources publiques restreintes est inégale.

En 2011, l'enseignement secondaire a bénéficié d'un financement assez important en comparaison avec l'enseignement primaire et l'enseignement supérieur. Dans la plupart des gouvernements d'Afrique subsaharienne, la majeure partie du budget de l'éducation est allouée à l'enseignement primaire.

Trouver un équilibre entre éducation de base, formation professionnelle, enseignement technique et enseignement supérieur

En dépit des progrès accomplis, le taux de scolarisation dans le secondaire reste faible en comparaison avec celui des pays pairs. En 2008, le taux brut de scolarisation du Cameroun était comparable à celui de l'Érythrée, de la Guinée, du Libéria et de la République démocratique du Congo, mais bien inférieur à celui de l'Afrique du Sud, du Ghana et du Kenya. L'enseignement secondaire est organisé en filières générales et techniques, mais en 2008, les filières techniques accueillaient moins de 20 pour cent des effectifs du secondaire.

La formation professionnelle n'est pas étroitement liée aux besoins du marché du travail. Les établissements d'enseignement professionnel accueillent une

poignée d'élèves et axent leurs programmes sur un petit nombre de secteurs tels
que la construction (environ 25 pour cent des effectifs inscrits), laissant de côté
d'autres secteurs économiques importants, comme le tourisme (3 pour cent des
effectifs inscrits) et l'agriculture (moins de 1 pour cent des effectifs inscrits).
L'apprentissage, qui pourrait constituer un moyen efficace de dispenser des formations qui répondraient aux besoins des employeurs du secteur privé, ne peut
avoir lieu que de manière informelle car il n'existe pas de cadre juridique régis-
sant les partenariats entre les entreprises privées et les centres de formation.
Ainsi, pour la plupart, les jeunes ne semblent recevoir aucune formation professionnelle (en particulier dans les régions du Nord). Lorsqu'ils en reçoivent une,
c'est le plus souvent sur le tas (excepté dans la région du Sud-Ouest).

Les effectifs inscrits dans l'enseignement supérieur ont considérablement
augmenté, mais les programmes proposés ne répondent pas toujours aux
besoins du marché du travail. Depuis 2005, grâce à la création de nouvelles
universités, les effectifs de l'enseignement supérieur ont plus que doublé, principalement dans les établissements publics (graphique 5.9). Cependant, la
répartition des étudiants par domaine d'études laisse penser qu'il existe un
fossé entre l'enseignement supérieur et les besoins de l'économie camerounaise. L'ingénierie, par exemple, ne représentait en 2010 que 5 pour cent des
effectifs de l'enseignement supérieur (graphique 5.10) — ce qui est insuffisant,
compte tenu des différents grands projets que le Cameroun prévoit de lancer
dans les domaines de l'énergie et des transports. Seuls 2 pour cent des effectifs
avaient choisi la filière de la santé.

Graphique 5.9 Effectifs de l'enseignement supérieur, 2010

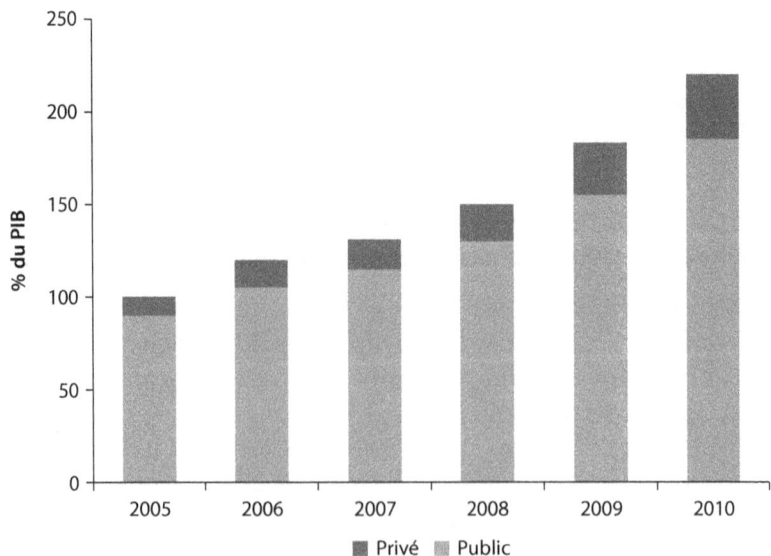

Source : INS 2005, Banque mondiale, 2012a et calculs des services de la Banque mondiale.

Graphique 5.10 Effectifs de l'enseignement supérieur par domaine d'études (à l'exclusion de la formation des enseignants), 2010

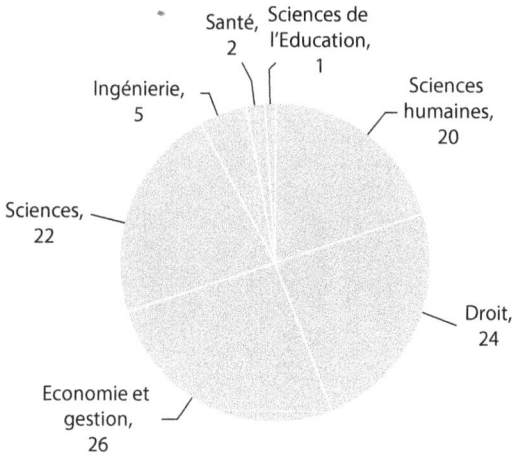

Source : INS 2005, Banque mondiale, 2012a et calculs des services de la Banque mondiale.

Rendement de l'éducation

Il ressort de l'analyse du rendement de l'éducation au Cameroun que les jeunes qui ont achevé le second cycle de l'enseignement secondaire général ou technique peuvent espérer toucher un salaire de 40,3 pour cent supérieur à celui que peuvent gagner les jeunes qui n'ont achevé que le premier cycle (graphique 5.11). De même, les jeunes qui ont étudié dans l'enseignement supérieur pourraient prétendre à un salaire de 60,9 pour cent supérieur à celui des jeunes qui ont seulement achevé le deuxième cycle de l'enseignement secondaire général ou technique. Chaque année de scolarisation supplémentaire peut donc générer un important rendement privé. En outre, l'amélioration du niveau d'éducation de la population pourrait stimuler la croissance du PIB et la compétitivité économique du pays — à condition bien sûr qu'un environnement propice au commerce et des politiques macroéconomiques avisées soient mis en place.

Du point de vue individuel comme collectif, une main-d'œuvre disposant d'un solide niveau d'éducation et/ou de formation peut avoir une incidence significative sur le marché du travail (Ndjobo, 2013). L'éducation peut faire fluctuer l'offre et la demande d'emplois, ainsi que le niveau et l'évolution des salaires. Ndjobo a axé ses travaux sur deux modèles : le choix discret et la variable dépendante limitée. Les deux approches ont donné les mêmes résultats.

Au Cameroun, le niveau d'éducation de l'individu a une forte incidence sur divers aspects du marché du travail, ce qui signifie qu'une personne ayant un niveau d'éducation plus élevé a davantage de chances d'exercer une influence sur son secteur d'activité qu'une personne disposant d'un niveau d'éducation moins élevé et travaillant dans un autre secteur. En d'autres termes, plus une personne

Graphique 5.11 Taux de rendement des années de scolarisation supplémentaires par niveau d'éducation, pays d'Afrique subsaharienne

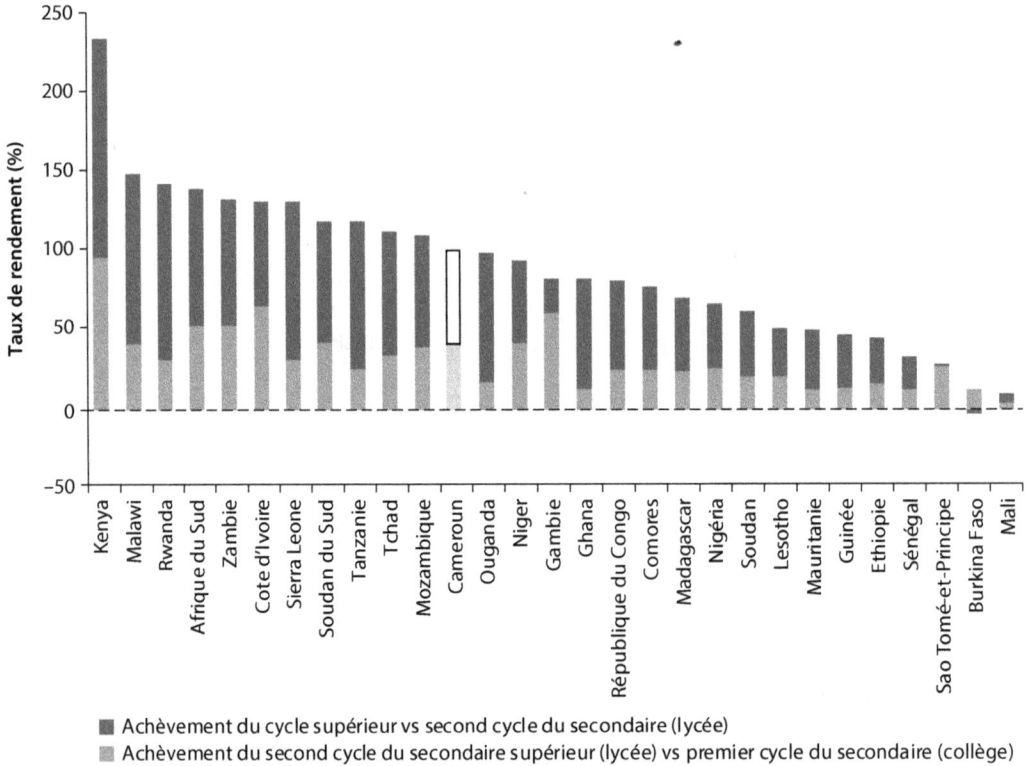

Achèvement du cycle supérieur vs second cycle du secondaire (lycée)
Achèvement du second cycle du secondaire supérieur (lycée) vs premier cycle du secondaire (collège)

Source : Estimations des services de la Banque mondiale fondées sur l'Enquête de consommation auprès des ménages menée en 2007 au Cameroun et sur des enquêtes similaires menées auprès des ménages dans d'autres pays : Afrique du Sud (2012), Burkina Faso (2010), Côte d'Ivoire (2011), Comores (2004), Éthiopie (2011), Gambie (2010), Ghana (2010), Guinée (2012), Kenya (2008), Lesotho (2011), Madagascar (2010), Malawi (2010), Mali (2010), Mauritanie (2008), Mozambique (2009), Niger (2011), Nigéria (2010), Ouganda (2010), République du Congo (2011), Rwanda (2010), Sao Tomé-et-Principe (2010), Sierra Leone (2011), Sénégal (2011), Soudan (2009), Soudan du Sud (2009), Tanzanie (2010), Tchad (2011) et Zambie (2010).

est instruite, plus il est probable qu'elle permette à son employeur d'accroître son rendement et plus elle peut prétendre à un salaire élevé.

Toutefois, l'évolution des différences des salaires dépend également du temps qu'un employé a passé sur le marché du travail. Plus les personnes titulaires d'un diplôme professionnel ou technique sont employées longtemps, moins elles risquent d'être déclassées sur le marché du travail. La seule exception concerne les titulaires d'un doctorat, qui ont tendance à refuser volontairement certains types d'emplois. Ce résultat est statistiquement significatif en ce qui concerne les titulaires d'un diplôme universitaire qui recherchent un premier emploi. Ces résultats montrent qu'il est nécessaire que les dirigeants politiques tiennent compte des connaissances et des aptitudes des personnes qui disposent d'un diplôme ou de qualifications supérieures. Pourtant, au Cameroun, ni les individus, ni les entreprises, ni l'État ne tirent profit des investissements réalisés en faveur de l'éducation.

Selon l'analyse issue de l'Enquête sur l'emploi et le secteur informel de 2010 (Gouvernement camerounais, 2010b), on peut relever que près d'un jeune sur quatre aurait déjà suivi une formation professionnelle, ce chiffre atteignant 4 personnes sur 10 en milieu urbain (et presque 1 sur 2 dans les grandes zones métropolitaines, Yaoundé et Douala) ; en revanche, il n'est que de 2 sur 10 en milieu rural (et n'est que de 1 sur 20 dans la région de l'Extrême-Nord). Lorsque l'on prend en compte sa composante informelle, la formation professionnelle n'est donc pas aussi marginale que les chiffres officiels le laissent entendre.

L'enseignement supérieur camerounais a connu une croissance très importante au cours des dix dernières années. Encore peu développé en 1991 avec 29 000 étudiants, en 2001, il compte environ déjà 70 000 étudiants. En 2011, 207 887 étudiants étaient inscrits en cycle supérieur, soit un peu plus que le triplement des effectifs sur une période de dix ans, ce qui représente un accroissement moyen de 12 pour cent par an. Entre 2008 et 2009, environ quarante mille étudiants supplémentaires ont donc été accueillis dans les universités.

Les groupes de jeunes interrogés dans le cadre de cette étude ont affirmé que le meilleur moyen de décrocher un emploi était de maîtriser des langues (anglais et français) et que la meilleure formation était d'obtenir un diplôme universitaire. Les jeunes se sont dits inquiets de la situation économique du Cameroun, soutenant qu'elle compromettait leur avenir professionnel. Ils ont également affirmé que l'insuffisance du nombre d'emplois était la principale raison pour laquelle ils étaient au chômage ou ne recherchaient tout simplement pas d'emploi.

Résultats escomptés des réformes de l'enseignement et de la formation

Le Cameroun s'emploie à améliorer la qualité de l'éducation. Des mesures ont été prises en vue d'accroître l'efficacité des dépenses publiques consacrées à l'éducation, de réduire les frais à la charge des ménages — notamment des ménages pauvres et défavorisés — en leur offrant des manuels scolaires, de réduire le nombre d'enseignants rémunérés par les associations des parents d'élèves et des enseignants en les promouvant au rang d'enseignants contractuels, d'améliorer les connaissances des élèves du primaire en lecture, en écriture et en calcul, et de fusionner l'enseignement primaire avec le premier cycle du secondaire pour que l'enseignement de base se déroule sur neuf ans. À partir de 2016, une évaluation de la lecture et des fondements des compétences de base sera menée au Cameroun. Cette série de mesures devrait permettre à davantage d'enfants déscolarisés de s'inscrire dans les petites classes. Au fil du temps, il est probable que le taux d'achèvement de la primaire progresse. Si la qualité de l'enseignement est maintenue, les effets conjugués de ces mesures pourraient bénéficier à la société en faisant augmenter le taux de rendement social.

Pour accroître le taux de scolarisation et proposer d'autres voies que celles de l'enseignement général et de la formation, le Gouvernement élabore actuellement de nouvelles stratégies concernant l'ETFP et l'enseignement supérieur en vue d'augmenter les investissements dans ces deux secteurs. Ainsi, le système d'enseignement et de formation répondrait davantage aux besoins du marché du travail d'un pays à revenu intermédiaire. Pour atteindre ses ambitieux objectifs, le Gouvernement devra prendre trois grandes dispositions :

• Rationaliser les dépenses publiques allouées à l'éducation pour en accroître l'efficacité.
• Améliorer la prestation de services en veillant notamment à décentraliser une plus grande part du budget de l'éducation pour faciliter la gestion par les écoles.
• Améliorer la gestion du secteur.

L'évolution estimée du niveau d'éducation au fil du temps, compte tenu des incidences probables des réformes actuelles et potentielles a été simulée. Les résultats sont présentés au graphique 5.12. Les quatre scénarios (pour 2015, 2020, 2025 et 2030) sont fondés sur le modèle de simulation du graphique 5.7,

Graphique 5.12 Résultats des simulations effectuées (%) s'agissant de l'amélioration du niveau d'éducation et des nouveaux travailleurs potentiels, 2015, 2020, 2025 et 2030

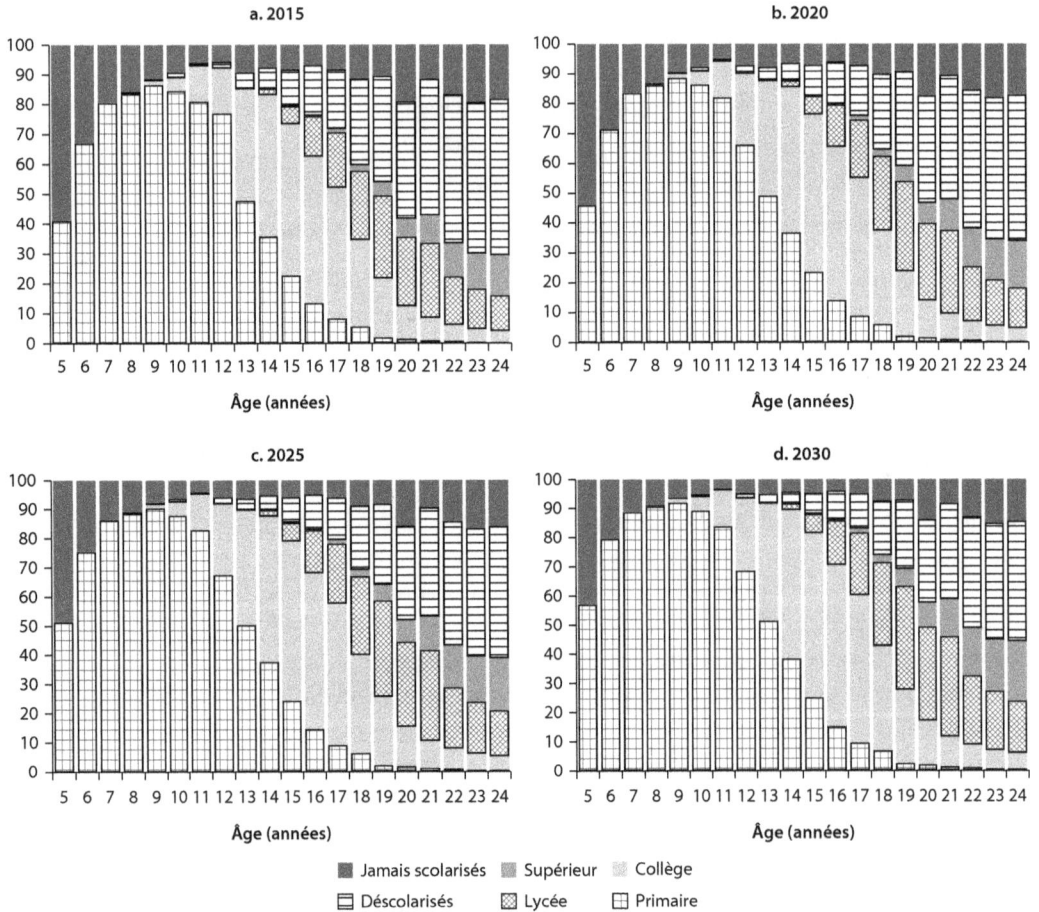

Source : Banque mondiale, 2013b.

élaboré aux fins de l'établissement du rapport d'état du système éducatif national du Cameroun (Banque mondiale, 2013b). Les résultats des simulations figurent à l'annexe D du présent document.

Conclusion

La croissance économique du Cameroun ne s'est pas accompagnée de progrès proportionnels en termes de compétitivité. Cette situation est due en partie à l'absence de transformation structurelle et de diversification économique, ainsi qu'à une structure de l'emploi de plus en plus souvent orientée vers le secteur informel des services tertiaires — secteur où prédominent emplois non-salariés à faible rendement, taux de pauvreté relativement élevés et chômage masqué.

L'enseignement et la formation pourraient contribuer de manière significative à la croissance économique, ainsi qu'au nombre et au type d'emplois. Néanmoins, pour cela, il faudra également veiller à ce que le développement de la main-d'œuvre soit en phase avec les grandes priorités économiques et sociales, assurer une bonne gouvernance du système de développement de la main-d'œuvre et bien gérer la prestation de services pour obtenir des résultats.

Bien qu'ils soient importants, l'enseignement et la formation ne sont qu'un des multiples facteurs qui déterminent le nombre et le type d'emplois disponibles. Ils ne constituent de capital humain que s'ils sont utilisés de manière effective en tant que facteurs de production. L'offre et la demande en matière de développement de la main-d'œuvre (en particulier de formation) sont mises à mal par les rigidités du marché du travail, comme l'établissement des prix ou le nombre de travailleurs. Sur le plan structurel, les systèmes d'enseignement et de formation sont plus dynamiques que le marché du travail, dont les rigidités conduisent tantôt à l'emploi, tantôt au sous-emploi (Anderson 1963, dans le contexte des États-Unis d'Amérique, Boudon 1973, dans le contexte de la France, et Banque mondiale 2013a). Si l'on veut que l'enseignement et la formation produisent des résultats notables, les compétences et les aptitudes acquises par les travailleurs doivent répondre aux besoins du marché du travail.

Bibliographie

Almeida, Rita, Jere Behrman, David Robalino, *Eds.* 2012. *The Right Skills for the Job? Rethinking Training Policies for Workers*, Banque mondiale, Washington, D.C.

Anderson, Arnold C., 1963. *The Impact of the Educational System on Technological Change and Modernization. First Edition in Industrialization and Society.* Publié par Bert F. Hoslitz and Wilbert E. Moore, 1963, UNESCO, Mouton. Deuxième édition, 1970.

Banque mondiale, 2003, « Education Sector Status Report », Yaoundé, Cameroun.

Banque mondiale, 2009b, « Enterprise Surveys: Cameroon Country Profile », Banque mondiale, Washington, DC.

Banque mondiale, 2012a, « Cameroon Economic Update: Unlocking the Labor Force: An Economic Update on Cameroon, with a Focus on Employment », Bureau du Cameroun, Banque mondiale, Yaoundé, Cameroun.

Banque mondiale, 2012b, « Education for All-Fast Track Initiative: Support to the Education Sector. Implementation Completion and Results Report », Report No: ICR00002369, Banque mondiale, Washington, DC.

Banque mondiale, 2013a, *Human Development in Africa: Strategic Directions*, Région Afrique Banque mondiale, Washington, DC.

Banque mondiale, 2013b, « Le système d'éducation et de formation du Cameroun dans la perspective de l'émergence », Banque mondiale, Washington, DC.

Barro, R. J. et Lee J. W. (2010), « A New Data Set of Educational Attainment in the World, 1950-2010 », document de travail n° 15902 de NBER, Bureau national de la recherche économique (*National Bureau of Economic Research*), Cambridge, MA.

Dhaneshwar Ghura, 1997. « *Private Investment and Endogenous Growth: Evidence from Cameroon* », Document de travail du FMI n° WP/97/165, Fonds monétaire international, Washington, DC.

Florence Charlier et Charles N 'çho-Oguie, 2009, *Sustaining Reforms for Inclusive Growth in Cameroon: A Development Policy Review*, Banque mondiale, Washington, DC.

Gouvernement camerounais, 2010b, Enquête sur l'emploi et le secteur informel au Cameroun *[Productivité dans le secteur informel à Cameroun]*, Institut national de la statistique, Yaoundé, Cameroun.

INS (Institut national de la statistique), 2005, Enquêtes sur l'emploi et le secteur informel, INS, Yaoundé, Cameroun.

Ministère de l'Enseignement, 2013, « Education Sector Strategy 2013–2020 », Ministère de l'Enseignement Gouvernement camerounais, Yaoundé.

Ndjobo, Patrick Marie Nga, 2013, « Analyse des impacts de l'éducation sur le fonctionnement du marché du travail au Cameroun », mémoire de thèse Université de Yaoundé 2, Cameroun.

Raymond Boudon. 1973. *L'inégalité des chances, la mobilité sociale dans les sociétés industrielles*, Colin A. Paris, 1973. p. 237, Série Sociologie.

SFI (Société financière internationale), 2011, « Education for Employment », SFI, Washington, DC, http://www.e4earabyouth.com/pdf/MGLPDF136022536640.pdf.

SFI (Société financière internationale) et Banque islamique du développement, 2011, « Education for Employment: Realizing Arab Youth Potential », SFI, Washington, DC.

UNESCO (Organisation des Nations Unies pour l'éducation, la science et la culture), 2009, Indicateurs d'éducation, directives techniques, Institut de statistique, UNESCO, Paris.

Yaw Ansu et Jee-Peng Tan, 2012. « Skills Development for Economic Growth in Sub-Saharan Africa: A Pragmatic Perspective », dans « *Good Growth and Governance in Africa: Rethinking Development Strategies* », publié par Akbar Noman, Kwesi Botchwey, Howard Stein et Joseph E. Stiglitz, Oxford Scholarship Online : mai 2012, DOI : 10.1093/acprof:oso/9780199698561.001.0001.

CHAPITRE 6

Évaluation du système de développement de la main-d'œuvre

Introduction

Quelles sont les politiques et les institutions concernées par le développement de la main-d'œuvre au Cameroun ? Quels sont les moteurs du développement de la main-d'œuvre, et sont-ils fiables ? Quels sont les mécanismes de contrôle existants et sont-ils efficaces ? Quels sont les aspects de la prestation de services qui fonctionnent et quels sont ceux qui ne fonctionnent pas ? À partir des réponses à ces questions, l'outil d'Approche systémique pour de meilleurs résultats en matière d'éducation (SABER), qui vise à mesurer le développement de la main-d'œuvre (DMO), classe chaque aspect du système national de DMO en fonction de quatre catégories : « latent », « émergent », « établi » et « avancé ».

Comme il est indiqué au chapitre 5, le développement des compétences est coûteux et prend du temps. Néanmoins, le Cameroun déploie depuis longtemps des efforts pour y remédier. En se dotant de politiques et d'institutions appropriées et en continuant d'axer ses efforts sur le renforcement de l'enseignement et de la formation, en particulier sur le développement des compétences dans le cadre de la formation professionnelle technique, industrielle et à l'entreprenariat ainsi que dans le cadre de l'enseignement universitaire, le Cameroun pourrait atteindre l'objectif qu'il s'est fixé de devenir un pays à revenu intermédiaire à part entière. Pour améliorer la compétitivité et stimuler la croissance du Cameroun, il sera essentiel de développer les compétences dans le secteur formel aussi bien que dans le secteur informel.

L'évaluation menée dans le cadre de cette étude concernant le DMO montre que les politiques et les institutions camerounaises doivent être ajustées pour favoriser davantage le développement de la main-d'œuvre. Cela prend généralement du temps. Pour obtenir le statut de pays à revenu intermédiaire d'ici à 2035, le Cameroun doit prendre des mesures d'urgence. Les aspirations du Gouvernement sont énoncées dans le Document de stratégie pour la croissance et l'emploi (DSCE) (Gouvernement camerounais, 2009). Sa vision et ses objectifs en ce qui concerne le développement inclusif des compétences de base dans le cadre de l'éducation de base sont détaillés dans la Stratégie du secteur de l'éducation pour 2013-2020 (Gouvernement camerounais, 2013a). Les objectifs sont en revanche moins clairs en ce qui concerne l'enseignement technique et la formation professionnelle post-basique, ainsi que l'enseignement supérieur.

Au Cameroun, le système de développement des compétences est complexe et fragmenté. Géré par cinq ministères chargés de l'éducation, de la formation et de la jeunesse, ainsi que par d'autres ministères, ce système est mis à mal par un déficit de financement, une gouvernance variable et une certaine incohérence, et est largement axé sur l'offre. Les programmes individuels élaborés par les ministères s'appuient sur les critères et les budgets nationaux. Le système ne répond pas aux besoins actuels des marchés de l'emploi et naissants du Cameroun en matière de développement humain

En outre, le système éducatif camerounais est divisé en deux systèmes parallèles : le système francophone et le système anglophone (voir annexes B et C et chapitre 5). Deux langues d'enseignement et deux types de modalités d'enseignement coexistent. L'offre en matière de scolarisation est variée : enseignement public ou enseignement privé, écoles laïques privées, écoles confessionnelles (catholiques et protestantes) privées et écoles musulmanes privées. Si cette diversité offre différentes possibilités en matière de scolarisation, elle constitue un défi en matière de politiques et sur le plan institutionnel. Un enseignement technique et une formation professionnelle de qualité facilitent le passage de l'école au travail. Le Gouvernement est conscient des lacunes du système.

Le présent chapitre résume l'analyse des politiques et des institutions de DMO qui a été menée dans le cadre de cette étude.[1] L'outil SABER-DMO a été utilisé dans le but de recueillir des données et de valider les conclusions (voir annexe E). Des données complémentaires, obtenues auprès de sources secondaires, ont également été utilisées — il s'agit de multiples consultations tenues avec a) des jeunes (annexe F), b) une équipe d'experts des ministères de l'Économie, de la Planification et de l'Aménagement du territoire (MINEPAT), des Finances, de l'Éducation et de la Formation (MINEFOP), de la Jeunesse, de l'Agriculture, des Industries extractives et des Forêts (annexe G), et c) des employés du secteur public (annexe H), des résultats issus d'une enquête menée auprès de groupes de jeunes (annexe I) et des sources citées dans les références. Les données ont été regroupées, triangulées, évaluées et notées sur la base des trois dimensions et des neuf objectifs stratégiques de l'outil SABER-DMO, avant d'être validées dans le cadre de consultations.

Résumé des résultats de l'évaluation

Il ressort de l'évaluation SABER-DMO que le système camerounais se situe actuellement dans la catégorie « latent » pour ce qui est de toutes les dimensions fonctionnelles des politiques et des institutions évaluées par l'outil SABER-DMO, à savoir : cadre stratégique, contrôle du système et prestation de services. Ces conclusions constituent une moyenne. Un examen plus approfondi des scores obtenus par le Cameroun dans les neuf domaines stratégiques révèle des aspects surprenants, ce qui montre que pour bien comprendre le système de DMO, il est nécessaire d'adopter une approche plus nuancée.

Le cadre stratégique relève de la catégorie « latent » pour les domaines relatifs à l'orientation stratégique et à la coordination, qui en ce qui concerne son orientation vers la demande. Le système est principalement caractérisé par la centralisation de l'élaboration des documents et des plans d'action en matière de vision et de stratégie, avec quelques consultations décentralisées. Le contrôle du système et la prestation de services relèvent également de la catégorie « latent ». La collaboration et la coordination entre les ministères chargés de l'enseignement et de la formation et les ministères chargés des compétences spécialisées sont limitées. En effet, les questions du contrôle du développement de la main-d'œuvre et de la prestation de services sont abordées de manière très fragmentée.

Cadre stratégique : Aligner le développement de la main-d'œuvre sur les priorités économiques et sociales

Le cadre analytique SABER-DMO visant à évaluer le cadre stratégique sert à dresser le bilan des politiques et des institutions en lien avec trois objectifs, à savoir : définir une orientation stratégique pour le développement de la main-d'œuvre, axer le développement de la main-d'œuvre sur la demande et promouvoir la coordination entre les principales parties prenantes (graphique 6.1).

Orientation stratégique (catégorie « émergent »)
Il existe, au Cameroun, des défenseurs engagés dans la définition des orientations stratégiques du DMO. Leur rôle se limite toutefois à une défense ponctuelle du DMO, et ils ne sont intervenus que quelques fois pour en établir les priorités stratégiques. Aucun dispositif systématique de suivi et d'examen des progrès réalisés n'est en place à l'heure actuelle. Le DSCE jette les bases et fournit des orientations en ce qui concerne le DMO. Le Gouvernement et les parties prenantes du DMO procèdent à des évaluations des perspectives économiques au

Graphique 6.1 Dimension 1 : Scores attribués au cadre stratégique

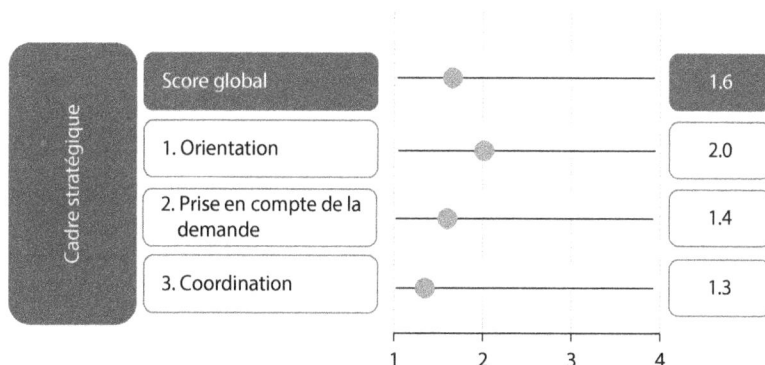

niveau du pays. Certaines orientations sur le DMO sont fournies par des instances telles que le MINEFOP, le comité interministériel du suivi du DSCE, des rencontres entre le Gouvernement et le groupe multi-bailleurs, de l'analyse du cadre macroéconomique réalisée par le ministère des Finances en amont de la préparation du budget, et de la préparation des rapports des structures du MINEPAT à l'instar de la division des analyses et des politiques économiques et de la division des analyses démographiques et des migrations. Les acteurs ont pris des mesures pour adapter le cadre réglementaire du DMO. En revanche, leur mise en œuvre n'est pas contrôlée de manière systématique. Ainsi, l'incidence des compétences de base (alphabétisation et compétences en calcul) ou des compétences cognitives et non cognitives dont la main-d'œuvre doit disposer n'est pas encore évaluée systématiquement.

De nombreuses parties prenantes participent au développement de la main-d'œuvre au Cameroun, mais on ignore s'il existe des défenseurs actifs ayant une perception claire de la manière dont le développement de la main-d'œuvre permettrait d'atteindre les objectifs socioéconomiques du pays. Le Groupement inter-patronal du Cameroun (GICAM), organisation patronale, est sans doute le plus actif des acteurs non gouvernementaux, mais il est également difficile de savoir dans quelle mesure il est représentatif du secteur privé informel — qui constitue près de 90 pour cent du marché du travail. De plus, on ignore si les acteurs gouvernementaux et non gouvernementaux ont élaboré un programme stratégique commun en matière de développement de la main-d'œuvre. On notera pour finir que l'approche adoptée en matière de développement de la main-d'œuvre n'est pas axée sur la demande et que la coordination est limitée.

Approche axée sur la demande (catégorie « latent »)

Pour ce qui est d'encourager une approche en matière de DMO axée sur la demande, peu d'évaluations ont été menées au Cameroun sur les perspectives économiques du pays et sur leurs incidences en termes de compétences. De plus, l'industrie et les employeurs jouent un rôle limité dans la définition des priorités stratégiques du DMO. Le Gouvernement mène des études sur les perspectives économiques nationales au titre du DSCE, mais on ignore si ces études évaluent également les incidences sur le développement de la main-d'œuvre en particulier. D'autres études semblent être ponctuelles et ne couvrent que certains secteurs économiques. Elles ne portent pas spécifiquement sur la mise en adéquation des compétences des travailleurs avec les perspectives économiques nationales. D'autres évaluations sont menées à l'initiative des bailleurs de fonds. S'il semble que certains problèmes aient été recensés dans l'un des secteurs économiques prioritaires, – des pénuries de main-d'œuvre qualifiée ont été relevées en particulier dans l'industrie du bois dans le cadre d'études parrainées, et des partenaires techniques et financiers (*Global Forest Watch*, 2000) et d'autres chercheurs indépendants ont mené des recherches ciblées –, on ne sait pas si les difficultés liées aux compétences l'ont aussi été, ni si des mesures ont été prises pour les surmonter.

Le Forum des entreprises du Cameroun est un espace formel et institutionnalisé pour participer au dialogue sur l'élaboration de politiques. Cependant, c'est une plateforme non officielle. Le Comité interministériel Élargi au secteur Privé, initiative du Gouvernement qui se tient deux fois par an et à laquelle participent également les acteurs de la société civile dans le cadre de concertations sur l'action à mener, constitue la plateforme officielle du développement de la main-d'œuvre. Les entreprises ne semblent que rarement contribuer à l'impact des principales décisions stratégiques sur le développement des compétences. Certains éléments donnent à penser que le Gouvernement incite les employeurs à développer les compétences de leurs employés, tant dans le secteur formel que dans le secteur informel. Cependant, aucun élément ne permet de savoir en quoi consistent ces mesures d'incitation, si elles sont ou non mises en œuvre et, le cas échéant, de quelle manière, et si leur impact est évalué.

Coordination entre les parties prenantes (catégorie « latent »)

En ce qui concerne le renforcement de la coordination de la mise en œuvre, les employeurs et le secteur économique en question ont un rôle limité dans la définition des priorités stratégiques en matière de DMO. Le Gouvernement a mis en place quelques incitations pour encourager les employeurs à renforcer les compétences de leurs employés, mais ne procède à aucun contrôle systématique de ces programmes d'incitation. Il est fréquent que les mandats des différents ministères et organismes publics chargés du développement de la main-d'œuvre se chevauchent ; aucun mécanisme n'est responsable de la coordination des stratégies et des programmes. Sur le plan juridique, le rôle et les responsabilités des acteurs non gouvernementaux ne sont pas clairement définis et il y a peu de raisons de penser qu'il existe des mécanismes chargés de la coordination avec et entre les entités gouvernementales. Il semble que des mesures stratégiques de développement de la main-d'œuvre soient mises en œuvre, comme le programme « *Contrat de désendettement et de développement* » (C2D), qui s'accompagne d'un plan d'action, d'un budget et de mécanismes de suivi. Ce n'est en revanche pas systématique dans d'autres programmes.

Contrôle du système : gérer le développement de la main-d'œuvre

Les scores attribués au contrôle du système reflètent le bilan des politiques et des institutions en lien avec trois objectifs stratégiques, à savoir : veiller à ce que le financement soit efficace et équitable, garantir la mise en place de normes pertinentes et fiables et diversifier les modes d'acquisition des compétences (graphique 6.2).

Efficacité et équité du financement (catégorie « latent »)

Concernant la garantie de l'efficacité et de l'équité dans les financements, le Gouvernement finance certains programmes de formation professionnelle initiale et continue, ainsi que des programmes actifs du marché du travail. Quelques financements sont également alloués pour permettre aux petites

Graphique 6.2 Dimension 2 : Scores attribués au contrôle du système

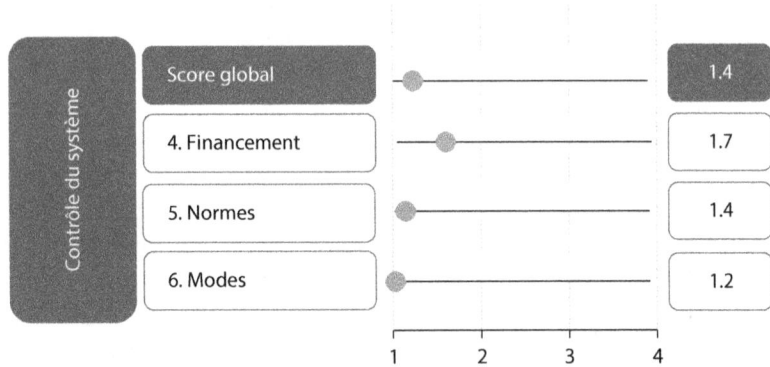

et moyennes entreprises de réaliser des formations sur le tas. Ces finance-ments proviennent d'une budgétisation ponctuelle destinée à certains pro-grammes seulement, et de rares mesures sont prises pour faciliter la création de partenariats formels entre les prestataires de services de formation et les employeurs. L'effet de ces financements sur les bénéficiaires des programmes de formation n'a pas encore été examiné.

Pour calculer les crédits budgétaires à allouer aux institutions et aux pro-grammes d'EFTP, le Gouvernement s'appuie sur le processus de planification et de budgétisation les plus usités et respectueux de la GAR (gestion axée sur les résultats). Les décisions sont prises par les deux chambres du Parlement, qui comptent des représentants du peuple. Les programmes visant à promou-voir la formation sur le tas auprès des petites et moyennes entreprises bénéfi-ciant d'un appui du Gouvernement. Globalement, la majeure partie des ressources publiques allouées aux programmes actifs du marché du travail bénéficie aux jeunes et aux communautés rurales. Néanmoins, un soutien est décidé au terme d'une procédure ponctuelle qui implique uniquement les responsables de la fonction publique relevant des organismes de mise en œuvre. Aucune évaluation formelle récente n'a été menée pour examiner les effets des financements des programmes de formation professionnelle initiale ou continue, ou des programmes actifs du marché du travail. Le Gouvernement facilite, par exemple, l'établissement de quelques partenariats entre les niveaux communautaire, régional et national ; et dans le secteur, privé, entre Telcar et l'organisation des producteurs de cacao. Divers ministères et institutions sous tutelles établissent tous les jours et sans difficulté des partenariats avec des prestataires de services de formation.

En ce qui concerne les dépenses courantes et les coûts unitaires par cycle/type d'études, il convient de noter que dans le public, les coûts unitaires s'échelonnent de 47 000 FCFA (94 dollars des États-Unis) (primaire) à 392 000 FCFA (784 dollars des États-Unis) (Secondaire 2 technique) avec un chiffre de 87 000 FCFA (174 dollars des États-Unis) dans le 1er cycle secondaire général, 119 000 FCFA (238 dollars des États-Unis) dans le

1er cycle technique et de 236 000 FCFA (472 dollars des États-Unis) dans le 2^d cycle secondaire général. Le coût unitaire du supérieur est estimé à 280 000 FCFA (560 dollars des États-Unis), alors que celui du préscolaire est de 118 000 FCFA (236 dollars des États-Unis). La structure de ces coûts montre que le technique coûte environ 36 pour cent plus cher que le général au 1er cycle secondaire et 66 pour cent plus cher que le général au 2^d cycle. Le coût unitaire du préscolaire est environ 2,5 fois plus élevé que le primaire, un chiffre qui risque d'handicaper son développement. La situation comparative du second cycle secondaire général se situe en revanche presqu'exactement sur la courbe internationale, ce qui indique un niveau de dépense par élève au Cameroun identique à celui de pays ayant le même niveau de produit intérieur brut (PIB) par habitant (Banque mondiale, 2013a).

Cependant, par rapport aux autres sous-secteurs d'éducation, le budget de l'État alloué à la formation professionnelle et technique est le moins conséquent.

Pertinence et fiabilité des normes (catégorie « latent »)

En ce qui concerne la mise en place de normes fiables et pertinentes, le dialogue a lieu de manière ponctuelle, avec un engagement limité de la part des principales parties prenantes. Les normes touchant les compétences larges n'ont toutefois pas encore été définis, les tests de compétences concernant les principales professions sont essentiellement théoriques et les certificats délivrés ne sont reconnus que par les employeurs du secteur public et n'ont qu'une très faible incidence sur l'emploi et les revenus. Peu d'organismes fixent les normes d'accréditation des établissements et des programmes de formation. En revanche, les normes d'accréditation ne sont ni transparentes, ni accessibles au public.

Les établissements de la formation évoluent dans un contexte de compétition rude dans leurs domaines d'activité, à la fois d'établissements locaux et étrangers. Les normes sont fixées par les marchés. Pour rester dans la course et s'assurer que leur activité soit sans cesse renouvelée, ils sont donc obligés de s'appuyer sur des normes reconnues et acceptées lorsqu'ils élaborent leurs programmes, sous peine d'être écrasés par la concurrence. Or tout ceci se passe dans le domaine du secteur privé. Dans le secteur public, les aspects de l'accréditation, des compétences et des normes institutionnelles sont déterminés différemment. Le Forum sur la gouvernance de l'Internet (FGI) et la Direction de la formation et de l'orientation professionnelle (DFOP) sont les structures chargées de fixer les normes d'accréditation applicables aux établissements et programmes de formation dans leurs domaines respectifs (gouvernance de l'Internet et formation professionnelle générale). Leurs rôles respectifs sont remarquables. De plus, les professions s'organisent en leur sein pour contrôler les compétences à l'entrée, car pour la plupart, l'accès s'obtient par recrutement sélectif et concours, puis par la pratique quotidienne, le passage à des niveaux supérieurs dépendant de l'acquisition de diplômes ou de nouvelles qualifications. Enfin, dans le secteur public, l'emploi et le revenu sont influencés par l'acquisition de qualifications par catégorie, ou par classification catégorielle type.

Au Cameroun, des normes de compétence semblent adoptées pour certaines professions, mais aucun cadre national des qualifications n'est en place. On dispose de très peu d'informations sur la participation des parties prenantes à la fixation des normes de compétence et sur la mesure dans laquelle les prestataires de services de formation s'appuient sur les normes lorsqu'ils élaborent des programmes axés sur les compétences. De même, il est difficile de savoir si les compétences des travailleurs qualifiés ou semi qualifiés sont contrôlées. Rien ne permet d'affirmer qu'un contrôle des compétences est assuré dans les principales professions et, si tel est le cas, on ignore si ce contrôle porte à la fois sur les connaissances théoriques et sur les compétences pratiques, et si les certificats délivrés ont la moindre incidence sur l'emploi et le revenu. Il ne semble pas exister de système transparent et bien compris d'établissement des normes d'accréditation dans les institutions et les programmes de formation. L'accréditation semble ne pas être une nécessité pour les prestataires de formation, qui ne sont pas eux-mêmes incités à en obtenir.

Modes d'acquisition des compétences (catégorie « latent »)

En ce qui concerne la diversification des modes d'acquisition des compétences, peu de choix sont offerts aux étudiants en formation technique et professionnelle pour acquérir de nouvelles compétences formelles au-delà du cycle secondaire. Le Gouvernement prend peu de mesures pour améliorer la perception du grand public envers l'EFTP. Les certificats des programmes de formation technique et professionnelle ont une reconnaissance limitée. Les qualifications certifiées par les ministères qui ne relèvent pas de l'éducation ne sont pas reconnues par les programmes formels qui relèvent eux du ministère de l'Éducation. Une attention réduite est accordée à la reconnaissance des apprentissages préalables, et le Gouvernement n'apporte qu'un soutien limité à l'évolution de carrière ou aux programmes de formation destinés aux populations défavorisées.

Le MINEFOP met en œuvre un programme consacré entièrement à la formation professionnelle : le programme de développement de la formation professionnelle au Cameroun. Une des priorités de ce programme est de permettre une régulation réellement efficace des « flux » des sortants des cycles d'enseignements primaire, secondaire, supérieur et professionnel. Or, dans la pratique, le lien n'est pas fait avec les priorités. En termes de régulations de la « réserve » déjà sortie du système, il existe peu de données sur les programmes centrés sur l'évolution des carrières des personnes ayant déjà un emploi. Il existe certes de nombreux instituts supérieurs de formation, et la tendance à la professionnalisation de l'enseignement supérieur est concrétisée par un sous-programme dans leur Cadre de dépenses à moyen-terme sous-sectoriel. Cependant, le lien avec les programmes et le marché de l'emploi est ténu. Le Gouvernement est conscient de la nécessité de renforcer les compétences des citoyens. À ce titre il encourage dans la mesure de ses possibilités la formation et l'évolution de la carrière des personnes qui ont déjà un emploi.

Prestation de services : Gestion axée sur les résultats

Les scores attribués à la prestation de services reflètent le bilan des politiques et des institutions en lien avec les objectifs stratégiques suivants : encourager l'excellence en matière de programmes de formation, promouvoir les programmes de formation pertinents et renforcer l'obligation de rendre des comptes sur les résultats obtenus (graphique 6.3).

Excellence dans la formation (catégorie « latent »)

En ce qui concerne l'encouragement de la diversité et de l'excellence dans la formation, celle-ci ne présente aucune diversité car le système comporte principalement des prestataires publics qui ne bénéficient que d'une autonomie très limitée. Aucune évaluation formelle, aucune aide des parties prenantes, et aucun objectif en matière de résultats ne sont là pour l'appuyer.

Le MINEFOP doit donner son agrément à tout établissement désirant exercer sur le territoire camerounais. Ces établissements bénéficient également d'accompagnement financiers divers, de subventions et de bourses, en vue de réaliser les objectifs stratégiques fixés pour les établissements publics de formations. Le Gouvernement n'a pas encore mis en vigueur la réforme des SAR-SM (Sections artisanales rurales et sections ménagères) dans les centres de formations aux métiers. En outre, il n'a poursuivi que de manière limitée la construction et de l'équipement des centres de formation professionnelle d'excellence. Dans le but d'améliorer de formations dispensées dans ces structures, le MINEFOP a obtenu de ses partenaires la possiblité de construire et d'équiper l'Institut National de Formation des Formateurs et du Développement des Programmes, dont la première pierre a été posée par Son Excellence le Premier Ministre, Chef du Gouvernement au début de l'année 2015. Les progrès effectués pour faire naître l'Institut sont importants pour conduire le pays vers le statut de « pays émergent ».

Le Gouvernement revoit de temps à autre ses politiques relatives aux établissements de formation non étatiques. En revanche, il n'est pas évident de

Graphique 6.3 Dimension 3 : Scores attribués à la prestation de services

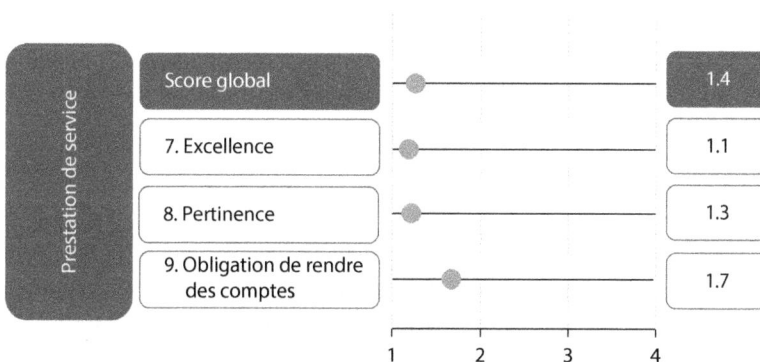

savoir si les établissements de formation sont autonomes ou pas. S'il semble que certains d'entre eux soient en mesure de dégager et de conserver des bénéfices, de se doter de conseils d'administration et de mettre en place certains moyens pour examiner les plaintes, de plus amples renseignements sont nécessaires pour intégrer ces éléments.

Pertinence de la formation (catégorie « latent »)

Peu de tentatives ont lieu pour améliorer la pertinence des programmes publics de formation en favorisant le lien entre les établissements de formation, les institutions industrielles et de recherche ou en établissant des normes pour le recrutement et la formation des directeurs et des instructeurs dans les institutions de formation.

Bien que le Gouvernement cherche à établir des liens officiels et une collaboration substantielle entre les prestataires de services de formation et les entreprises, on ne dispose pas de suffisamment d'éléments pour déterminer si tel est vraiment le cas. Il existe des liens ténus entre les prestataires de services de formation et les entreprises, mais on ignore si les entreprises participent à l'élaboration des programmes scolaires. En dépit des intentions déclarées par le Gouvernement, rien ne prouve que les entreprises jouent un rôle dans la formulation des normes d'équipement. Il semble exister des liens entre les établissements de formation et de recherche concernant l'élaboration des programmes de formation et les évaluations générales du système, mais il n'a pas été possible de savoir si ces liens étaient officiels.

Obligation de rendre compte des résultats obtenus catégorie « latent »)

Pour finir, en ce qui concerne l'obligation de rendre compte des résultats, aucun recueil de données spécifique ni aucune exigence en matière de communication des données n'existe actuellement, car les prestataires de formation ont leurs propres bases de données. Le Gouvernement ne mène ni ne soutient aucune enquête sur les compétences, n'a mené aucune évaluation d'impact et s'appuie rarement sur les données pour suivre et améliorer les résultats du système.

Les prestataires de services de formation publics semblent recueillir des données et rédigent parfois des rapports. En revanche, cela ne semble pas être le cas des prestataires de services de formation privés qui ne communiquent pas non plus les données disponibles. Qui plus est, les procédures de gestion des données sont imprécises. De temps à autre, le Gouvernement mène ou finance des enquêtes sur les compétences, mais jamais d'évaluation d'impact. On ignore si le Gouvernement utilise les données ou si des informations relatives à la situation des diplômés sur le marché du travail sont recueillies et publiées.

Conclusion

La conclusion générale que l'on peut tirer de l'évaluation SABER-DMO est que le Cameroun a un potentiel latent dans la plupart des domaines en rapport avec le développement de la main-d'œuvre. Ceci est un bon tremplin pour l'adoption de mesures stratégiques et institutionnelles. Le cadre stratégique relatif au développement des compétences et de la main-d'œuvre est prometteur.

Néanmoins, le Cameroun rencontre d'importantes difficultés en ce qui concerne le contrôle du système et la prestation de services. Le pays affiche un faible niveau d'équilibre avec des pertes sèches importantes, car les travaux relatifs au développement des compétences sont axés sur l'enseignement général. Pour la plupart, les travailleurs ont reçu une formation générale plutôt que spécialisée, occupent un emploi modeste, sont sous-employés et ne sont pas encouragés à accroître leur productivité.

Note

1. Les évaluations sont exposées en détail dans les données de la Banque mondiale (2014d).

Bibliographie

Banque mondiale, 2013a, *Human Development in Africa: Strategic Directions*, Région Afrique, Banque mondiale, Washington, DC.

Banque mondiale, 2014d, *Indicateurs de développement dans le monde*, Banque mondiale, Washington, DC.

Bikié H., Collomb J.-G., Djomo L., Minnemeyer S., Ngoufo, R. Nguiffo S. 2000. *An Overview of Logging in Cameroon, A global Forest Watch Cameroon Report*, World Resources Institute, Washington, DC.

Gouvernement camerounais, 2009, Document de stratégie pour la croissance et l'emploi, Yaoundé, Cameroun.

Gouvernement camerounais, 2013a, « Document de Stratégie du Secteur de l'Éducation et de la Formation : 2013–2020 », Yaoundé, Cameroun.

CHAPITRE 7

Perspectives, conclusions et recommandations en matière de politiques

Introduction

Que faudrait-il pour mettre en place un système plus dynamique et plus réactif de développement des compétences de la main-d'œuvre au Cameroun ? Quelles stratégies permettraient d'acquérir ces compétences créatrices de valeur ajoutée dans les secteurs nécessitant une main-d'œuvre abondante afin de diversifier l'économie et d'aider à la transformation structurelle ?

Le Cameroun a le potentiel pour créer un environnement qui à la fois favorise le développement des compétences de la main-d'œuvre, contribue à augmenter la productivité, encourage la compétitivité et soutienne la croissance et la transformation structurelle. Pour ce faire, il faudrait un cadre unifié et dynamique pour le développement des compétences qui permettrait d'agir collectivement afin d'améliorer le contrôle du système et la prestation de services.

Un cadre pour mieux agir

Il est urgent que le Cameroun rattrape les tendances mondiales, réponde aux besoins des jeunes en matière de développement des compétences et de création d'emplois, augmente sa compétitivité et accélère sa croissance économique, pour devenir un pays à revenu intermédiaire. Dix principes peuvent aider à élaborer des politiques : l'optimisation, la concentration et l'assimilation, l'adéquation, la spécialisation *versus* l'enseignement général, la concaténation, la facilitation, la pertinence, la maximisation, la transférabilité et la transformation structurelle. En lien avec ces principes, onze (11) mesures prioritaires sont à mettre en œuvre dans trois domaines : l'élaboration d'un cadre stratégique, l'amélioration du contrôle du système et l'amélioration de la prestation de services pourraient aider le Cameroun à favoriser le développement de sa main-d'œuvre de manière accélérée. Les mesures prioritaires sont :

- *Créer une autorité au sommet pour optimiser le développement continu des compétences afin de favoriser l'inclusion sociale et créer des emplois.* L'autorité au sommet aura pour rôle de rationaliser le système de développement des compétences et de mettre en place un Comité de réflexion sur les normes, qualifications et l'accréditation, qui permettrait d'aider à standardiser les programmes et à remédier aux inefficiences. Un examen des dépenses publiques et une analyse de l'efficacité des systèmes d'enseignement et de formation permettraient également de mettre en évidence les problèmes.

- *Resserrer les liens officiels entre les prestataires de formation et élaborer un cadre de compétences et de qualifications.* Le Gouvernement a déjà établi et continue d'établir une collaboration étroite avec les prestataires de services de formation et les entreprises et d'autres partenaires au travers d'apports divers, de subventions, de partenariats et de la mise en œuvre de cadres de collaboration. En même temps, pour s'éloigner du système actuel du développement des compétences, qui est fragmenté et divisé, il est souhaitable de mettre en place un cadre de compétences et de qualifications. L'élaboration d'un tel cadre pour chaque secteur pourra s'effectuer en étroite collaboration avec les prestataires de services de formation et les entreprises dans les secteurs qui ont été désignés comme des filières porteuses de l'économie. Les personnes travaillant dans ces secteurs pourraient en effet aider à évaluer les emplois et à définir les compétences requises. Les différents rôles joués par les individus et les performances des organisations pourraient alors être directement liés au développement et à la réorganisation des programmes de développement des compétences.

- La *création d'un cadre de compétences* aiderait à évaluer, à gérer et à suivre les connaissances, compétences, comportements et qualités nécessaires, ce qui rendrait certains domaines professionnels plus efficaces. Rendre le cadre de compétences accessible au public permettrait également d'orienter les demandeurs d'emploi.

  La création d'un cadre de compétences prend du temps, mais en vaudrait la peine. L'approche consisterait à mesurer les niveaux actuels de compétences afin de s'assurer que la main-d'œuvre possède bien l'expertise nécessaire pour ajouter de la valeur à l'économie. Cela permettrait de savoir dans quelle mesure les compétences de la main-d'œuvre existante doivent être remises à jour. Cela aiderait également à étayer les décisions concernant les changements à apporter aux programmes de formation, afin d'apporter de nouvelles connaissances et compétences à la main-d'œuvre future. En dépit de leurs limites (par exemple : la spécialisation limitée), les compétences professionnelles méritent l'attention des programmes de formation professionnelle, (encadré 7.1). Le système d'enseignement et de formation pourrait être le pourvoyeur idéal de

---

Encadré 7.1 Compétences relatives au travail et limites des politiques de formation en matière d'emploi

Les compétences professionnelles sont des compétences et aptitudes à la fois appréciées par les employeurs et utiles pour le travail indépendant. Ce sont les compétences techniques propres à des emplois spécifiques, ainsi que d'autres compétences cognitives et non cognitives qui améliorent la productivité des travailleurs. Ces dernières sont :

- La capacité de résoudre des problèmes : capacité de réflexion et d'analyse critique.
- La capacité d'apprendre : capacité à acquérir de nouvelles connaissances, à mettre en pratique les leçons de l'expérience et à les appliquer dans la recherche d'innovations.
- La capacité de communiquer : capacité de rédaction, de recueil et d'utilisation de l'information pour communiquer avec les autres, maîtrise de langues étrangères et utilisation de l'information et des technologies de communication.
- Les compétences personnelles : savoir se prendre en charge, faire preuve de discernement et gérer les risques.
- Les compétences sociales : savoir collaborer avec les autres et les motiver dans une équipe, gérer les relations client, savoir faire preuve de leadership, résoudre les conflits et développer les réseaux sociaux.

Source : Banerji et autres, 2010.

---

nouvelles compétences, qualités et caractéristiques recherchées, et les budgets consacrés à la formation et au développement devraient être fondés sur les besoins structurels.

- *Assurer l'adéquation de compétences.* Garantir une offre suffisante en compétences adéquates demande d'établir des connaissances et des compétences de base qui favorisent la mobilité des travailleurs. Ces compétences sont nécessaires pour garantir même un premier poste sur les marchés peu qualifiés. L'un des principaux objectifs de la Stratégie sectorielle de l'enseignement au Cameroun 2013-2020 est donc de promouvoir l'éducation et les compétences de base pour tous les enfants, en particulier ceux âgés entre 6 et 15 ans.

  Le Gouvernement a pour autre objectif d'améliorer la qualité de l'enseignement primaire et d'accroître l'accès à l'éducation à tous les niveaux. Il vise notamment à atteindre un taux de scolarisation préprimaire de 50 pour cent d'ici 2020. À cet effet, le Cameroun pourrait tirer profit de l'exemple du programme de développement de la petite enfance au Brésil, qui est bien connu (encadré J.2 à l'annexe J).

  L'enseignement de la seconde chance offert à ceux qui n'ont pas terminé le cycle d'enseignement secondaire pour des raisons telles qu'un mariage précoce, une grossesse ou un coût d'opportunité élevé de la scolarité pour les garçons et pour les filles, pourrait être proposé au moyen de programmes et d'incitatifs bien ciblés. La mise en place de programmes d'enseignement

Encadré 7.2 Soutien aux stages d'apprentissage traditionnels

Entre 1996 et 1998, l'organisation non gouvernementale « Renforcement de la formation infor-melle et de l'entreprise » (SITE) a géré un projet assisté par les Britanniques, consistant à soute-nir et à développer l'apprentissage traditionnel au Kenya. Le projet a porté sur les charpentes métalliques, les boiseries et les textiles. 420 maîtres artisans et 280 apprentis au total ont été formés directement et environ 1 400 apprentis ont été formés par les formateurs du projet.

Le projet a eu un effet positif. En effet, les stages d'apprentissage traditionnel sont devenus plus efficaces et ont augmenté la productivité et les gains des maîtres artisans qui les ont accueillis. Le nombre d'apprentis des maîtres artisans qui y ont participé a augmenté de 15 à 20 pour cent. Les maîtres ayant reçu une formation ont vu leur chiffre d'affaires et leurs béné-fices augmenter en conséquence directe de l'acquisition de leurs nouvelles compétences, de leurs nouveaux produits, des nouveaux marchés et de la meilleure présentation de l'atelier et organisation de la production. Les enseignements tirés du projet sont les suivants :

• Le maître artisan n'était intéressé par la formation que si elle était assurée dans un contexte plus large permettant d'améliorer son activité.
• La formation des maîtres doit être assurée avec souplesse et tenir compte des contraintes de temps et des coûts d'opportunité.
• Les maîtres artisans ne forment pas nécessairement pour facturer des frais de formation éle-vés, mais pour augmenter les revenus de leur production, résultant directement de la « for-mation sur le tas » des apprentis.
• La formation s'est révélée être un bon point de départ pour moderniser la technologie dans les entreprises.
• Les tentatives pour créer des liens entre le secteur informel (*Jua Kali*, qui signifie « soleil implacable ») et les institutions de formation ont été décevantes. Les formateurs indépen-dants sont plus souples et conviennent mieux.
• La collaboration avec les associations du secteur informel est fondamentale.
• Le développement des compétences, s'il est bien ciblé, peut contribuer à améliorer la per-formance des entreprises informelles. De nouvelles compétences peuvent conduire à une augmentation de la croissance, de l'innovation et de la productivité.

Sources : Johanson and Van Adam, 2004 ; Haan, 2006.

adaptés, ainsi que de programmes d'enseignement de la seconde chance qui soient souples pourrait contribuer à améliorer les chances d'accéder à un ensei-gnement secondaire. L'intégration progressive des compétences de vie dans les programmes pourrait aider à standardiser ces activités d'enseignement de la seconde chance. Des programmes accélérés pour les jeunes très motivés pour-raient être un incitatif.

• *Promouvoir la spécialisation contre les compétences générales.* Il est important d'adopter un développement des compétences spécialisées, plutôt qu'un enseignement et une formation généraux.

- *Faciliter les opportunités économiques et créer un environnement favorable pour développer les compétences issues de la demande et les utiliser de manière efficace.* Les employeurs pourraient par exemple recevoir des incitations fiscales pour recruter des stagiaires, et la sélection des stagiaires pourrait servir d'indicateur de la demande en compétences. Le passage de l'école à l'activité profession-nelle pourrait être facilité par des stratégies d'approche intersectorielles (enseignement, jeunesse, travail et planification), en particulier auprès des jeunes à risque.

  Les méthodes d'apprentissage expérientiel exposent les apprentis à des situations de travail réelles. Les formes traditionnelles en sont les stages d'ap-prentissage et les doublures. Le Kenya a appliqué cette stratégie (encadré 7.2). Un apprenti travaille avec un maître artisan ou son équivalent, qui transmet ses connaissances en demandant à l'apprenti d'effectuer des tâches qui ont une incidence directe sur la production. C'est une approche qui pourrait bien convenir aux secteurs de l'agroalimentaire, des textiles de coton, de l'huile de palme et du tourisme.

- *Créer les transitions et enchaînements des compétences.* Pour développer les com-pétences, une stratégie d'approche par passerelles plutôt que par îlots est pré-férable. Mener à bien ce changement au Cameroun demande de redéfinir le mandat du système d'enseignement et de formation. Il s'agit par exemple de mettre davantage l'accent sur la science et les mathématiques dans l'enseigne-ment secondaire, de regrouper les efforts des écoles polytechniques et des col-lèges techniques pour combler les manques en matière de compétences, d'encourager la recherche en sciences et technologie et de favoriser l'innova-tion dans les universités. L'enseignement et la formation doivent venir récom-penser les jeunes pour avoir innové dans leur pays. Ainsi, la création de compétences dans le but d'adopter et d'adapter les technologies est-elle essen-tielle à la transformation structurelle du Cameroun.

- *Assurer la pertinence des compétences à travers un cadre de qualifications et de normes.* Le cadre doit être rattaché aux compétences les plus pertinentes pour le marché du travail. Il serait important de mettre en place des prévisions de main-d'œuvre qui soient spécifiques aux différents secteurs, en particulier dans ceux où la valeur ajoutée par la main-d'œuvre est la plus forte.

- *Maximiser l'utilisation des ressources humaines, surtout des femmes.* Pour bien puiser dans la réserve des capacités inexploitées, il pourrait être bénéfique de développer les compétences en tenant compte du genre. Au Cameroun, comme dans d'autres pays, on remarque un écart de performance entre les entrepreneurs masculins et féminins (Banque mondiale, 2014a). Les femmes entrepreneurs sont concentrées dans des secteurs et des activités moins pro-ductives. Elles font face à plusieurs contraintes : les conditions initiales (accès au financement, éducation, information et réseaux), la sélection par secteur (elles sont forcées à travailler dans des secteurs à faible productivité ou à faible potentiel de croissance), les préférences et les choix managériaux (en prenant le ménage comme unité d'analyse), les institutions, les cadres juridiques et l'environnement des affaires.

Les décisions et activités des femmes entrepreneurs sont contraintes par une interaction complexe entre les normes sociales, les institutions juridiques et les différentes préférences subjectives. Ces facteurs influent sur la décision de devenir entrepreneur, de savoir dans quel secteur d'activité exercer, et les choix en matière de management – notamment les ambitions de carrière. Les politiques doivent donc relever les défis auxquels font face ces femmes entrepreneurs.

Les solutions envisageables sont de mettre en place un enseignement en commerce pour les femmes entrepreneurs et de créer des opportunités pour qu'elles puissent se constituer des réseaux. Il s'agit également de remédier aux mauvaises conditions initiales qu'elles subissent et de mieux diagnostiquer les principaux obstacles inhérents au contexte socioéconomique. La formation des femmes au monde de l'entreprise, financée par des subventions ou bourses, peut prouver son efficacité et augmenter les profits. Ce soutien aux femmes entrepreneurs peut avoir d'autres retombées sociales positives. Les femmes ont en effet tendance à réinvestir les profits dans leurs entreprises ou à les dépenser pour l'éducation et la santé de leurs enfants et de leurs familles.

- *Créer des compétences en s'appuyant sur le principe de la transférabilité.* Les compétences entrepreneuriales sont des produits transférables, comme le sont les compétences de base en écriture, lecture et calcul. L'éducation générale que la plupart des jeunes acquièrent au Cameroun n'est utile que jusqu'à un certain point. Sans compétences entrepreneuriales et autres compétences cognitives et non cognitives, la survie dans les secteurs à la fois formels et informels n'est guère garantie.

- *Augmenter les connaissances et compétences pour la transformation structurelle.* Une main-d'œuvre solide doit être dotée des connaissances et compétences nécessaires pour assurer une production élevée et rester innovante. Les jeunes Camerounais sont capables de mener à bien cette transformation structurelle. Pour ce faire, ils ont besoin de connaissances en science, technologie et ingénierie, soit des domaines dans lesquels le système national d'enseignement et de formation est faible. Dans l'enseignement secondaire et supérieur, l'accent n'est pas mis suffisamment sur les *connaissances* en sciences, technologie, ingénierie et mathématiques (STEM). Or, les compétences dans ces domaines sont essentielles pour faire avancer l'économie mondiale qui est axée sur la technologie. L'enseignement post-éducation de base nécessite donc une refonte majeure qui doit introduire des matières liées aux STEM.

De meilleures compétences sont également attendues en sciences *appliquées*, ingénierie et technologie (ASET). Ce domaine s'attache à la continuité du développement des compétences allant de l'enseignement secondaire à l'enseignement et à la formation techniques et professionnels (EFTP) et à l'enseignement supérieur. L'introduction de programmes solides en sciences et mathématiques dans l'enseignement secondaire constituerait une première étape fondamentale. Cela permettrait de former les jeunes en sciences appliquées, ingénierie et technologie et de préparer les plus talentueux à l'enseignement universitaire dans ces domaines.

Les institutions d'enseignement technique, professionnel et supérieur pourraient mettre l'accent sur les compétences spécifiques qui puissent être comparées au niveau international, comme celles requises pour les services reposant sur les technologies de l'information, ainsi que sur l'évaluation des compétences et les programmes certification. Ce secteur pourrait être un moteur pour la transformation économique du Cameroun.

Enfin, le Cameroun doit se préparer à répondre à une demande indirecte et induite très importante en compétences pour les métiers auxiliaires. Par exemple, le port de Kribi est sur le point de créer un certain nombre d'emplois directs et indirects et induits, notamment dans les infrastructures, l'hôtellerie et le tourisme, qui auront besoin de travailleurs qualifiés et non qualifiés. Il est important de mettre en évidence des parcours professionnels, afin de convertir les emplois dans certains secteurs en véritable carrière. En outre, on présume que la main-d'œuvre et les compétences nécessaires dans différents secteurs restent statiques. Or, les secteurs changent dans le temps, ce qui rend le recyclage et la requalification des travailleurs nécessaires. Les secteurs-cibles de la présente étude pourraient donc se renforcer mutuellement, créer des marchés nationaux et régionaux, et des emplois et des carrières crédibles.

Gouvernance et dispositions institutionnelles

Les dispositions institutionnelles relatives aux politiques de renforcement des compétences gérant la relation entre l'offre et la demande sont très importantes au Cameroun. La République de Corée et Singapour ont mis en place des dispositions qui aident à exprimer clairement et d'une manière dynamique l'offre et la demande. Le contexte institutionnel du Cameroun est beaucoup plus faible en raison de la complexité du processus de prise de décision qui implique de multiples intervenants. Afin que le Cameroun atteigne son plein potentiel et puisse devenir un pays à revenu intermédiaire, le niveau du développement des compétences doit donc s'élever. Le pays a besoin de se concentrer sur la transformation de ses activités commerciales, sur les talents et sur la modernisation de la technologie.

Système de gestion de l'information relative aux emplois
Le Cameroun a besoin de développer un système de gestion de l'information relative aux emplois. Des exemples de bonnes pratiques de ce type de système existent en Afrique subsaharienne. On pense notamment à *Access Nigeria Jobs Information Management System* (Système de gestion de l'information des emplois *Access Nigeria*) (encadré 7.3). Qui plus est, des salons de l'emploi ou des métiers permettraient de réunir des employeurs et des employés potentiels et

---

Encadré 7.3 Système de gestion de l'information des emplois Access Nigeria (Access Nigeria Jobs Information Management System)

Le projet ACCESS Nigeria, financé par la Banque mondiale, soutient le développement d'une nouvelle main-d'œuvre dotée des compétences et de la formation dont l'industrie a besoin. L'idée est de permettre au Nigéria de rester compétitif dans les domaines à forte croissance économique, en particulier dans les services resposant sur les technologies de l'information et dans le secteur des services en général, comme les banques, les télécommunications, les services de conseil aux organisations, l'énergie et l'hôtellerie. Afin de donner des capacités aux participants et de créer des emplois, le projet se fonde sur une stratégie à trois volets : l'évaluation, la formation et la certification. Dans l'ensemble, le projet vise à fournir aux diplômés nigérians en technologie et aux titulaires d'un diplôme universitaire un accès aux possibilités d'emploi dans les services liés à l'informatique. Au delà, il s'agit de permettre aux compagnies nigérianes d'accéder à un large ensemble d'individus compétents qui cherchent un emploi dans le secteur des services, et de donner aux clients nationaux et internationaux accès à une plateforme internationale de services resposant sur les technologies de l'information.

Pour assurer qu'il y ait des postes à pourvoir une fois la formation achevée et le projet réussi, la Banque mondiale et son partenaire ODIN (*Open Data Innovations Network*) se sont impliqués dans chaque étape du projet et ce avec toutes les parties prenantes identifiées. Dans le cadre de cette initiative, le projet a créé *Access Nigeria Information Management System* – ANJIMS (système de gestion de l'information de l'emploi *Access Nigeria*), plate-forme de participation électronique interactive. Le système relie les intervenants inscrits – postulants à un emploi, prestataires de formation, employeurs, ainsi que l'équipe d'ACCESS Nigeria –, et rassemble, stocke, analyse, rapporte et communique des informations et les données liées à l'emploi qui les concernent. Il permettra également aux employeurs potentiels de participer pleinement aux opérations d'ACCESS Nigeria, afin de faire les bons rapprochements et éventuellement de placer les postulants.

Source : http://www.anjims.org/?page_id=113.

---

fourniraient un lieu pour échanger, communiquer et repérer les talents. Le Cameroun a également tout intérêt à organiser rapidement ses activités et à développer ses compétences dans le domaine informatique.

Il est nécessaire de revoir l'ensemble des programmes scolaires afin de repérer les manques en matière de compétences, de contribuer à l'élaboration et à la hiérarchisation des cadres de normes et de qualifications dans l'enseignement supérieur et l'EFTP et de mener des évaluations adéquates de l'apprentissage aux fins d'examiner plus attentivement les résultats liés aux domaines de compétences, d'étudier les résultats de l'apprentissage en informatique, dans les services liés à l'informatique et la préparation au monde du travail, qui sont des domaines manquants, et de trouver les moyens de combler définitivement ces lacunes.

Partenariats public-privé

Promouvoir la formation sur le lieu de travail dépendrait de la volonté des employeurs à former la main-d'œuvre existante ou potentielle (la réserve) avec la nouvelle main-d'œuvre potentielle (le flux) *via* la collaboration avec les ministères du Gouvernement impliqués dans des activités relatives à l'emploi et à l'augmentation de la productivité (voir annexes K et L). La stratégie de création de nouvelles institutions comportant des liens explicites avec les différents secteurs pourrait apporter des résultats positifs. Elle a été adoptée entre autres en Irlande, en Malaisie et à Singapour (encadré 7.4).

Encadré 7.4 Développement des compétences à Singapour : une stratégie de renforcement des compétences pour tout un secteur

La stratégie de Singapour concernant l'apprentissage par la pratique et visant à mettre en place un système de formation technique d'envergure internationale, est instructive. En 1961, Singapour a créé le Conseil économique de développement (*Economic Development Board – EDB*), organisme statutaire dépendant du ministère des Finances, dont le but était d'attirer les investissements étrangers directs dans le pays. L'élément-clé de cette stratégie de développement des compétences était la création de six ateliers de formation-production mis en œuvre en parallèle avec le système scolaire, sous la direction de l'Autorité de développement de l'industrie mécanique (EIDA). La stratégie a pu être réalisée grâce au financement du Plan de développement des Nations Unies, à l'assistance technique et aux machines venues de France, de Grande-Bretagne et du Japon.

Les six centres ont toutefois posé un problème administratif à l'EIDA. L'Autorité a subi trois changements de direction et les centres n'ont pas été rentables. Au bout de quatre ans, alors que le Gouvernement avait dépensé 12 millions de dollars de l'EIDA, seules 86 personnes avaient obtenu leur diplôme. Le plan a donc été fermé en 1973.

L'EDB a mis à l'essai des programmes de reconversion de travailleurs. En collaboration avec le ministère de l'Éducation, l'EDB a offert, au sein des établissements d'enseignement existants, des cours de recyclage portant sur les matières techniques (travail du métal, ajustage et installation des machines, entretien du matériel radiophonique et plomberie). Les programmes étaient des solutions de rattrapage pour les élèves ayant obtenu des résultats inférieurs à la norme. Le système formel de formation technique et professionnelle n'a pas été touché. À la place, il a été décidé d'adopter une « stratégie de progrès par bond en avant », centrée sur les missions et conçue pour accompagner la promotion des investissements et les efforts de développement du secteur fournis par l'EDB. La stratégie était de s'affilier avec les principaux partenaires internationaux du secteur ayant des systèmes de formation éprouvés, afin d'apprendre comment ils menaient les formations, de former en fonction de leurs besoins et d'adapter et d'améliorer les méthodes pour répondre aux besoins locaux.

Le premier accord a été conclu avec le Groupe Tata (la plus grande entreprise indienne d'ingénierie de l'époque, qui fabrique des camions, des excavateurs, des locomotives, des machines-outils, etc.). Cette stratégie a fait émerger un prototype permettant d'étendre un

Suite de l'encadré page suivante

Encadré 7.4 Développement des compétences à Singapour : une stratégie de renforcement des compétences pour tout un secteur *(suite)*

modèle réussi de formation affilié à une entreprise. L'EDB souhaitait attirer Tata pour investir à Singapour et établir un centre de formation qui produirait des travailleurs correspondant aux besoins de Tata (comme les écoles de formation des travailleurs de Tata en Inde). Le Gouvernement de Singapour a fourni le terrain et les bâtiments, a financé 70 pour cent des coûts d'exploitation du centre et a payé les bourses des stagiaires, qui avaient tous signé un accord pour travailler pour l'EDB ou toute autre compagnie, selon les besoins édictés par le Gouvernement pendant cinq ans. Le centre de formation a ouvert en 1972. Il a formé le double du nombre d'employés requis par Tata. Tata a recruté les meilleurs stagiaires en passe d'obtenir leur diplôme et l'EDB a gardé les autres pour servir d'atout marketing et attirer d'autres entreprises d'ingénierie à Singapour.

La stratégie a réussi à établir une réserve de compétences qui permettait de développer un secteur entier, plutôt que de répondre aux besoins d'une seule entreprise. Deux centres de formation affiliés aux entreprises ont été mis en place (Rollei-Werke et Philips). Les autres approches consistaient en des programmes conjoints de formation par partenariat « transnational », qui permettaient d'éviter la prolifération de nouvelles institutions. Le principe de mise en commun des ressources de formation au service des entreprises du groupement industriel était donc né. La stratégie comportait les éléments-clés permettant à Singapour d'acquérir les compétences avancées pour faire croître ses nouvelles industries à fort besoin technologique. Un détachement d'experts a été envoyé à Singapour, des enseignants et des équipes techniques de l'EDB ont été formées, et l'engagement à moderniser le matériel et les logiciels était pris. Les compagnies participantes promettaient également de se conformer au plan pendant au moins trois ans.

Source : Chiang, 2012.

La Chambre de commerce du Cameroun pourrait s'inspirer du modèle de l'Association nationale des sociétés de logiciels et de services (encadré 7.5). Cette stratégie permettrait en effet aux nouvelles petites et moyennes entreprises d'informatique et de services liés aux technologies de l'information de sortir du lot.

Les partenariats public-privé tels que le Programme de développement des compétences Banque mondiale-SAP en Afrique pourraient faciliter la formation en comptabilité basée sur des applications, ainsi que d'autres types de formations pour les jeunes au Cameroun (encadré 7.6).

Autres solutions de financement pour les programmes relatifs aux compétences

Le financement peut constituer un outil efficace pour canaliser les flux d'élèves à chaque étape du développement des compétences. Compte tenu de la demande croissante et de l'augmentation des coûts unitaires, le Gouvernement camerounais devrait envisager d'autres solutions de financement pour les programmes de développement des compétences, notamment :

Encadré 7.5 Association indienne des compagnies de logiciel et de services

L'Association nationale des sociétés de logiciels et de services (NASSCOM) est une association professionnelle à but non lucratif créée en 1988 par les industries indiennes de technologie de l'information et d'externalisation de processus métiers. Sa mission consiste à encourager la croissance durable de l'industrie et à mettre la technologie au service de la société. NASSCOM est un organisme professionnel international et comprend plus de 1 500 membres, dont plus de 250 sont des entreprises chinoises, européennes, japonaises, britanniques et américaines. Les sociétés membres de NASSCOM travaillent dans le commerce électronique, les services liés aux technologies de l'information et aux services d'externalisation de processus métiers, ainsi que dans la conception de logiciels, les services et les produits. NASSCOM facilite les transactions commerciales dans le secteur des logiciels et des services et encourage l'avancement de la recherche en technologies pour les logiciels. Elle parraine de multiples activités : le plaidoyer pour les politiques, l'organisation d'événements et de conférences internationales, les affiliations internationales et le développement des compétences.

Source : http://www. NASSCOM.in.

Encadré 7.6 Partenariat Banque mondiale – SAP et développement des compétences en Afrique

Le Programme de développement des compétences pour l'Afrique (SAP) (filiale de SAP AG) et la Banque mondiale ont prévu de travailler ensemble sur la question du développement des compétences en Afrique. Cette initiative est née peu de temps après le lancement du SAP et a pour objectif de former 2 500 élèves aux technologies de l'information, afin de stimuler l'accès à l'éducation en technologies de l'information et de soutenir les entrepreneurs. Après avoir annoncé cette collaboration, le PDG de SAP Afrique, Pfungwa Serima, a assisté à toute une série de réunions aux États-Unis portant sur la manière d'affiner les synergies entre les opérations de SAP Afrique et les objectifs de la Banque mondiale pour l'Afrique.

« SAP reconnaît que l'encouragement de l'enseignement et de la formation est l'une des meilleures façons d'améliorer le problème du chômage chronique des jeunes, question qui touche l'industrie de la technologie dans son ensemble », a déclaré Serima. « La croissance et la rareté des compétences sur le continent africain est un problème qui nous préoccupe, et nous espérons que notre collaboration avec la Banque mondiale permettra d'étendre nos efforts pour développer des compétences de niveau international dans le monde de l'informatique et des affaires, et donnera à la jeunesse africaine l'occasion de jouer un rôle dans la croissance économique future et le développement des infrastructures en Afrique. » La première phase de l'initiative conjointe de développement des compétences devait être mise en œuvre en 2013. Un pilote du SAP a été lancé au Kenya en 2012 avec 100 étudiants. Les investissements supplémentaires de SAP dans la région vont du partenariat multilatéral visant à améliorer la chaîne d'approvisionnement de beurre de karité au Ghana à la collaboration avec le Groupe *Standard Bank* en Afrique du Sud pour apporter des services bancaires mobiles aux personnes qui n'ont pas de compte bancaire.

Source : Triple Pundit, mai 2013.

- Des subventions affectées aux populations vulnérables, marginalisées et exclues comme les pauvres, les femmes et les handicapés.
- Des régimes de bourses de l'enseignement secondaire afin de soutenir les efforts des parents.
- Des bourses en EFTP.
- Une taxe sur la formation dans le but de renforcer le financement du développement des compétences.
- Des mesures incitatives destinées aux grandes entreprises afin qu'elles fassent preuve de responsabilité sociale.
- Des efforts visant à attirer les investissements directs étrangers, qui permettraient de fournir une assistance technique, de transférer les connaissances et d'offrir des solutions de développement des compétences.

Plusieurs solutions de financement peuvent être élaborées suivant les modèles du Chili, de la Malaisie et de Singapour (encadré 7.7).

Encadré 7.7 Programmes conçus pour les petits employeurs du Chili, de Malaisie et de Singapour

Le Chili offre un programme de dégrèvement de l'impôt sur le revenu aux entreprises qui forment leurs travailleurs directement ou par l'intermédiaire de prestataires immatriculés. Le dégrèvement peut atteindre au maximum 1 pour cent de la masse salariale de l'entreprise et comprend un plancher qui profite aux petites entreprises. Ce modèle permet aux entreprises de choisir le contenu et le prestataire de leurs programmes de formation en fonction de leurs besoins. Les petites entreprises qui n'ont pas la capacité de concevoir et d'offrir des programmes de formation peuvent passer par des institutions intermédiaires d'assistance technique (OTIC) qui organisent des formations assurées par des prestataires de formation. Les OTIC sont des organisations à but non lucratif établies pour des secteurs ou des régions spécifiques. Ce ne sont pas des prestataires de formation et il leur est interdit d'assurer directement la formation.

Le Fonds de développement des compétences de Singapour (SDF) et le Fonds de développement des ressources humaines de Malaisie (HRDF) dirigent des programmes très spécifiques qui ciblent les petites entreprises. Ils fournissent des services tels que l'offre de bons pour réduire les problèmes de trésorerie, des subventions pour couvrir l'analyse des besoins en formation et la conception de cours, ainsi que la simplification des autorisations administratives. Singapour offre un système de bons pour la formation aux entreprises de moins de 50 salariés. Cette politique de bons a permis aux entreprises de ne payer que 30 à 50 pour cent des coûts de formation, et le SDF a financé le solde. En Malaisie, les grandes entreprises ayant une capacité excédentaire de formation sont encouragées à former les employés d'autres entreprises, notamment les petites et moyennes entreprises qui n'ont pas l'expertise et les ressources pour le faire elles-mêmes. Les petites entreprises qui envoient des salariés à ce type de formation sont qualifiées pour recevoir les subventions du HRDF.

Suite de l'encadré page suivante

Encadré 7.7 Programmes conçus pour les petits employeurs du Chili, de Malaisie et de Singapour *(suite)*

Les subventions du SDF sont étendues pour permettre aux entreprises de recruter des consultants dont la mission est d'analyser les besoins en formation. Des plans de formation ont ainsi été présentés au SDF. Un financement ultérieur a également aidé les petites entreprises à accéder aux ressources spécialisées nécessaires pour évaluer les besoins en formation et élaborer des programmes adéquats. Le HRDF aide les entreprises à sélectionner les programmes qui correspondent le mieux au développement des compétences de tous les employés, et le SDF met à disposition un large éventail de formations préagréées ouvertes au public afin que les entreprises puissent s'y inscrire par le biais de son Système d'agrément de principe. Ce programme s'est montré efficace pour attirer les petites entreprises qui n'ont ni l'expertise ni la masse critique nécessaire pour mener ces programmes elles-mêmes. Le HRDF de Malaisie propose un programme similaire de formation agréée.

Sources : Galhardi, 2002 ; Sehnbruch 2006 ; Hirosato, 2007.

Systèmes de suivi et d'évaluation pour les programmes de développement des compétences

Les systèmes de suivi et d'évaluation des programmes de développement des compétences pourraient :

- Améliorer le recueil des données dans le cadre de la gestion quotidienne du (des) programme(s) et dans le but d'améliorer les résultats.
- Faire de la désignation et du suivi d'un « groupe de contrôle » adapté un élément-clé du système.
- Fournir des exemples des meilleures pratiques d'évaluation des compétences

Résultats escomptés

Pour que le Cameroun devienne un pays à revenu intermédiaire, une première étape consisterait à réduire les inefficacités systémiques et à rationaliser la prestation de services dans l'enseignement et le développement des compétences. Les efforts devraient porter sur trois domaines : la réduction des inefficacités du système, l'offre de différentes options et la stimulation de la contribution du secteur informel. Un plan de mesures prioritaires est proposé à l'annexe M.

Réduire les inefficacités du système

- Remédier aux contraintes pesant sur les employeurs en réduisant les coûts des transactions commerciales, et plus précisément prendre des mesures pour diminuer les problèmes liés à la corruption et à la gouvernance, restreindre la bureaucratie pour les entreprises qui démarrent, améliorer les infrastructures, impliquer le secteur privé dans le dialogue et les décisions qui concernent les différents secteurs, améliorer les options en matière de transport et garantir l'approvisionnement en matières premières.

- Simplifier les dispositions institutionnelles et relatives à la gouvernance en revoyant la législation, en réduisant le nombre de ministères responsables de la formation technique et professionnelle, en rationalisant la prestation de services et en améliorant le contrôle du système grâce à des partenariats public-privé et à la participation communautaire.

Offrir différentes options
- Élaborer une gamme de solutions de financement et de prestation de services pour répondre aux différentes demandes en matière de développement des compétences et d'amélioration de la prestation de services.
- Étudier les compétences managériales et les petites et micro-entreprises des groupements industriels, dans le but de développer des parcs industriels (Banque mondiale, 2009a).

Stimuler la contribution du secteur informel
- Répondre aux contraintes et aux besoins en matière de développement humain et de compétences en rationalisant le secteur de l'enseignement post primaire. En effet, si la dimension humaine du développement des compétences n'est pas prise en compte, les investissements en capital et le financement ne peuvent pas à eux seuls augmenter la productivité au Cameroun, car le savoir-faire est un élément-clé pour améliorer la productivité.
- Exploiter les synergies concernant les transferts de connaissances et de technologie pour favoriser la croissance économique.

Bibliographie

Banerji Arup, Wendy Cunningham, Ariel Fiszbein, Elizabeth King, Harry Patrinos, David Robalino et Jee-Peng Tan. 2010, *Stepping Up Skills for More Jobs and Higher Productivity*, Banque mondiale, Washington, DC.

Banque mondiale, 2009a, *Cluster Initiatives for Competitiveness: A Practical Guide and Toolkit*, Banque mondiale, Washington, DC.

Banque mondiale, 2014a, « Cameroon SABER-Workforce Development and Country Report 2014 », Banque mondiale, Washington, DC.

Chiang, M. 1998. *From Economic Debacle to Economic Miracle: The History and Development of Technical Education in Singapore.* Singapore: Times Edition, dans Yaw Ansu et Jee-Peng Tan, 2012. « Skills Development for Economic Growth in Sub-Saharan Africa: A Pragmatic Perspective », publié par Oxford Scholarship Online: mai 2012

Galhardi, R. 2002. *Financing Training: Innovative Approaches in Latin America.* Geveva: ILO

Haan, H.C. 2006. *Training for Work in the Informal Mirco-Enterprise Sector: Fresh Evidence from Sub-Saharan Africa.* UNESCO-UNEVOC, Springer, The Netherlands

Hirosato Y. 2007. *Skills Development Fund: A Preliminary Assessment of Financing Alternative for Enterprise Based Training in the Context of APEC* (traité)

Johanson, Richard K., van Adams Arvil. 2004. *Skills Development in Sub-Saharan Africa*, World Bank, Washignton DC.

Sehnbruch, K. 2006. *Unemployment Insurance or Individual Savings Accounts: Can Chile'S New Scheme Serve as a Model for Other Developing Countries?*, Blackwell Science Ltd.

Triple Pundit. mai 2013. http://www.triplepundit.com/2013/10/world-bank-sap-jointly-address-skills-development-africa/#.

Sources de données sur l'emploi au Cameroun[1]

Introduction

Il existe trois principales sources de données sur l'emploi au Cameroun : (i) les *Enquêtes de consommation auprès des ménages* de 1996, 2001 et de 2007, (ii) le *Module des entreprises non agricoles* de l'Enquête auprès des ménages de 2001 et (iii) les *Enquêtes sur l'emploi et le secteur informel* de 2005 et de 2010.

Enquêtes de consommation auprès des ménages

Trois enquêtes de consommation auprès des ménages (Enquête camerounaise auprès des ménages ou ECAM) ont été réalisées au Cameroun, en 1996, 2001 et 2007. La première enquête (ECAM-I) a été menée par le ministère de l'Économie et des Finances (MINEFI). Elle s'est déroulée sur une période de trois mois en 1996 et comprenait un échantillon aléatoire d'environ 1 800 ménages dans les 10 provinces du pays, dont 1 731 ont été interrogés.

La seconde enquête (ECAM-II) a été réalisée par l'Institut national de la statistique sur une période de six mois en 2001. Elle couvrait 11 553 ménages, – soit bien plus que dans l'enquête précédente –, dont 10 992 ont été interrogés. Le format de l'enquête ECAM-II était en revanche identique à celui d'ECAM-I en matière de strates et de territoire et l'Institut national de la statistique a effectué un processus de rapprochement avec le soutien de la Banque mondiale pour rendre les deux enquêtes comparables (INS, 2002).

L'enquête la plus récente (ECAM-III) a été menée en 2007 (encadré A.1). Afin de pouvoir la comparer avec les enquêtes de 2001 et de 2006, la méthodologie d'ECAM-II a été conservée pour l'enquête ECAM-II. L'ECAM-III portait sur 12 000 ménages dans 12 régions (dans chaque province, plus Douala et Yaoundé) et trois strates (urbaine, semi-urbaine et rurale). Une « petite » enquête sur l'emploi et les revenus portant sur 3 000 ménages a également été réalisée

---

Encadré A.1 Principaux résultats de l'enquête ECAM III

Les enquêtes de consommation auprès des ménages ECAM-II et ECAM-III permettent à la fois d'avoir un aperçu des indicateurs à un moment donné (2001 et 2007) et de comparer leur évolution entre les deux périodes. Voici les principales conclusions et tendances qui en découlent.

Répartition de l'emploi : Le travail indépendant et non salarié constitue environ 85 pour cent de l'emploi, et l'emploi salarié seulement 15 pour cent. La majorité (60 pour cent) de ces 85 pour cent représente le travail indépendant dans l'exploitation agricole familiale, et les 25 pour cent restants l'emploi dans les entreprises non agricoles. L'emploi salarié se trouve principalement dans le secteur privé (9 pour cent), le secteur public (4 pour cent) ; l'agriculture (2 pour cent) regroupant les employés restants. Bien que les principaux agrégats n'aient en général que peu changé de 2001 à 2007, l'emploi dans les exploitations agricoles a augmenté (passant de 56 pour cent en 2001 à 60 pour cent en 2007), tandis que l'emploi dans les entreprises non agricoles a chuté (de 29 pour cent à 25 pour cent).

Entreprises familiales par métier : Les activités des entreprises familiales sont principalement le commerce de gros et de détail (50 pour cent), la fabrication (23 pour cent), les autres services (11 pour cent) et le transport/la communication (10 pour cent). La part du commerce de gros/de détail a baissé (par rapport à 68 pour cent en 2001), tandis que les pourcentages de la fabrication et des autres services ont légèrement augmenté. La part du transport/de la communication a augmenté de 8 points pendant cette période. Bien que la part de l'industrie soit restée constante dans ces zones, elle a pratiquement doublé durant la même période (passant de 18 pour cent à 32 pour cent) dans les zones rurales. La part des autres services a augmenté de manière relative dans les zones rurales (de 6 points), tandis qu'elle a baissé (de 3 points) dans les zones urbaines.

Répartition de l'emploi par sexe : L'emploi féminin est constitué principalement du travail indépendant/non salarié (91 pour cent) et est beaucoup plus important que l'emploi masculin (78 pour cent) dans ce domaine. C'est le cas également dans les exploitations agricoles familiales (68 pour cent pour les femmes et 52 pour cent pour les hommes), mais c'est le contraire dans les entreprises non agricoles (23 pour cent contre 26 pour cent pour les hommes). L'emploi salarié masculin (22 pour cent) est lui plus important que l'emploi salarié féminin (9 pour cent) à la fois dans les secteurs public et privé. Dans cette période allant de 2001 à 2007, aucun changement important dans ces ratios n'est à noter chez les femmes, tandis que l'emploi salarié a légèrement baissé pour les hommes et le travail indépendant/l'emploi non salarié a peu augmenté (de 1,4 points).

Emploi par zone : Le travail indépendant/non salarié représente la plus grande part de l'emploi à la fois dans les zones urbaines (71 pour cent) et rurales (92 pour cent), tout en étant relativement plus important dans ces dernières. L'emploi dans les zones rurales se trouve principalement dans les exploitations agricoles familiales (78 pour cent contre 14 pour cent dans les entreprises non agricoles). C'est le contraire dans les zones urbaines (45 pour cent pour les entreprises non agricoles contre 26 pour cent dans les exploitations agricoles familiales). L'emploi salarié est plus important dans les zones urbaines (29 pour cent) que dans les zones rurales (8 pour cent), surtout dans les secteurs public et privé en zone urbaine et moins dans le secteur agricole. La répartition de l'emploi par activité reste relativement constante dans les

Suite de l'encadré page suivante

Encadré A.1 Principaux résultats de l'enquête ECAM III (suite)

zones rurales dans le temps, tandis que l'on note une nette réduction de l'emploi salarié en zone urbaine (qui est passé de 38 pour cent en 2002 à 29 pour cent en 2007) et une augmentation toute aussi nette du travail indépendant et du chômage touchant les professions non salariées dans ces mêmes zones (de 62 pour cent en 2001 à 71 pour cent en 2007).

Source des revenus des ménages : Les exploitations agricoles constituent les sources les plus importantes de revenus pour les ménages (64 pour cent). Elles ont gagné en importance depuis 2001 (57 pour cent). La part des entreprises non agricoles a, elle, baissé (passant de 42 pour cent en 2001 à 38 pour cent en 2007), tandis que la portion représentée par l'emploi salarié est restée relativement inchangée.

Niveau scolaire de la force de travail : En 2007, près de deux tiers des salariés avaient achevé le cycle primaire ou moins (63 pour cent), contre 72 pour cent en 2001. Le pourcentage des travailleurs ayant achevé le cycle d'enseignement primaire ou moins est plus important dans les zones rurales (76 pour cent) que dans les zones urbaines (39 pour cent). Le pourcentage des travailleurs ruraux ayant achevé le cycle d'enseignement primaire ou moins a baissé de 6 points dans le temps et celui des travailleurs urbains ayant achevé le cycle d'enseignement primaire ou moins de 9 points.

Source : Institut national de la statistique du Cameroun, ECAM-II et ECAM-III.

dans le but d'obtenir des coefficients saisonniers permettant d'évaluer la situation de l'emploi sur un an (« saisonnalité »). Les résultats de ladite enquête devraient arriver prochainement.

Module des entreprises non agricoles de l'Enquête de consommation auprès des ménages de 2001

L'Enquête ECAM auprès des ménages de 2001 comprend un module sur le secteur des entreprises non agricoles. Elle fournit une vision détaillée du secteur non agricole pour un large ensemble d'indicateurs à un moment donné (encadré A.2). En revanche, comme l'Enquête ECAM de 2007 ne comprend pas ce module, il n'est pas possible d'évaluer les évolutions de ces indicateurs depuis 2001. Le module fournit toutefois un aperçu utile de la composition et des activités du secteur informel et des entreprises familiales à un moment donné (bien qu'il date de 10 ans).

Emploi et Enquêtes dans le secteur informel

Deux Enquêtes sur l'emploi et le secteur informel (Enquête sur l'emploi et le secteur informel au Cameroun ou EESI) ont eu lieu, l'une en 2005 et l'autre en 2010. Elles ont suivi une première enquête 1-2-3 qui portait uniquement sur la ville de Yaoundé, ce qui représentait une limite importante dans la mesure où les données ne pouvaient pas être extrapolées au niveau national. Les Enquêtes EESI couvrent en revanche tout le pays. Elles comprennent une enquête statistique en

---

Encadré A.2 Module des entreprises non agricoles de 2001

Le Module des entreprises non agricoles de 2001 fournit des données sur les entreprises familiales par propriétaire et par entreprise. Les conclusions principales sont résumées ci-après :

Propriétaires
- *Part des ménages* : 36 pour cent des ménages possèdent une entreprise familiale.
- *Source d'emploi* : Les entreprises familiales sont la source principale d'emploi pour plus des deux tiers des propriétaires d'entreprises familiales.
- *Sexe :* Un nombre important de femmes (56,8pour cent) contre 43,2pour cent d'hommes.
- *Éducation* : 95 pour cent n'ont pas effectué de cycle secondaire, 55 pour cent ne sont pas allés jusqu'au bout du cycle primaire et 33 pour cent n'ont reçu aucune sorte d'éducation formelle.
- *Âge* : Deux tiers des propriétaires d'entreprises familiales sont âgés de 20 à 44 ans et un quart d'entre eux sont âgés de 45 ans et plus.

Entreprises
- *Lieu :* La plupart des entreprises familiales sont situées dans les zones rurales (56 pour cent), mais elles sont également importantes dans les zones urbaines (44 pour cent).
- *Âge de l'entreprise* : 44 pour cent d'entre elles existent depuis cinq ans et 17 pour cent ayant été établies depuis moins d'un an.
- *Nombre de mois de fonctionnement par an* : Environ un tiers des entreprises familiales fonctionnent 1 à 3 mois par an ; un tiers pendant seulement 4 à 6 mois par an et un tiers 7 à 12 mois par an.
- *Secteur :* Plus des deux tiers des entreprises familiales sont dans le secteur de la vente en gros ou de la distribution, suivis par l'industrie (17 pour cent) et les services (12 pour cent).

Source : Institut National de la Statistique du Cameroun, ECAM-II, Module des entreprises non agricoles, 2001.

---

deux phases, qui évalue la situation de l'emploi à laquelle font face les individus (phase 1) et les activités économiques des ménages et de leurs membres dans le secteur informel (phase 2). Les données sont fournies pour les indicateurs-clés de l'emploi dans le secteur informel de Yaoundé, de Douala et des 10 administrations provinciales, chaque province étant subdivisée en zones rurales, semiurbaines et urbaines.

Les entreprises sont analysées par type d'entreprise dans le secteur informel, que l'on appelle unités de production. L'exercice 2005 a enquêté sur un total de 5 274 unités de production, dont 4 815 ont été effectivement sondées. L'enquête de 2010 a étendu son échantillon à 8 160 unités de production, dont 7 932 (97,2 pour cent) ont été réellement sondées. Un total de 22 949 personnes âgées de 10 ans ou plus ont été échantillonnées par l'enquête, avec un taux de succès de 99,2 pour cent Les données d'EESI-2 permettent de comparer les performances des indicateurs-clés dans le temps (2005 – 2010). Les principales conclusions sont présentées dans l'encadré A.3.

Encadré A.3 Principaux résultats de l'Enquête sur l'emploi et le secteur informel (EESI-2)

Vue d'ensemble

L'enquête porte sur 4 705 unités de production dans tout le pays et est divisée en deux composantes : le marché du travail et le secteur informel.

Taille des ménages

Un ménage camerounais compte 4,4 membres en moyenne, ce qui est un chiffre relativement stable comparé à l'Enquête EESI de 2005 (4,5 personnes). Les ménages comptent plus de membres dans les zones rurales (4,7 personnes) que dans les zones urbaines (4 personnes). Ils comptent également plus de membres dans le Nord (5,9 personnes), l'Extrême-Nord (5,4 personnes) et Adamaoua (4,9 personnes), que dans le Sud (3,3 personnes).

Chef du foyer

Le chef de foyer au Cameroun est en général un homme (74 pour cent), âgé de 42 ans (de 39 ans dans les zones urbaines et de 44 ans dans les zones rurales) qui a achevé le cycle primaire ou moins.

Structure de la population

- Hommes (49,6 pour cent) et femmes (50,4 pour cent)
- Âges : 0-14 ans (43,7 pour cent) ; 15-64 ans (53,1 pour cent) ; et 65 ans ou plus (3,3 pour cent)
- Migrants (67,3 pour cent) et non-migrants (32,7 pour cent). La principale raison de la migration est le regroupement familial (53,3 pour cent) et la recherche d'emploi (25,1 pour cent)
- 7 personnes de 15 ans ou plus sur 10 (71,2 pour cent) savent lire et écrire
- L'âge moyen des travailleurs actifs est de 33 ans.

Emploi

- Le taux d'emploi est de 66,4 pour cent. Il varie considérablement entre les hommes (71,7 pour cent) et les femmes (52,2 pour cent) et les zones rurales (74,6 pour cent) et urbaines (54,7 pour cent).
- La proportion d'emplois salariés est basse (20 pour cent). Elle est plus élevée dans les zones urbaines (41,1 pour cent) que dans les zones rurales (9,4 pour cent), et dans les villes de Yaoundé (50,5 pour cent) et de Douala (41,9 pour cent)
- La répartition par catégories socioprofessionnelles est la suivante : cadres (5 pour cent) ; ouvriers et employés (15,2 pour cent) ; travailleurs indépendants (47,2 pour cent) ; et aides familiales (29,7 pour cent)
- 1,41 million d'enfants âgés de 10 à 17 ans ont un travail (40 pour cent des personnes dudit groupe d'âge).
- La génération présente est mieux éduquée que la génération antérieure et préfère les emplois du secteur public.
- Les organismes publics et privés existants qui aident à entrer sur le marché du travail sont en général peu connus.

Suite de l'encadré page suivante

Encadré A.3 Principaux résultats de l'Enquête sur l'emploi et le secteur informel (EESI-2) *(suite)*

Chômage

- Le taux de chômage (selon l'Organisation internationale du Travail) est estimé à 3,8 pour cent, Yaoundé (10 pour cent) et Douala (9,1 pour cent) enregistrant les taux de chômage les plus élevés par rapport à d'autres régions comme le Sud (5,5 pour cent), le Sud-Ouest (4,4 pour cent) et Adamaoua (4,3 pour cent)
- Le chômage est essentiellement un *phénomène urbain*. En effet, le taux de chômage est plus élevé dans les zones urbaines (8,1 pour cent) que dans les zones rurales (1,4 pour cent). Celui-ci est fortement concentré à Douala et à Yaoundé, qui enregistrent des taux de plus de 10 pour cent.
- Le chômage touche principalement *les jeunes*, en particulier ceux âgés de 15 à 35 ans, pour qui le taux de chômage est estimé à 15,5 pour cent.
- Les femmes (4,5 pour cent) font face à un taux de chômage légèrement plus élevé que les hommes (3,1 pour cent) et sont également les plus découragées lorsqu'elles recherchent un emploi.
- Plus de la moitié des personnes sans emploi cherchent un emploi salarié pour une période supérieure à un an.
- Le revenu minimum moyen acceptable par les chômeurs pour un emploi est en moyenne de 59 800 FCFA par mois (70 900 FCFA pour les hommes et 54 000 FCFA pour les femmes), ce qui est le double du revenu minimum.

Sous-emploi

- Le problème principal du marché du travail au Cameroun n'est pas le *chômage*, mais le *sous-emploi*.
- Près de trois travailleurs sur quatre ou 6,3 millions de personnes sont *sous-employés* (71 pour cent), le problème touchant d'autant plus les zones rurales (78,8 pour cent) qu'urbaines (55,7 pour cent).
- Le *taux de sous-emploi visible* (lorsque les personnes travaillent involontairement moins de 35 heures par semaine) représente 12,3 pour cent de la population active et va de 10,9 pour cent pour les personnes non scolarisées à 23 pour cent pour celles qui détiennent un niveau supérieur d'instruction.
- Le *taux de sous-emploi invisible* (salaire horaire inférieur au niveau fixé par la loi) représente 63,7 % de la population active, soit 5,7 millions de personnes.

Source : Institut national de la statistique du Cameroun.

Note

1. La présente annexe s'inspire d'Ames et Godang (2012).

Bibliographie

Ames et Godang, 2012, « Employment in Cameroon: Stock Take of Studies and Programs, Assessment of Existing Gaps and Opportunities and Proposed Next Steps », Banque mondiale, Washington, DC.

INS (Institut national de la statistique), 1996, Enquête camerounaise auprès des ménages, INS, Yaoundé, Cameroun.

INS (Institut national de la statistique), 2001, Deuxième Enquête camerounaise auprès des ménages, INS, Yaoundé, Cameroun.

INS (Institut national de la statistique), 2002, « Deuxième enquête camerounaise auprès des ménages. Pauvreté et éducation au Cameroun en 2001 », INS, Yaoundé, Cameroun.

INS (Institut national de la statistique), 2005, Enquêtes sur l'emploi et le secteur informel, INS, Yaoundé, Cameroun.

INS (Institut national de la statistique), 2007, Troisème Enquête de consommation auprès des ménages, INS, Yaoundé, Cameroun.

INS (Institut national de la statistique), 2010, Enquêtes sur l'emploi et le secteur informel II, INS, Yaoundé, Cameroun.

Système francophone d'enseignement et de formation

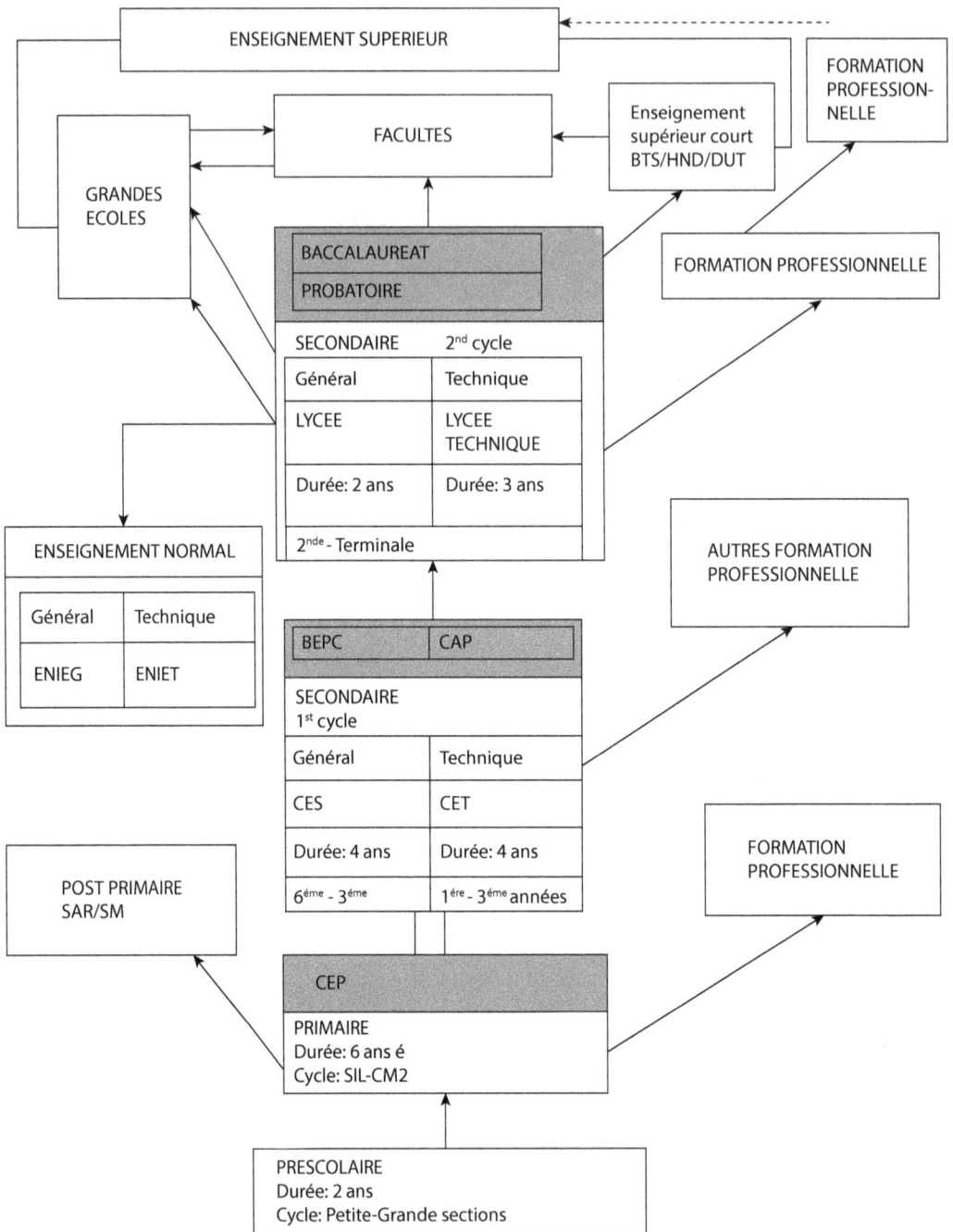

ENSEIGNEMENT SUPERIEUR

FACULTES

Enseignement supérieur court BTS/HND/DUT

FORMATION PROFESSIONNELLE

GRANDES ECOLES

FORMATION PROFESSIONNELLE

BACCALAUREAT

PROBATOIRE

SECONDAIRE	2nd cycle
Général	Technique
LYCEE	LYCEE TECHNIQUE
Durée: 2 ans	Durée: 3 ans
2nde - Terminale	

ENSEIGNEMENT NORMAL

Général	Technique
ENIEG	ENIET

AUTRES FORMATION PROFESSIONNELLE

BEPC	CAP
SECONDAIRE 1st cycle	
Général	Technique
CES	CET
Durée: 4 ans	Durée: 4 ans
6éme - 3éme	1ère - 3éme années

POST PRIMAIRE SAR/SM

FORMATION PROFESSIONNELLE

CEP

PRIMAIRE
Durée: 6 ans é
Cycle: SIL-CM2

PRESCOLAIRE
Durée: 2 ans
Cycle: Petite-Grande sections

Source : Gouvernement camerounais, 2013a.

Bibliographie

Gouvernement camerounais, 2013a, « Document de Stratégie du Secteur de l'Éducation et de la Formation : 2013–2020 », Yaoundé, Cameroun.

Système anglophone d'enseignement et de formation

ENSEIGNEMENT SUPÉRIEUR

FORMATION PROFESSIONNELLE

FACULTÉS

FORMATION POST-SECONDAIRE

Instituts de formation professionnelle supérieure

FORMATION PROFESSIONNELLE

GCE A/L	BAC
Enseignement general	Enseignement technique

SECONDAIRE	2e cycle
Enseignement general	Enseignement technique
LYCÉE	LYCÉE TECHNIQUE
Durée : 2 ans	Durée : 3 ans
« Lower 6 » : 12e année d'enseignement (équivalent 1ère française)	« Form » 5-16

TEACHER TRAINING COLLEGE (équivalent de l'IUFM – Institut universitaire de formation des maîtres)

Enseignement général	Enseignement technique
GRADE	GRADE I

FORMATION PROFESSIONNELLE

GCE O/L	CAP
SECONDAIRE Premier cycle	
Général	Technique
ÉTABLISSEMENT D'ENSEIGNEMENT SECONDAIRE	INSTITUT DE FORMATION TECHNIQUE
Durée : 5 ans	Durée : 4 ans

POST-PRIMAIRE SAR/SM

AUTRE FORMATION PROFESSIONNELLE

FSLC (Certificat d'études primaires – CEP)

PRIMAIRE
Durée : 6 ans
Cycle : « Class » 1– « Class » 6

PRÉ-PRIMAIRE
Durée : 2 ans
Cycle : « Nursery » 1- « Nursery » 2

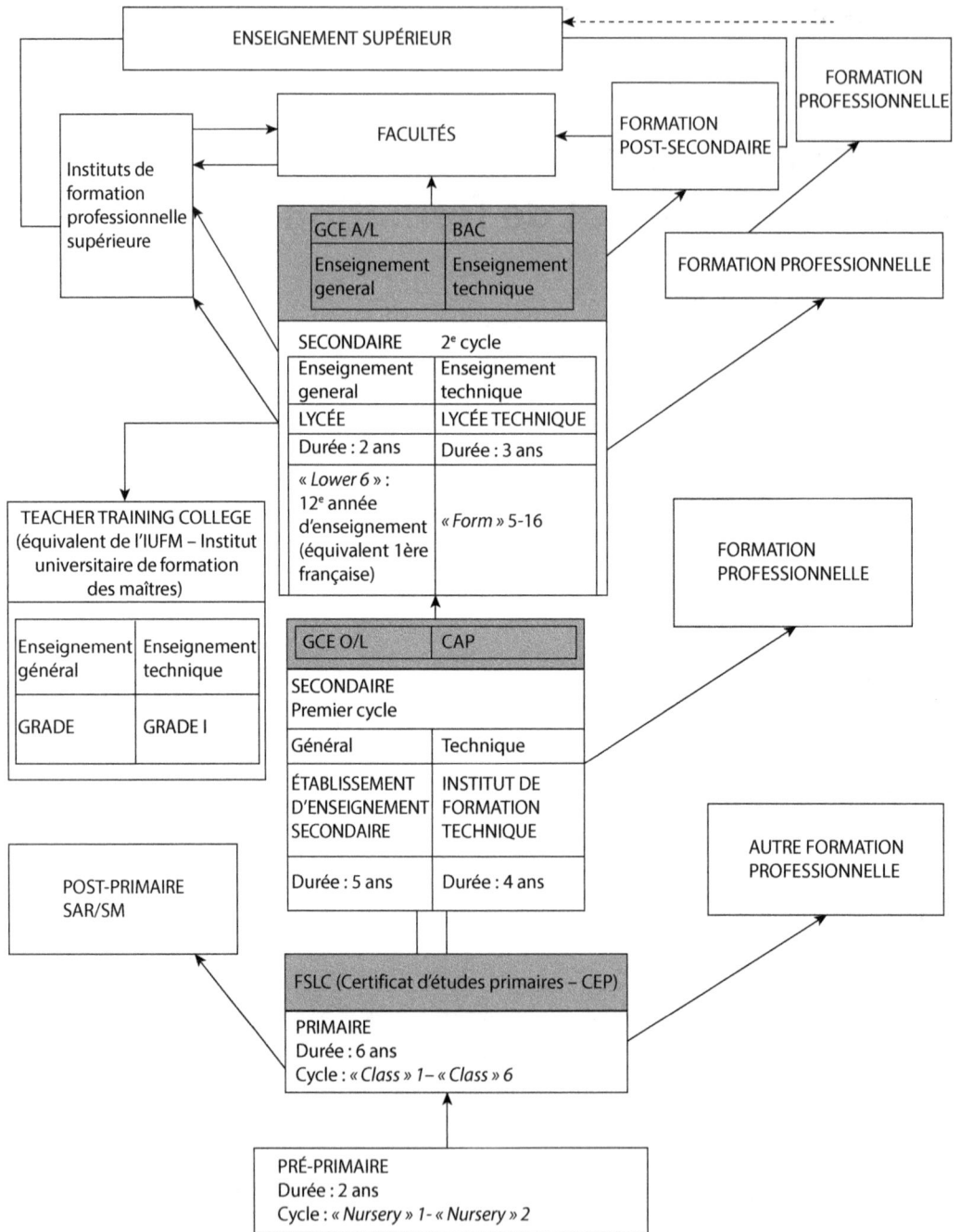

Source : Gouvernement camerounais, 2013a.

Note : A/L = *Advanced level* (niveau d'enseignement général de fin de lycée donnant accès à toutes les filières universitaires) ; BAC = *Bachelors* (baccalauréat technique de niveau de fin de lycée technique, donnant accès aux filières techniques) ; CAP = *Certificate of professional competence* (certificat d'aptitude professionnelle de fin de collège) ; FSLC = *First school leaving certificate* (certificat de fin de six années d'études primaires) ; GCE = General Certification Examination (certificat général de l'enseignement secondaire ou diplôme de fin d'études collège (équivalent brevet) ou lycée (équivalent baccalauréat français) ; O/L = Ordinary level (niveau d'enseignement général de fin de collège) ; SAR = Section Artisanale et Rurale ; SM = Section Ménagère.

Bibliographie

Gouvernement camerounais, 2013a, « Document de Stratégie du Secteur de l'Éducation et de la Formation : 2013–2020 », Yaoundé, Cameroun.

Résultats de simulations

Tableau D.1 Simulations de réussite scolaire

	Base	Scénario 1	Scénario 2	Scénario 3	Scénario 4
Préscolaire					
Taux brut d'inscription	27 %	40 %	40 %	40 %	40 %
% accroissement du privé		4 %	4 %	4 %	4 %
% public classique dans système Etat	95 %	70 %	70 %	70 %	70 %
Alphabétisation des adultes					
taux d'analphabétisme des adultes 25-45 ans	41 %	18 %	18 %	18 %	18 %
taux d'analphabétisme des adultes (15 ans – 24 ans)	28 %	15 %	15 %	15 %	15 %
Éducation de base : (% admis)	0 %	0 %	0 %	0 %	0 %
Primaire					
Taux d'accès	124 %	110 %	110 %	110 %	110 %
Taux d'achèvement	71 %	100 %	100 %	100 %	100 %
% de redoublants	12 %	5 %	5 %	5 %	5 %
Primaire privé					
Part du privé	22,2 %	20 %	20 %	20 %	20 %
Subvention au primaire privé en % public	9 %	9 %	9 %	9 %	9 %
Primaire public					
REM dans le public	54	50	50	50	50
Maîtres des parents : effectif*	9 022	0	0	0	0
Année cible		2020	2020	2020	2020
% des contractuels intégré en fonctionnaire annuellement dans les ZEP	0 %	6,0 %	6,0 %	6,0 %	6,0 %
% Enseignants éligibles (il y a une date de début)	0 %	15 %	15 %	15 %	15 %
Année de démarrage		2016	2016	2016	2016
Indemnité (% sal moyen)		25 %	25 %	25 %	25 %
Dépenses pédagogiques par élève (% PIB/H)**	0,3 %	1,0 %	1,0 %	1,0 %	1,0 %
Taux de passage primaire – 1er cycle	69 %	85,0 %	85,0 %	85,0 %	85,0 %
Année cible		2016	2016	2016	2016
Sous-secteur de l'éducation de base					
Année de réforme de l'éducation de base		**2016**	**2016**	**2016**	**2016**
Nombre d'élèves par division	0,0	50	50	50	50

Suite du tableau page suivante

Tableau D.1 Simulations de réussite scolaire *(suite)*

	Base	Scénario 1	Scénario 2	Scénario 3	Scénario 4
Nombre d'enseignants par division	0,0	1,3	1,3	1,3	1,3
ESG					
Nombre d'élèves par division					
6ème – 3ème	68,1	60,0	60,0	60,0	60,0
2nde – Term.	65,8	60,0	60,0	60,0	60,0
Nombre d'enseignants par division					
6ème – 3ème	1,8	1,4	1,4	1,4	1,4
2nde – Term.	1,8	1,4	1,4	1,4	1,4
ESG nouveau système (après la réforme)					
Nombre d'élèves par division					
Cycle Orientation	68,1	60,0	60,0	60,0	60,0
Second cycle secondaire	65,8	60,0	60,0	60,0	60,0
Nombre d'enseignants par division					
Cycle Orientation	1,8	1,4	1,4	1,4	1,4
Second cycle secondaire	1,8	1,4	1,4	1,4	1,4
Taux de passage 1er cycle – 2nd cycle	60 %	30 %	30 %	30 %	30 %
Répartition par type d'enseignement en %					
Général	79 %	79 %	79 %	79 %	79 %
Technique & Professionnel	21 %	21 %	21 %	21 %	21 %
Nombre d'élèves par enseignant T&FP (REM)					
T&P 1 - T&P 4 ou 5	26,0	25	25	25	25
T&P 5 ou 6 - T&P 7	10,6	20	20	20	20
Formation professionnelle publique : Qualité (1 moins ou 2 plus)					
qualité de la FP (1 moyen ou 2 meilleur)		1	1	1	1
% de sortants primaire intégré en **SAR/SM-CFM**		10 %	10 %	10 %	10 %
% de sortants du secondaire intégré dans le **CFPR**		20 %	20 %	20 %	20 %
Dépenses de Biens et Services/apprenant (milliers Fcfa)					
SAR/SM	129	257,4	257,4	257,4	257,4
CFPR	129	386,2	386,2	386,2	386,2
Année cible		2 016	2 016	2 016	2 016
Enseignement Supérieur (université)					
Choix (1: lien effectif ; 2: /100 000 hab)		1	1	1	2
Etudiants pour 100 000 hab	1 216	2 100	2 100	2 100	2 100
% privé	15 %	20 %	20 %	20 %	20 %
Enseignement Supérieur : Qualité (1 moins ou 2 plus)		1	1	1	1
Taux de réussite au baccalauréat	55 %	70 %	70 %	70 %	70 %
Taux de transition secondaire-supérieur	63 %	60 %	60 %	60 %	60 %
% de bacheliers allant dans le sup public	85 %	75 %	75 %	75 %	75 %
Part des filières d'enseignement général	81 %	70 %	70 %	70 %	70 %
Ratio étudiants/enseignants (filières générales)	64	55	55	55	55
Ratio étudiants/enseignants (filières techno. & professio.)	25	35	35	35	35
Coût salarial mensuel d'un enseignant (PIB/h)	7,5	9	9	9	9

Suite du tableau page suivante

Tableau D.1 Simulations de réussite scolaire *(suite)*

	Base	Scénario 1	Scénario 2	Scénario 3	Scénario 4
Dép. pédagog. par étudiant (PIB/hab) filières générales	0,05	0,07	0,07	0,07	0,07
Dép. pédagog. par étudiant (PIB/hab) filières T&P	0,15	0,20	0,20	0,20	0,20
% d'étudiants ayant une bourse d'excel.	36 %	12 %	12 %	12 %	12 %
Montant d'une bourse d'excellence (% PIB/hab)	8 %	10 %	10 %	10 %	10 %
Allocation de recherche par enseignant (PIB/hab)	2,7	4	4	4	4
Subvention du MINFI par étudiant (PIB/hab)	0,16	0,16	0,16	0,16	0,16
Ressources Nationales					
Pression fiscale (%) : Recettes État/PIB	17,5 %	17,5 %	20,0 %	20,0 %	20,0 %
Dépenses d'éducation financées sur recettes Etat/recettes	18,3 %	17,2 %	18,0 %	19,0 %	20,0 %
Année cible/démarrage		**2020**	**2016**	**2016**	**2016**
Glissement salaire		0 %	12,3 %	15,0 %	15,0 %

Source : Banque mondiale, 2013b.
Notes : * Postes d'enseignants prévus pour être supprimés d'ici à 2016-17, ** traduit « paquet minimum ».

Méthodes de calcul

Taux de transition (TT) :

$$TT_{h,h+1}^{t} = \frac{E_{h+1,1}^{t+1} - R_{h+1,1}^{t+1}}{E_{h,n}^{t}} * 100$$

Où :

$TT_{h,h+1}^{t}$ Taux de transition (du cycle ou niveau d'enseignement h à $h+1$ durant l'année scolaire t)

$E_{h+1,1}^{t+1}$ Effectifs scolarisés en première année du cycle ou niveau d'enseignement $h+1$ durant l'année scolaire $t+1$

$R_{h+1,1}^{t+1}$ Nombre d'élèves redoublant la première année du cycle ou niveau d'enseignement $h+1$ durant l'année scolaire $t+1$

$E_{h,n}^{t}$ Effectifs scolarisés en dernière année n de niveau d'enseignement h durant l'année scolaire t

Taux brut de scolarisation (TBS) :

$$TBS_{h}^{t} = \frac{E_{h}^{t}}{P_{h,a}^{t}} * 100$$

Où :

TBS_{h}^{t} Taux brut de scolarisation dans un niveau d'enseignement **h** pour l'année scolaire **t**

E_{h}^{t} Inscriptions dans le niveau d'enseignement **h** pour l'année scolaire **t**

$P_{h,a}^{t}$ Population par groupe d'âge **a** correspondant officiellement au niveau d'enseignement **h** pour l'année scolaire **t**

Taux d'alphabétisme adulte (ALP) :

$$ALP_{15+}^t = \frac{A_{15+}^t}{P_{15+}^t}$$

Où :

ALP_{15+}^t	Taux d'alphabétisme des adultes de 15 ans et plus pour l'année **t**
A_{15+}^t	Population adulte alphabète âgée de 15 ans et plus pour l'année **t**
P_{15+}^t	Population adulte âgée de 15 ans et plus pour l'année **t**

Taux de promotion (TP) :

$$TP_i^t = \frac{NI_{i+1}^{t+1}}{E_i^t}$$

Où :

TP_i^t	Taux de promotion dans l'année d'études **i** au terme de l'année scolaire **t**
NI_{i+1}^{t+1}	Nombre de nouveaux inscrit dans l'année d'études **i+1** au terme de l'année scolaire **t+1**
E_i^t	Effectifs scolarisés dans l'année d'études **i+1** au terme de l'année scolaire **t+1**

Taux de redoublement (TR) :

$$TR_i^t = \frac{R_i^{t+1}}{E_i^t}$$

Où :

TR_i^t	Taux de redoublement pour la classe **i** au cours de l'année scolaire **t**
R_i^{t+1}	Nombre d'élèves redoublant la classe **i** au cours de l'année scolaire **t+1**
E_i^t	Nombre des élèves inscrits en classe **i** pour l'année scolaire **t**

Rapport élèves par enseignant (REE) :

$$REE_h^t = \frac{E_h^t}{M_h^t}$$

Où :

REE_h^t	Nombre d'élèves (ou d'étudiants) par enseignant dans un niveau d'enseignement **h** pour l'année scolaire **t**
E_h^t	Effectifs scolarisés en classe **i** pour l'année scolaire **t**
M_h^t	Nombre total des enseignants dans un niveau d'enseignement **h** pour l'année scolaire **t**

Taux d'accès/taux brut d'admission en première d'année de l'enseignement primaire (TBA) :

$$TBA^t = \frac{N^t}{P_a^t} * 100$$

Où :

TBA^t Taux brut d'admission pour l'année scolaire **t**

N^t Nombre total des nouveaux élèves en première année de l'enseignement primaire pour l'année scolaire **t**

P$_a^t$ Population ayant l'âge officiel **a** d'entrée à l'école primaire pour l'année scolaire **t**

Taux d'achèvement du cycle primaire/taux brut d'accès à la dernière année du primaire (TBADP) :

$$TBADA^t = \frac{NI_d^t}{P_a^t} * 100$$

Où :

TBADA^t Taux brut d'accès en dernière année du primaire durant l'année scolaire **t**

NI_d^t Nombre de nouveaux inscrits en dernière année l du primaire durant l'année scolaire **t**

P$_a^t$ Effectif de la population ayant l'âge théorique **a** d'entrer en dernière année du primaire durant l'année scolaire **t**

Source : UNESCO, 2009.

Tableau D.2 Nouveaux entrants potentiels dans la population active par niveau d'éducation (tout scénario)

Répartition par niveau d'éducation (%)	Référence 2010-2011	Scénario 1 2013-2015	Scénario 1 2019-2020	Scénario 1 2024-2025	Scénario 2 2013-2015	Scénario 2 2019-2020	Scénario 2 2024-2025	Scénario 3 2013-2015	Scénario 3 2019-2020	Scénario 3 2024-2025	Scénario 4 2013-2015	Scénario 4 2019-2020	Scénario 4 2024-2025
Ministère de l'Éducation de base	34,7	33,1	40,9	38,9	33,2	40,9	38,6	33,2	40,9	38,4	33,2	40,9	38,4
Pré-primaire	3,2	2,8	2,3	1,9	2,9	2,3	1,9	2,9	2,4	1,9	2,9	2,4	1,9
Primaire	31,3	28,0	26,0	23,7	27,9	25,5	22,9	27,9	25,4	22,6	27,9	25,4	22,6
Cycle d'observation	0,0	1,9	12,0	12,6	2,0	12,4	13,0	2,0	12,5	13,1	2,0	12,5	13,1
Éducation de base non formelle	0,0	0,0	0,0	0,0	0,0	0,0	0,0	0,0	0,0	0,0	0,0	0,0	0,0
Taux d'alphabétisation des adultes	0,1	0,4	0,6	0,7	0,4	0,7	0,7	0,4	0,7	0,7	0,4	0,7	0,7
Ministère de l'Enseignement secondaire	43,6	39,9	29,8	32,7	39,2	29,0	32,2	39,0	28,8	32,2	39,0	28,8	32,2
1er cycle (ancien cycle – général secondaire)	15,0	11,6	0,0	0,0	11,4	0,0	0,0	11,3	0,0	0,0	11,3	0,0	0,0
2d cycle (ancien cycle – général secondaire)	14,5	16,2	7,4	0,0	15,9	6,9	0,0	15,9	6,7	0,0	15,9	6,7	0,0
Cycle d'orientation	0,0	0,0	11,3	12,7	0,0	11,7	13,2	0,0	11,8	13,3	0,0	11,8	13,3
Enseignement secondaire – nouveau cycle	0,0	0,0	0,0	7,0	0,0	0,0	7,3	0,0	0,0	7,3	0,0	0,0	7,3
Formation des enseignants – enseignement primaire	1,5	1,1	1,3	1,4	1,1	1,4	1,4	1,1	1,4	1,4	1,1	1,4	1,4

Suite du tableau page suivante

Tableau D.2 Nouveaux entrants potentiels dans la population active par niveau d'éducation (tout scénario) (*Suite*)

Répartition par niveau d'éducation (%)	Référence 2010-2011	Scénario 1 2013-2015	Scénario 1 2019-2020	Scénario 1 2024-2025	Scénario 2 2013-2015	Scénario 2 2019-2020	Scénario 2 2024-2025	Scénario 3 2013-2015	Scénario 3 2019-2020	Scénario 3 2024-2025	Scénario 4 2013-2015	Scénario 4 2019-2020	Scénario 4 2024-2025
Formation et enseignement techniques et professionnels	12,6	11,0	9,7	11,5	10,7	9,0	10,3	10,7	8,9	10,2	10,7	8,9	10,2
Ministère de la Formation et de l'Enseignement technique et professionnel	2,9	3,1	3,2	2,4	3,1	3,1	2,2	3,1	3,1	2,3	3,1	3,1	2,3
Ministère de l'Enseignement Supérieur	18,8	23,9	26,1	26,1	24,5	27,0	27,0	24,7	27,2	27,1	24,7	27,2	27,1
Total	**100**	**100**	**100**	**100**	**100**	**100**	**100**	**100**	**100**	**100**	**100**	**100**	**100**

Source : Modèle de simulation de l'enseignement et de la formation pour le Cameroun, Banque mondiale, 2013a.

Bibliographie

Banque mondiale, 2013a, *Human Development in Africa: Strategic Directions*, Région Afrique, Banque mondiale, Washington, DC.

Banque mondiale, 2013b, « Le système d'éducation et de formation du Cameroun dans la perspective de l'émergence », Banque mondiale, Washington, DC.

UNESCO (Organisation des Nations Unies pour l'éducation, la science et la culture), 2009, Indicateurs d'éducation, directives techniques, Institut de statistique, UNESCO, Paris.

SABER-DMO : Notation et cadre analytique

Encadré E.1 SABER – Développement de la main-d'œuvre

L'Approche systémique pour de meilleurs résultats dans l'éducation (*Systems Approach for Better Education Results* – SABER) visant à développer la main-d'œuvre (DMO) est une analyse complète des politiques et institutions contribuant au développement de la main-d'œuvre dans un pays donné. Les résultats sont tirés d'un nouvel outil de la Banque mondiale conçu à cet effet. Connu sous le nom de SABER-DMO, l'outil fait partie de l'initiative SABER de la Banque mondiale, qui vise à produire une documentation et une évaluation systématiques des facteurs institutionnels et directionnels influant sur la performance des systèmes d'éducation et de formation (pour plus de détails, voir http://www.worldbank.org/education/saber). L'outil SABER-DMO concerne la formation initiale, continue et la formation professionnelle ciblée offerte par le biais de multiples canaux, et plus particulièrement les programmes de niveau secondaire et postsecondaire.

Cadre analytique

L'outil s'appuie sur un cadre analytique qui identifie trois dimensions fonctionnelles dans les politiques et institutions de développement de la main-d'œuvre :

- Le *cadre stratégique*, qui renvoie à la pratique de plaidoyer de haut niveau, de partenariat et de coordination, généralement au-delà des frontières sectorielles traditionnelles, dans l'objectif de mettre en phase le développement de la main-d'œuvre avec les priorités de développement national dans les domaines essentiels.
- Le *contrôle du système*, qui se réfère aux dispositions relatives au financement, à l'assurance qualité et aux voies d'apprentissage qui modèlent les incitatifs et informations influant sur les choix des individus, des employeurs, des prestataires de formation et autres parties prenantes.
- La *prestation de services* qui renvoie à la diversité, à l'organisation et à la gestion de la prestation de formation, publiques et privées, qui produisent des résultats sur le terrain, en permettant aux individus d'acquérir des compétences professionnelles pertinentes sur le marché.

Suite de l'encadré page suivante

Encadré E.1 SABER – Développement de la main-d'œuvre *(suite)*

La combinaison de ces trois dimensions permet d'analyser le fonctionnement du système de DMO dans son ensemble. SABER-DMO se concentre sur les structures et pratiques de la création de politiques publiques institutionnelles et sur ce qu'elles révèlent de la capacité du système à concevoir, élaborer, coordonner et mettre en œuvre des politiques permettant d'obtenir des résultats sur le terrain. Chaque dimension recouvre trois objectifs en matière de politiques publiques qui correspondent aux aspects fonctionnels importants des systèmes de DMO (graphique E.1.1), Ces objectifs sont eux-mêmes subdivisés en mesures et thèmes relatifs aux politiques publiques qui permettent de révéler plus d'informations sur le système.

Faire l'analyse

Les informations nécessaires à l'analyse sont rassemblées à l'aide de l'instrument structuré de collecte de données SABER. SABER est conçu pour recueillir des faits (plutôt que des opinions) sur les politiques et institutions impliquées dans la DMO. Pour chaque sujet, l'outil de collecte de données pose des questions à choix multiples auxquelles sont fournies des réponses en fonction des données recueillies et des entretiens réalisés avec des informateurs compétents. Les réponses permettent de noter chaque sujet sur une échelle de quatre points selon des catégories standardisées et établies à partir des connaissances disponibles en en fonction des bonnes pratiques internationales (graphique E.1.2). Une moyenne est établie par thème pour noter les objectifs en matière de politiques publiques, qui sont ensuite agrégés sous forme de scores pour les différentes dimensions. Les résultats sont validés par les homologues nationaux correspondants, informateurs compris.

Graphique E.1.1 Dimensions fonctionnelles et objectifs du cadre SABER-DMO en matière de politiques publiques

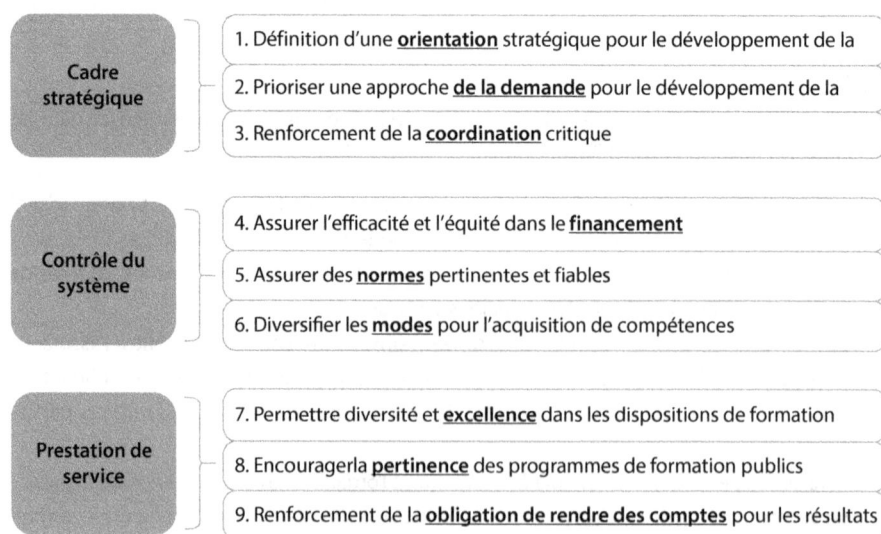

Suite de l'encadré page suivante

Renforcer les compétences au Cameroun • http://dx.doi.org/10.1596/978-1-4648-0764-0

Encadré E.1 SABER – Développement de la main-d'œuvre *(suite)*

Graphique E.1.2 Catégories de notation de SABER-DMO

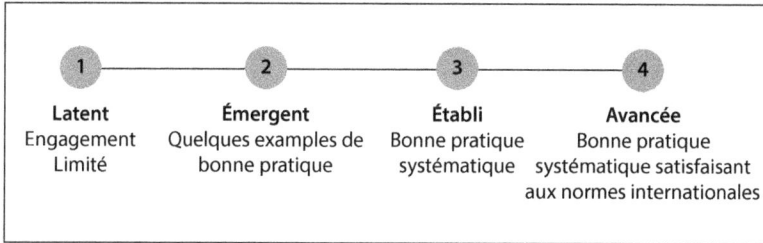

Latent	**Émergent**	**Établi**	**Avancée**
Engagement Limité	Quelques examples de bonne pratique	Bonne pratique systématique	Bonne pratique systématique satisfaisant aux normes internationales

Les notes composites étant les moyennes des scores sous-jacents, elles sont rarement des nombres entiers. Pour une note composite donnée X, le classement par catégorie indiqué sur la couverture s'effectue selon la règle suivante : $1,00 \leq X \leq 1,75$ représente la catégorie « latent » ; $1,75 < X \leq 2,50$, « émergent » ; $2,50 < X \leq 3,25$, à « établi » et $3,25 < X \leq 4,00$, « avancé ».

Source : Tan et autres, 2013
a. Pour de plus amples détails à propos de l'outil SABER, consulter http://www.worldbank.org/education/saber.
b. Pour une explication precise du cadre de travail SABER-DMO, consulter Tan et autres (2013).

Tableau E.1 Notation, 2014

				Objectif directif	*Mesure directrice*			*Thème*
Dimension 1	Cadre stratégique	G1		Établir une orientation stratégique	Défendre de manière durable le DMO au plus haut niveau	G1_T1	2	Plaidoyer pour le DMO afin de soutenir le développement économique
						G1_T2	2	Priorités stratégiques et décisions des défenseurs du DMO
		G2		Favoriser une approche axée sur la demande	Clarifier la demande en compétences et les domaines de contraintes importantes – promouvoir une approche axée sur la demande	G2_T1	2	Évaluation globale des perspectives économiques et de leurs implications en matière de compétences
						G2_T2	1	Principaux obstacles en matière de compétences dans les secteurs économiques prioritaires
						G2_T3	1	Rôle des employeurs et du secteur économique
					Inciter les employeurs à établir des priorités en matière de DMO et à perfectionner les compétences des travailleurs	G2_T4	2	Incitatifs proposés aux employeurs afin de perfectionner les compétences
						G2_T5	1	Suivi des programmes d'incitatif
		G3		Renforcer la coordination essentielle		G3_T1	1	Rôles des ministères et organismes publics
					Formaliser les rôles-clés dans le DMO en vue d'une action coordonnée sur les priorités stratégiques	G3_T2	1	Rôles des parties prenantes du DMO hors secteur public
						G3_T3	2	Coordination de la mise en œuvre des mesures stratégiques relatives au DMO
Dimension 2	Contrôle du systèmex	G4		Assurer des financements efficaces et équitables	Fournir un financement stable pour des programmes efficaces en matière d'éducation et de formation professionnelle initiale, continue et ciblée	G4_T1	Info	Aperçu des financements pour le DMO
						G4_T2	3	Financement récurrent pour l'enseignement et la formation techniques et professionnels
						G4_T3	2	Financement récurrent pour l'enseignement et la formation techniques et professionnels
						G4_T4	2	Financement récurrent pour les programmes liés à la formation pour entrer sur le marché du travail (PFMT)
					Surveiller et améliorer l'équité dans le financement de la formation	G4_T5	1	Équité du financement des programmes de formation
					Faciliter les partenariats durables entre les institutions de formation et les employeurs	G4_T6	2	Partenariats formels entre les prestataires de formation et les employeurs

Suite du tableau à la page suivante

Tableau E.1 Notation, 2014 *(suite)*

Dimension	Objectif directif	Mesure directrice	Code		Thème
	G5 Assurer des normes pertinentes et fiables	Élargir la portée des normes de compétences de base comme fondement pour l'élaboration de cadres de qualifications	G5_T1	2	Normes relatives aux compétences et cadres nationaux de qualifications
			G5_T2	1	Normes en matière de compétences pour les principales professions
		Créer des protocoles afin d'assurer la crédibilité des tests de compétences et de certification	G5_T3	1	Tester les compétences professionnelles
			G5_T4	1	Tests des compétences et certification
			G5_T5	1	Tester les compétences pour les principales professions
		Mettre au point et renforcer des normes d'accréditation pour maintenir la qualité des formations	G5_T6	Info	Surveillance de l'accréditation par le Gouvernement
			G5_T7	2	Mise en place de normes d'accréditation
			G5_T8	2	Conditions d'accréditation et mise en vigueur des normes d'accréditation
			G5_T9	1	Incitatifs et soutien de l'accréditation
	G6 Diversifier les voies d'apprentissage pour l'acquisition des compétences	Promouvoir la progression et la perméabilité éducatives par plusieurs moyens, y compris pour les étudiants de l'EFTP	G6_T1	1	Voies d'apprentissage
			G6_T2	2	Perception du public des voies de l'EFTP
		Faciliter l'apprentissage tout au long de la vie grâce à l'articulation de la certification des compétences et à la reconnaissance des acquis	G6_T3	1	Articulation de la certification des compétences
			G6_T4	1	Reconnaissance des acquis
		Fournir des services de soutien pour l'acquisition de compétences par les travailleurs, les demandeurs d'emploi et des personnes défavorisées	G6_T5	1	Appui à la poursuite du développement professionnel et de la carrière
			G6_T6	1	Prestation de services de formation destinés aux personnes désavantagées
Dimension 3 Prestation de services	G7 Favoriser la diversité et l'excellence dans la prestation de formation	Encourager et réguler la prestation de formation hors secteur public	G7_T1	1	Portée et degré de formalité de l'offre de formation non publique
			G7_T2	1	Incitatifs pour les prestataires non publics
			G7_T3	1	Assurance qualité de la prestation de formation non publique

Suite du tableau à la page suivante

Tableau E.1 Notation, 2014 *(suite)*

Objectif directif	Mesure directrice			Thème
	Combiner les incitatifs et la gestion autonome des établissements publics de formation	G7_T4	2	Examen des politiques portant sur l'offre de formation non publique
		G7_T5	1	Objectifs et incitatifs pour les établissements de formation du secteur public
		G7_T6	1	Autonomie et responsabilisation des établissements de formation du secteur public
		G7_T7	1	Introduction et fermeture de programmes de formation publics
G8 Favoriser la pertinence des programmes publics de formation	Intégrer l'industrie et les contributions d'experts dans la conception et la prestation de programmes de formation publics	G8_T1	2	Liens entre les institutions de formation et l'industrie
G8 Favoriser la pertinence des programmes publics de formation	Intégrer les contributions de l'l'industrie et de des experts dans la conception et la prestation de programmes formation publics	G8_T1	1	Liens entre les institutions de formation et le secteur
		G8_T2	1	Rôle de l'industrie dans la conception de programmes d'études
		G8_T3	2	Rôle de l'industrie dans la spécification des normes relatives aux installations
		G8_T4	2	Liens entre les institutions de formation et de recherche
	Recruter et soutenir les administrateurs et les instructeurs pour améliorer la pertinence sur le marché des programmes publics de formation	G8_T5	1	Recrutement et formation sur le tas des chefs d'établissements de formation publics
		G8_T6	1	Recrutement et formation sur le tas des enseignants des établissements de formation publics
G9 Renforcer la responsabilité fondée sur les resultats	Étendre la disponibilité et l'utilisation de données en matière de politiques afin de focaliser l'attention des prestataires sur les résultats, l'efficacité et l'aspect innovant de la formation	G9_T1	2	Données administratives des prestataires de formation
		G9_T2	2	Enquête et autres données
		G9_T3	1	Utilisation des données pour surveiller et améliorer la performance des programmes et du système

Note : 1 = statut « latent » (engagement limité); 2 = statut « émergent » (quelques exemples de bonne pratique); 3 = statut « établi » (bonne pratique systématique); 4 = statut « avancé » (bonne pratique systématique satisfaisant aux normes internationales); EFTP = enseignement et formation techniques et professionnels.

Rubriques pour noter les données SABER-Développement de la main-d'œuvre

	Niveau de développement			
Objectif stratégique	*Latent*	*Émergent*	*Établi*	*Avancé*

Dimension fonctionnelle 1 : Cadre stratégique

Objectif stratégique	Latent	Émergent	Établi	Avancé
G3 : Renforcer la coordination essentielle pour la mise en œuvre	L'industrie/les employeurs **n'ont aucun rôle ou n'ont qu'un rôle limité** dans la définition des priorités stratégiques du développement de la main-d'œuvre ; le Gouvernement ne fournit **aucune incitation** pour encourager l'amélioration des compétences par les employeurs ou ne mène **aucun examen** des programmes d'incitation.	L'industrie/les employeurs aident à définir les priorités du développement de la main-d'œuvre **au cas par cas et** contribuent de manière **limitée** à la réponse aux implications des grandes décisions politiques/des investissements importants sur les compétences ; le Gouvernement fournit **quelques** incitations à l'amélioration des compétences pour les employeurs des secteurs formels et informels ; si un régime de prélèvement de subventions existe, sa couverture est **limitée** ; l'impact des programmes d'incitation n'est **pas systématiquement** examiné.	L'industrie/les employeurs aident à définir les priorités du développement de la main-d'œuvre **de manière régulière** et contribuent un **peu** dans **certains domaines** pour répondre aux implications des grandes décisions politiques/des investissement importants sur les compétences ; le Gouvernement fournit **une gamme** d'incitations pour l'amélioration des compétences pour tous les employeurs ; il existe un régime de prélèvement des subvention avec une **large** couverture des employeurs du secteur formel ; les programmes d'incitation sont **systématiquement** revus et **ajustés** ; un rapport annuel sur le régime de prélèvement des subventions est publié avec **un décalage dans le temps.**	L'industrie/les employeurs aident à définir les priorités du développement de la main-d'œuvre **de manière régulière** et contribuent **de manière significative** dans de **multiples domaines** pour répondre aux implications des grandes décisions politiques/des investissement importants sur les compétences ; le gouvernement fournit **une gamme** d'incitations pour l'amélioration des compétences pour tous les employeurs ; il existe un régime de prélèvement des subventions avec une couverture **complète** des employeurs du secteur formel ; les programmes d'incitation pour encourager l'amélioration des compétences sont **systématiquement** examinés pour mesurer leur impact sur les **compétences et la productivité** et sont ajustés en conséquence ; un rapport annuel sur le régime de prélèvement des subventions est publié **en temps et en heure.**

Suite du tableau à la page suivante

	Niveau de développement			
Objectif stratégique	Latent	Émergent	Établi	Avancé

Dimension fonctionnelle 2 : Contrôle du système

G4 : Assurer l'efficacité et l'équité du financement	Le Gouvernement finance la formation professionnelle initiale et continue et les programmes en faveur du marché du travail (mais pas formation sur le tas dans les PME) selon des processus budgétaires **ad hoc** mais ne prend **aucune mesure** pour faciliter les partenariats formels entre prestataires de formation et employeurs ; l'impact du financement sur les bénéficiaires des programmes de formation n'a **pas été examiné récemment**.	Le Gouvernement finance la formation professionnelle initiale et continue (et aussi la formation sur le tas dans les PME) et les programmes en faveur du marché du travail ; le financement de la formation professionnelle initiale et continue suit des processus de budgétisation **réguliers** impliquant **uniquement des fonctionnaires du Gouvernement** avec des allocations déterminées en grande partie par le **budget de l'année précédente** ; le financement des programmes en faveur du marché du travail est décidé **au cas par cas** par les représentants du Gouvernement et cible des groupes de population **bien spécifiques**	Le Gouvernement finance la formation professionnelle initiale et continue (et aussi la formation sur le tas dans les PME) et les programmes en faveur du marché du travail ; le financement de la formation professionnelle initiale et continue suit des processus de budgétisation **réguliers** et se fondant sur **plusieurs** critères, comme les données prouvant l'efficacité du programme ; le financement récurrent de la formation professionnelle continue repose sur des processus **formels** et sur les contributions des intervenants clés, et les rapports annuels sont soumis avec un décalage ; le financement des programmes en faveur du	Le Gouvernement finance la formation professionnelle initiale et continue (et aussi la formation sur le tas dans les PME) et les programmes en faveur du marché du travail ; le financement de la formation professionnelle initiale et continue est **régulier** et s'appuie sur des critères **complets**, comme les données prouvant l'efficacité du programme, qui sont régulièrement revus et ajustés ; le financement récurrent de la formation professionnelle continue repose sur des processus **formels** et sur les **contributions** des intervenants clés, et les **rapports annuels sont soumis à temps** ; le financement des programmes en faveur du marché du travail

Suite du tableau à la page suivante

Objectif stratégique	Niveau de développement			
	Latent	Émergent	Établi	Avancé
		par le biais de divers canaux ; le Gouvernement prend des mesures pour faciliter les partenariats formels entre prestataires de formation et employeurs ; des évaluations récentes se sont penchées sur l'impact des financements, **uniquement sur les indicateurs liés à la formation** (par exemple inscriptions, achèvement), ce qui a stimulé le dialogue entre **certains** acteurs du développement de la main-d'œuvre.	marché du travail est déterminé selon un processus **systématique** avec **les contributions** des principales parties prenantes ; les programmes en faveur du marché du travail ciblent des populations **diverses** à travers des canaux divers et leur impact est examiné, mais le suivi est **limité** ; le Gouvernement prend des mesures pour faciliter les partenariats formels entre prestataires de formation et employeurs à plusieurs niveaux (institutionnels et systémiques) ; des évaluations récentes ont examiné l'impact du financement **à la fois** sur les indicateurs liés à la formation et sur les résultats sur le marché du travail ; les évaluations ont stimulé le dialogue entre les parties prenantes du développement de la main-d'œuvre et **quelques** recommandations ont été mises en œuvre.	est déterminé par le biais d'un processus **systématique** avec la participation des principales parties prenantes ; les programmes en faveur du marché du travail ciblent des populations **diverses** à travers des canaux divers et leur impact est examiné, et ils sont **revus** en conséquence ; le Gouvernement prend des mesures pour faciliter les partenariats formels entre les prestataires de formation et les employeurs à **tous les niveaux** (institutionnels et systémiques) ; des évaluations récentes ont examiné l'impact du financement **sur tout un ensemble** d'indicateurs liés à la formation et de résultats sur le marché du travail ; les évaluations ont stimulé un **vaste** dialogue entre les parties prenantes du développement de la main-d'œuvre et les recommandations **clés** ont été mises en œuvre.

Suite du tableau à la page suivante

147

Objectif stratégique	Niveau de développement			
	Latent	*Émergent*	*Établi*	*Avancé*
G5 : S'assurer d'avoir des normes pertinentes et fiables	Le dialogue stratégique sur les normes de compétence et/ou le cadre national de qualifications se produit **au cas par cas** avec une implication **limitée** des principales parties prenantes ; les normes de compétence n'ont **pas été définies** ; les tests de compétences pour les principales professions sont **principalement basés sur la théorie** et les certificats délivrés ne sont reconnus que par les **employeurs du secteur public** et ont **peu** d'impact sur l'emploi et les salaires ; **aucun système** n'est en place pour établir des normes d'accréditation.	**Quelques** intervenants sont impliqués dans le dialogue stratégique **ad-hoc** sur les normes de compétence et/ou le cadre national de qualifications ; les normes de compétence existent pour **quelques** professions et sont utilisés par **quelques** prestataires de formation dans leurs programmes ; les tests de compétences sont basés sur les compétences pour **quelques** professions, mais pour la plus grande partie sont **principalement basés sur la théorie** ; les certificats sont reconnus par les **employeurs du secteur public et certains du secteur privé**, mais ont un **impact limité** sur l'emploi et les salaires ; l'accréditation des prestataires de formation est supervisée par un **bureau spécialisé** du ministère concerné ; les prestataires privés doivent être accrédités, mais les normes d'accréditation ne sont	**De nombreux** intervenants sont impliqués dans le dialogue stratégique sur les normes de compétence et/ou le cadre national de qualifications par le biais de processus **institutionnalisés** ; les normes de compétence existent pour la **plupart** des professions et sont utilisés par **certains** prestataires de formation dans leurs programmes ; le cadre national de qualification, s'il est en place, couvre **certaines** professions et **toute une gamme** de niveaux de compétence ; les tests de compétences pour la plupart des professions suivent les procédures standard, sont fondées sur les compétences et évaluent **à la fois les connaissances théoriques et les aptitudes pratiques** ; les certificats sont reconnus à la **fois par les employeurs du secteur public et du**	**Tous** les intervenants sont impliqués dans le dialogue stratégique sur les normes de compétence et/ou le cadre national de qualifications par le biais de processus **institutionnalisés** ; les normes de compétence existent pour la **plupart** des professions et sont utilisées par les prestataires de formation dans leurs programmes ; le cadre national de qualification, s'il est en place, couvre **certaines** professions et **toute une gamme** de niveaux de compétence ; les tests de compétences pour la plupart des professions suivent les procédures standard, sont fondées sur les compétences et évaluent **à la fois les connaissances théoriques et les aptitudes pratiques** ; des **protocoles rigoureux**, notamment des **vérifications aléatoires**, permettent d'assurer la crédibilité de la certification ;

Suite du tableau à la page suivante

Objectif stratégique	Niveau de développement			
	Latent	Émergent	Établi	Avancé
		pas **systématiquement annoncées ou appliquées** ; les prestataires bénéficient de **quelques** incitations pour obtenir et conserver leur accréditation.	**secteur privé et peuvent avoir** un impact sur l'emploi et les salaires ; l'accréditation les prestataires de formation est supervisée par une **agence spécialisée** au sein du ministère concerné ; l'agence est responsable de la définition des normes d'accréditation en tenant compte des **contributions des parties prenantes** ; les normes sont examinées **au cas par cas** et sont annoncées ou appliquées dans **une certaine mesure** ; tous les prestataires recevant des fonds publics doivent être accrédités ; les prestataires bénéficient **d'incitations** et d'un **soutien limité** pour obtenir et conserver leur accréditation	les certificats sont **valorisés par la plupart des employeurs** et **améliorent constamment** les perspectives d'emploi et les salaires ; l'accréditation les prestataires de formation est supervisée par une **agence spécialisée** au sein du ministère concerné ; l'agence est responsable de la définition des normes d'accréditation en tenant compte des **contributions des parties prenantes** ; les normes sont revues selon les **protocoles établis** et sont **régulièrement** annoncées et appliquées ; tous les prestataires de formation doivent proposer et recevoir **des incitations et un soutien** pour obtenir et conserver leur accréditation

Suite du tableau à la page suivante

Niveau de développement

Objectif stratégique	Latent	Émergent	Établi	Avancé
G6 : Diversifier les itinéraires pour l'acquisition des compétences	Les élèves de l'enseignement technique et professionnel ont **peu ou pas de possibilités** d'acquérir des compétences formelles au-delà du niveau secondaire et le Gouvernement ne prend **aucune mesure** visant à améliorer la perception de l'EFTP par le grand public ; les certificats pour les programmes techniques et professionnels ne sont **pas reconnus** dans le cadre national de qualifications ; les qualifications certifiées par les ministères hors celui de l'éducation ne sont **pas reconnues** par les programmes officiels relevant du ministère de l'Éducation ; la reconnaissance des acquis ne bénéficie que d'une attention **limitée** ; le Gouvernement fournit **pratiquement aucun soutien** pour la poursuite du développement professionnel et	Les élèves de l'enseignement technique et professionnel ne peuvent évoluer que vers des **programmes à orientation professionnelle non-universitaires** ; le Gouvernement prend des mesures **limitées** pour améliorer la perception du public de l'EFTP (par exemple la diversification des parcours d'apprentissage) ; **certains** certificats de programmes techniques et professionnels sont reconnus dans le cadre national de qualifications ; **peu de** qualifications certifiées par les ministères hors celui de l'éducation sont reconnus par des programmes formels relevant du ministère de l'Éducation ; les décideurs prêtent une **certaine** attention à la reconnaissance des acquis et fournissent au public **quelques**	Les élèves de l'enseignement technique et professionnel peuvent évoluer vers des **programmes à orientation générale et professionnelle, y compris au niveau universitaire** ; le Gouvernement prend **quelques** mesures pour améliorer la perception du public de l'EFTP (par exemple la diversification des filières d'apprentissage et l'amélioration de la qualité des programmes) et examine l'impact de ces efforts **au cas par cas ; la plupart des** certificats pour les programmes techniques et professionnels sont reconnus dans le cadre national de qualifications ; **un grand nombre de** qualifications certifiées par les ministères hors celui de l'éducation sont reconnues par	Les élèves de l'enseignement technique et professionnel peuvent évoluer vers des **programmes à orientation générale et professionnelle, y compris au niveau universitaire** ; le Gouvernement agit de manière **cohérente sur de multiples fronts** pour améliorer la perception de l'EFTP par le public (par exemple la diversification des filières d'apprentissage et l'amélioration de la qualité et de la pertinence des programmes, en s'appuyant sur des campagnes média) et examine et **ajuste régulièrement** ses efforts pour maximiser leur impact ; **la plupart** des certificats pour les programmes techniques et professionnels sont reconnus dans le cadre national de qualifications ; **un grand nombre** de qualifications

Suite du tableau à la page suivante

Objectif stratégique	Niveau de développement			
	Latent	Émergent	Établi	Avancé
	de carrière, ou aux programmes de formation pour les populations défavorisées.	informations sur le sujet ; le Gouvernement offre des services limités pour la poursuite du développement professionnel et de carrière à travers les **centres de services locaux autonomes** qui ne sont **pas intégrés** dans un système ; les programmes de formation pour les populations défavorisées reçoivent un soutien **au cas par cas.**	des programmes formels relevant du ministère de l'Éducation, mais sans que ces qualifications ne puissent donner lieu à une quelconque équivalence ; les décideurs prêtent **une certaine** attention à la reconnaissance des acquis et fournissent au public des informations sur le sujet ; une **association formelle** des parties prenantes prête une attention **spéciale** aux questions d'éducation des adultes ; le Gouvernement offre des services **limités** pour la poursuite du développement professionnel et de carrière, qui sont disponibles à travers un **réseau intégré de centres** ; des programmes de formation pour les populations défavorisées bénéficient d'un soutien **systématique** et leur impact est examiné **au cas par cas.**	certifiées par les ministères hors celui de l'éducation sont reconnues et **peuvent être prises en compte** par les programmes formels relevant du ministère de l'Éducation ; les décideurs prêtent une attention **particulière** à la reconnaissance des acquis et fournissent au public des informations **complètes** sur le sujet ; une **organisation nationale** des parties prenantes **se focalise en particulier** sur les questions d'éducation des adultes ; le Gouvernement propose **une gamme complète de services** pour le développement professionnel et de carrière, **notamment des ressources en ligne,** qui sont disponibles à travers **un réseau intégré de centres** ; des programmes de formation pour les populations défavorisées bénéficient d'un soutien **systématique** avec des **budgets pluriannuels** et leur impact est examiné **régulièrement** et ils sont ajustés en conséquence.

Suite du tableau à la page suivante

Niveau de développement

Objectif stratégique	Latent	Émergent	Établi	Avancé
Dimension fonctionnelle 3 : Prestation de services				
G8 : Encourager la pertinence des programmes de formation du secteur public	**Peu ou pas de tentatives** pour promouvoir la pertinence des programmes de formation du secteur public en encourageant les liens entre les institutions de formation, l'industrie et les institutions de recherche, ou par l'établissement de normes pour le recrutement et la formation des directeurs et formateurs des institutions de formation.	La pertinence de la formation du secteur public est renforcée par des liens **informels** entre **certaines** institutions de formation, l'industrie et les institutions de recherche, notamment par la **contribution** à la conception de normes pour le curriculum et les établissements ; les directeurs et les formateurs sont recrutés selon des **normes académiques minimales** et leurs possibilités de développement professionnel sont **limitées.**	La pertinence de la formation du secteur public est renforcée par des liens **formels** entre **certaines** institutions de formation, l'industrie et des institutions de recherche, ce qui conduit à des collaborations dans **plusieurs** domaines, notamment la conception de normes pour le curriculum et les établissements ; les directeurs et les formateurs sont recrutés selon des **normes académiques et professionnelles minimales** et ont un **bon** accès aux opportunités de développement professionnel.	La pertinence de la formation du secteur public est renforcée par des liens **formels** entre **la plupart** des institutions de formation, l'industrie et des institutions de recherche, ce qui conduit à des collaborations dans **de nombreux** domaines ; les directeurs et les formateurs sont recrutés selon des **normes académiques et professionnelles minimales** et ont un **bon** accès à des opportunités de développement professionnel **diverses,** notamment la possibilité **d'immersion dans l'industrie.**
G9 : Rendre compte des résultats en s'appuyant sur les données	**Pas d'exigences spécifiques** en matière de collecte de données et de rapports, mais les prestataires de formation ont **leurs propres bases de données ;** le Gouvernement **ne mène ni ne soutient** d'enquêtes liées aux compétences ou des évaluations	Les prestataires de formation recueillent des données **administratives et** les transmettent, et il existe des lacunes **importantes** dans le partage de rapports par les prestataires du secteur privé ; **certains** prestataires du secteur	Les prestataires de formation recueillent et transmettent des données **administratives et autres** (par exemple, statistiques de placement, salaires des diplômés) et il existe **quelques** lacunes dans le partage de rapports par les	Les prestataires de formation recueillent et transmettent des données **administratives et autres** (par exemple, statistiques de placement, salaires des diplômés) et il y a **peu** de lacunes dans le partage de rapports par les prestataires

Suite du tableau à la page suivante

Objectif stratégique	Latent	Émergent	Établi	Avancé
	d'impact et utilise rarement les données pour suivre et améliorer les résultats du système.	public publient des rapports annuels et le Gouvernement soutient ou mène **parfois** des enquêtes liées aux compétences ; le Gouvernement **ne consolide pas les données** dans une base de données portant sur l'ensemble du système et utilise principalement des **données administratives** pour contrôler et améliorer les performances du système ; le Gouvernement publie des informations sur les résultats des diplômés sur le marché du travail pour **quelques** programmes de formation.	prestataires du secteur privé ; **la plupart** des prestataires du secteur public publient des rapports annuels internes et le Gouvernement soutient **régulièrement** des enquêtes liées aux compétences ; le Gouvernement consolide les données dans **une base de données commune** et utilise les **données administratives** et les informations provenant des **enquêtes** pour suivre et améliorer les performances du système ; le Gouvernement publie des informations sur les résultats des diplômés sur le marché du travail pour **de nombreux** programmes de formation.	du secteur privé ; **la plupart** des prestataires du secteur public publient des rapports annuels **accessibles au public** le Gouvernement soutient ou mène **régulièrement** des enquêtes liées aux compétences et des évaluations d'impact systématiquement ; le Gouvernement consolide les données dans **une base de données commune et mise à jour** et utilise les **données administratives** ainsi que les informations provenant des **enquêtes et des évaluations d'impact** pour suivre et améliorer les performances du système ; le Gouvernement publie **en ligne** des informations sur les résultats des diplômés sur le marché du travail pour **la plupart** des programmes de formation.

Bibliographie

Tan, Jee-Peng, Kiong Hock Lee, Alexandria Valerio, Joy Yoo-Jeung Nam, 2013, *What Matters in Workforce Development: A Framework and Tool for Analysis. Systems Approach for Better Education (SABER) — Workforce Development (WfD)*, Banque mondiale, Washington, DC.

ANNEXE F

Listes des organisations représentées dans le cadre des consultations avec les jeunes, 26-27 mars 2014

Nº	Organisation
1	Action Vitale pour le développement Durable (AVD)
2	GIC Tsellomar
3	ONG Développement Sans Frontières
4	Initiative de la Jeunesse africaine sur les changements climatiques (AYICC)
5	Association des Familles de Victimes des Accidents de la circulation (AFVAC-CAM)
6	SYNACSU
7	Jeunes Volontaires pour l'Environnement (JVE)
8	Parlement Mondial de la Jeunesse pour l'Eau (PMJE)
9	Association de Jeunes Étudiants Volontaires Humanitaires (AJEVOH)
10	Association de Lutte contre les Violences faites aux femmes (ALVF) (Centre)
11	Agence de Développement de Douala (A2D)
12	Fondation pour le développement de la jeunesse (YDF-Cameroun)
13	Ministère de l'Emploi, de l'éducation Professionnelle et de la Formation (MINEFOP)
14	Chambre de Commerce, d'Industrie, des Mines et de L'Artisanat (CCIMA)
15	Ministère des Mines, de l'Industrie et du Développement Technologie (MINMIDT)
16	Fondation Conseil Jeune (FCJ)
17	Mouvement pour les droits de l'homme et la liberté (HRFM)
18	Association Jeunesse Verte du Cameroun (AJVC)
19	Solidarité Sans Frontière (SSF)
20	TUNZA AFRICA&JYE CAMEROUN
21	Enfants de soleil
22	Fondation Ecolia
23	Le Groupement pour l'Éducation et l'Investissement (GEI)
24	ICES
25	APSAJE
26	Ministère de l'Agriculture et du Développement Rural (DDLC/MINADER)
27	GIC Belomar
28	Réseau des Jeunes pour les forêts d'Afrique Centrale (REJEFAC)

Liste des ministères représentés dans le cadre des consultations avec le Gouvernement, 25 mars 2014

N°	Organisation
1	Ministère des Domaines, du Cadastre et des Affaires Foncières (MINDCAF/DEPC)
2	Ministère de la Jeunesse et de l'Éducation Civique (MINJEC)
3	Ministère de l'Environnement et de la Protection de la Nature (MINEPDED)
4	Ministère de l'Autonomisation des Femmes et de la Famille (MINPROFF)
5	Ministère de l'Enseignement Secondaire (MINESEC)
6	Ministère de l'Élevage, des Pêches et des Industries Animales (MINEPIA)
7	Ministère de l'Agriculture et du Développement Rural (MINADER)
8	Ministère des Petites et Moyennes Entreprises de l'Economie Sociale et de l'Artisanat (MINPMEESA)
9	Ministère de l'Emploi, de l'Éducation professionnelle et de la Formation (IF1/MINEFOP)
10	Ministre du Travail et de la Sécurité Sociale (CT1/MINTSS)
11	Ministère de l'Agriculture et du Développement Rural (MINADER/DEPC/CPIE)
12	Chambre de Commerce, d'Industrie, des Mines et de L'Artisanat (CCIMA)
13	Ministère de l'Emploi, de l'Éducation professionnelle et de la Formation (MINEFOP//DFOP)

Listes des ministères représentés dans le cadre des consultations avec le Gouvernement (12-13 décembre 2013)

N°	Organisation
1	Ministère de l'Autonomisation des Femmes et de la Famille (MINPROFF)
2	Ministère de l'Emploi, de l'éducation Professionnelle et de la Formation (MINEFOP/DRMO)
3	Ministère des Finances (MINFI/DAE)
4	Ministre de la Fonction Publique et de la Réforme Administrative (MINFOPRA/DRPPCE)
5	Ministère de l'Enseignement Secondaire (MINESEC/DPPC)
6	Ministère des Mines, de l'Industrie et du Développement Technologie (MINMIDT/DEPCO)
7	Banque mondiale

Synthèse des consultations menées avec les employés du secteur public

Principaux résultats

Des employés du secteur public ont été interrogés pour identifier les compétences qu'ils utilisaient dans leur emploi actuel, en particulier les compétences linguistiques et en communication écrite (anglais, français, ou anglais et français). Les compétences qui leur manquaient pour être plus performants dans leur emploi étaient particulièrement importantes. Il s'agissait des compétences linguistiques (anglais/français) et d'une formation spécifique à leur discipline. L'enquête a également évalué les obstacles rencontrés par les employés du secteur public lors de la recherche d'emploi. Le principal obstacle cité était les compétences, la faiblesse du marché de l'emploi et l'assistance limitée reçue lors de la recherche d'emploi : 70 pour cent des répondants recevaient peu d'aide ou n'en recevaient aucune.

Les informations recueillies auprès des employés du secteur public ont été collectées lors d'un atelier et concernaient les compétences utilisées par les employés dans le cadre de leur emploi actuel, les compétences qu'ils avaient besoin d'améliorer pour réussir dans leur emploi, les compétences à encourager pour atteindre leurs objectifs de carrière, la formation qu'ils avaient reçue dans le cadre de leurs emplois actuels (le cas échéant), qui avait payé la formation, le type de formation qui serait utile pour leur carrière, les principaux obstacles à la recherche d'emploi et le type d'aide reçue lors de la recherche d'un emploi.

Méthodologie

L'atelier comptait 18 employés du secteur public âgés entre 30 et 60 ans. Les employés ont répondu à 36 questions concernant leur parcours, leur expérience de travail, leur formation, leur futur emploi et leurs caractéristiques démographiques.

Résultats

Profil des employés du secteur public

Quatre-vingt-neuf pour cent des employés du secteur public avaient un diplôme postuniversitaire ou postdoctoral et 83 pour cent auraient payé une éducation postsecondaire si cela les avait aidés à obtenir un autre poste. La totalité avait participé à des stages pendant ou après l'école. La majeure partie (65 pour cent) préféreraient travailler dans le secteur privé en raison des salaires plus élevés.

Emploi actuel

Environ 53 pour cent des employés du secteur public de l'atelier effectuaient des tâches administratives, 29 pour cent un travail d'encadrement et 18 pour cent des tâches techniques. Les deux tiers avaient choisi leurs domaines d'activité en fonction de leur formation. Les employés du secteur public déclaraient avoir un emploi actuel convenable et leur principale motivation pour effectuer leur travail était les possibilités de promotion, l'expérience acquise sur le tas, la sécurité de l'emploi, la formation et le salaire.

Compétences

Les compétences les plus utilisées par les employés du secteur public dans leur emploi actuel étaient la communication écrite, les compétences linguistiques en français et anglais, les connaissances en informatique et le travail d'équipe (graphique H.1). Les principales compétences à améliorer étaient l'anglais et le français (compétences linguistiques), une formation spécifique à leur discipline,

Graphique H.1 Quelles sont les compétences les plus utilisées dans votre emploi actuel ?

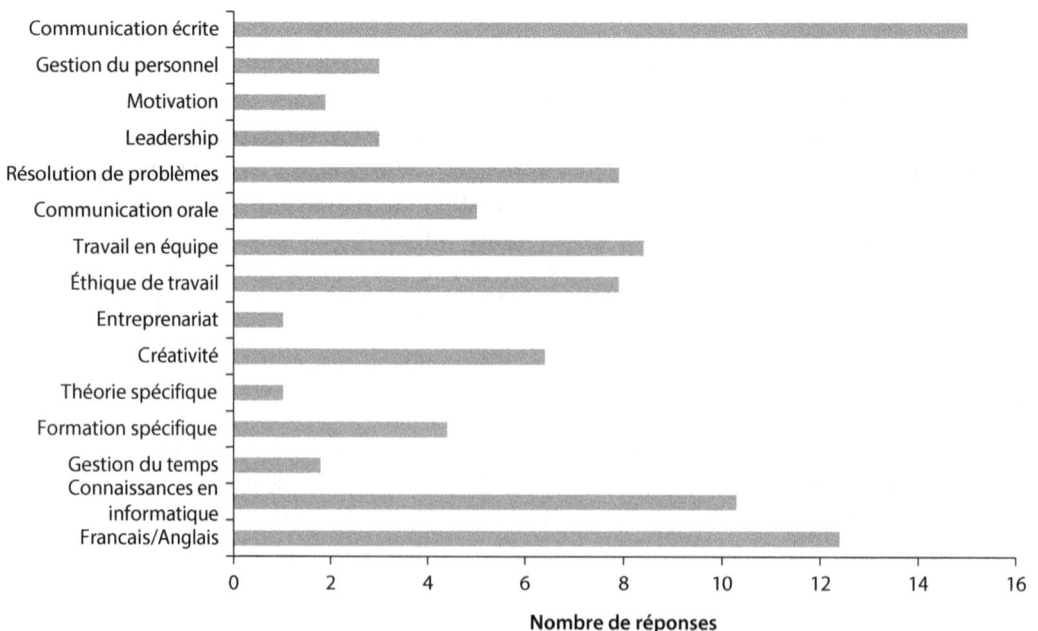

Graphique H.2 Compétences à améliorer pour réussir dans son emploi actuel

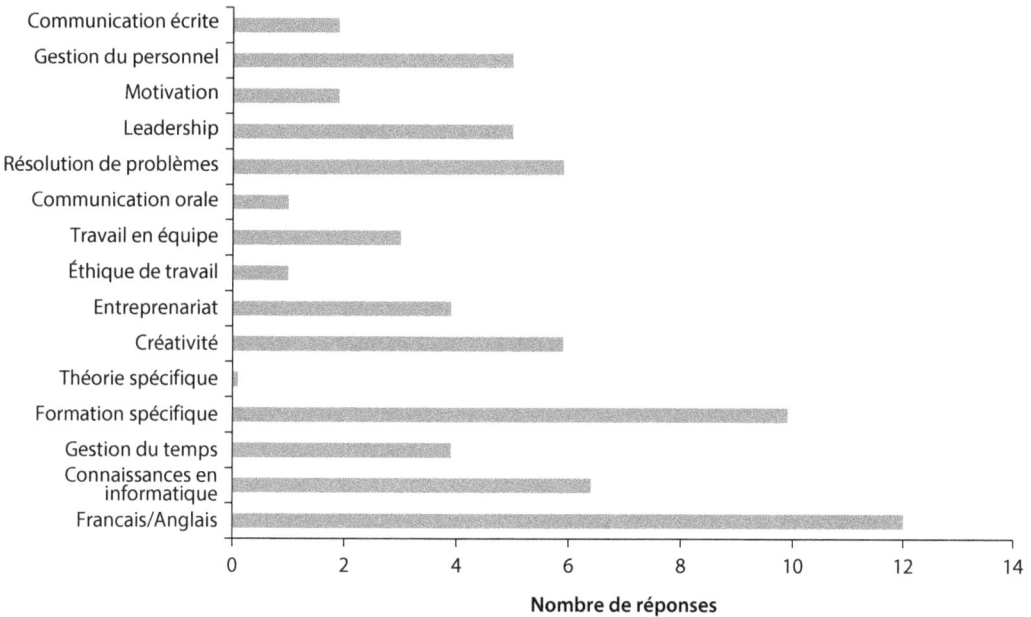

l'informatique et l'encadrement (graphique H.2). Les principales compétences qu'ils auraient aimé améliorer pour atteindre leurs objectifs de carrière étaient l'obtention d'une formation spécifique à leur discipline, l'anglais et le français (compétences linguistiques), la créativité et le leadership (graphique H.3).

Formation et enseignement

Les emplois actuels de 61 pour cent des employés du secteur public offraient une formation continue, notamment une formation administrative en amont pour 31 pour cent d'entre eux et une formation technique pour 26 pour cent. Plus de la moitié des employés du secteur public ayant été consultés s'étaient vus offrir une formation dans l'année écoulée. Pour la plupart d'entre eux, cette formation avait été offerte par un organisme public et avait été soit gratuite, soit payée par l'employé. Le type de formation considérée comme la plus utile pour les employés du secteur public était la formation professionnelle, l'entrepreneuriat pour démarrer leur propre entreprise et l'apprentissage d'une langue étrangère. L'éducation reçue par 67 pour cent des employés du secteur public ne les avait pas suffisamment préparés pour leurs emplois actuels.

Emploi futur

Selon 65 pour cent des employés du secteur public, les principaux obstacles à un futur emploi sont les compétences, l'insuffisance du marché de l'emploi et la situation économique gloable du pays. Les principaux obstacles pour trouver un emploi sont le manque d'emplois disponibles, le manque d'expérience de travail,

Graphique H.3 Compétences à encourager et à améliorer pour atteindre les objectifs de carrière

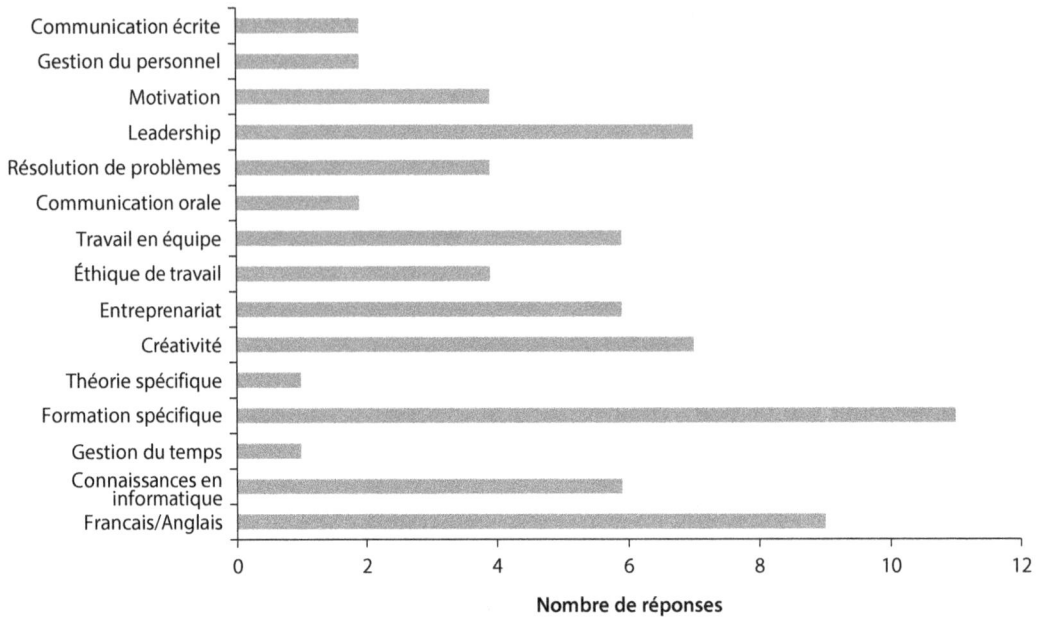

Nombre de réponses

la formation professionnelle inadaptée, la discrimination et les mauvaises conditions de travail dans les emplois disponibles. Soixante-dix pour cent des employés du secteur public ont reçu peu d'aide ou n'ont reçu aucune aide du tout pendant la recherche d'un emploi et 82 pour cent n'ont reçu aucune assistance des services d'aide à l'emploi pendant leur recherche d'emploi, leurs études ou formation, les programmes de placement ou autres.

Synthèse des consultations menées avec les groupes de jeunes

Principaux résultats

L'objectif principal des consultations avec les groupes de jeunes était d'identifier les compétences les plus importantes pour obtenir un emploi, ainsi que les compétences les plus pertinentes aux yeux des jeunes pour obtenir un emploi à l'avenir. Selon les répondants, les compétences linguistiques (anglais/français) étaient les plus importantes pour obtenir un emploi et l'achèvement du cycle universitaire la formation la plus utile. Les jeunes ont exprimé leur préoccupation quant à la situation économique du Cameroun et à ses effets sur leurs possibilités d'emploi futur. Les répondants ont également déclaré qu'il n'y avait pas suffisamment d'emplois sur le marché et que c'était principalement pour cette raison qu'ils étaient au chômage ou ne recherchaient pas d'emploi.

Méthodologie

Les données ont été recueillies à partir des consultations avec divers groupes de jeunes au Cameroun. L'enquête a porté sur 96 personnes âgées de 21 à 50 ans qui comprenaient à la fois les représentants de groupe et leurs membres. Les membres des groupes de jeunes ont été invités à donner leur avis sur 35 questions portant notamment sur leur parcours et leur milieu, leur emploi actuel et leur expérience, leurs compétences, leur formation et études, leur emploi futur, ainsi que leurs caractéristiques démographiques.

Résultats

Profil des jeunes consultés

Trente-trois pour cent des jeunes étaient disponibles pour travailler et recherchaient activement un emploi, 20 pour cent étaient des étudiants, 16 pour cent des travailleurs indépendants et 12 pour cent étaient engagés dans une formation. Plus de la moitié avaient terminé un diplôme postuniversitaire supérieur et

40 pour cent avaient achevé l'université ou une école de formation profession-nelle. Presque tous auraient été prêts à payer une éducation postsecondaire si elle avait pu les aider à obtenir un autre poste à l'avenir et 87 pour cent avaient participé à des stages pendant ou après l'école.

Emploi actuel et expérience

Deux tiers des jeunes interrogés avaient travaillé pendant leurs études et plus de la moitié de ce groupe avaient été payés. La principale motivation pour travailler tout en étudiant était d'acquérir de l'expérience, puis de créer des liens permettant d'obtenir un emploi futur. La plupart des répondants travail-laient dans le secteur privé/informel, les travailleurs indépendants arrivant en seconde position. Trente pour cent effectuent des tâches de niveau profession-nel dans leur emploi actuel, 22 pour cent des tâches d'encadrement et 19 pour cent des tâches techniques.

La plupart des membres des groupes de jeunes consultés avaient décidé de travailler dans les domaines professionnels pour lesquels ils étaient qualifiés. Cependant, beaucoup n'avaient pas pu obtenir l'emploi de leurs rêves. Lorsqu'ils devaient qualifier leur emploi actuel, la plupart des répondants ont parlé « d'emplois de survie », puis « d'emploi décent ». Pour 61 pour cent des jeunes, leur emploi actuel garantissait des opportunités de croissance et pour 14 pour cent la sécurité de l'emploi. Les répondants ont déclaré que leur principale motivation pour occuper leur emploi actuel était d'acquérir de

Graphique I.1 Compétences les plus importantes pour que les jeunes puissent obtenir un emploi

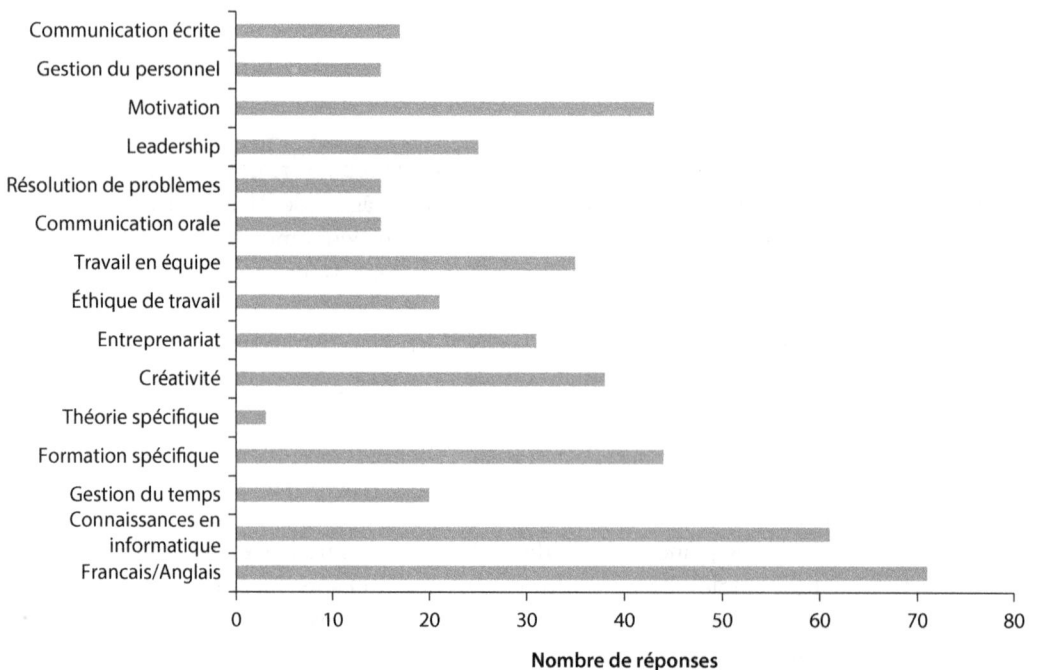

Nombre de réponses

Renforcer les compétences au Cameroun • http://dx.doi.org/10.1596/978-1-4648-0764-0

l'expérience sur le tas, puis le fait d'avoir une formation, la sécurité de l'emploi et la possibilité d'être promu.

Compétences, formation et éducation

Les principales compétences désignées comme les plus importantes pour obtenir un emploi étaient les compétences linguistiques en anglais/français, les connaissances en informatique, une formation spécifique à une discipline, la motivation, la créativité et le travail d'équipe (graphique I.1). Pour deux tiers des répondants, leur éducation les avait préparé à leur emploi actuel. Le type de formation le plus utile pour les jeunes à ce stade était d'être diplômé de l'université, puis la formation professionnelle, la formation en langues étrangères et la formation pour devenir entrepreneur (pour démarrer sa propre entreprise) (graphique I.2).

Emploi futur

Les répondants ont cité la situation économique du Cameroun comme le principal obstacle à des opportunités d'emploi futur, puis les compétences et les insuffisances du marché du travail. Près des deux tiers n'avaient reçu aucune aide, ou peu d'aide, lors de la recherche d'un emploi. Le principal obstacle pour trouver un emploi était le manque d'emplois disponibles sur le marché. Venaient ensuite le manque d'expérience professionnelle, un enseignement général inadapté, les mauvaises conditions de travail et la discrimination. Les principales raisons citées par les répondants qui ne travaillaient pas ou qui étaient à la recherche d'un emploi étaient qu'ils ne répondaient pas aux exigences des employeurs ou n'étaient pas en mesure de trouver un travail convenable.

Graphique I.2 Formation la plus utile pour les jeunes

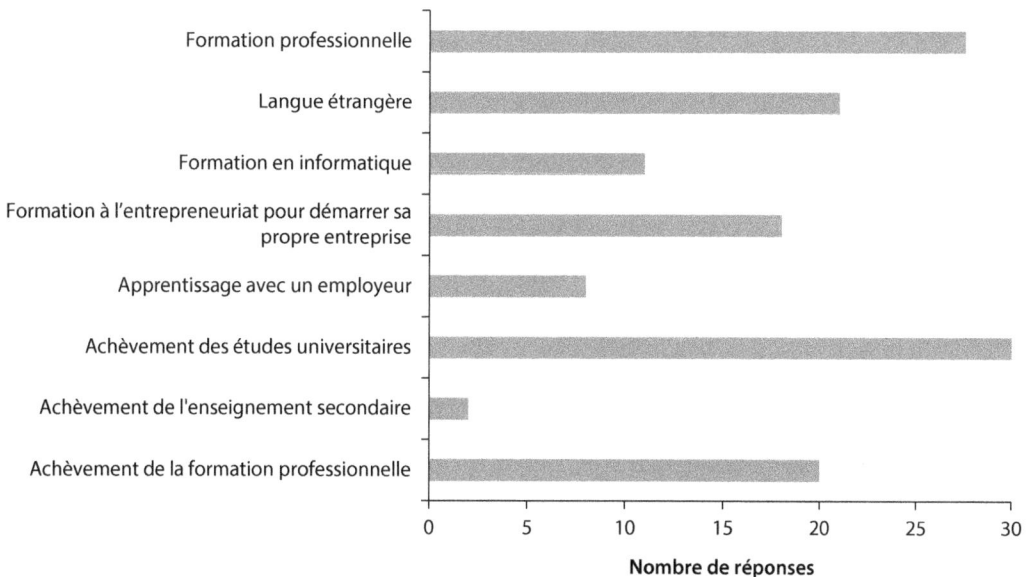

Travail indépendant

Plus de la moitié des répondants étaient des travailleurs indépendants. La principale raison pour laquelle ils avaient choisi ce statut était la plus grande indépendance dans leur travail. De même, un certain nombre de personnes avait choisi d'être indépendantes car elles ne trouvaient pas d'emploi salarié et cherchaient des horaires de travail plus souples. Quarante-trois pour cent des répondants indépendants n'avaient reçu aucune aide et avaient utilisé leurs économies personnelles pour démarrer leur activité. Les deux principaux défis auxquels les jeunes travailleurs indépendants faisaient face étaient les problèmes de connexion à Internet et une formation insuffisante pour les préparer à leur emploi.

Enquête sur les compétences chez les jeunes

Coopération Banque mondiale/ Cameroun Enquête auprès de la Jeunesse	Banque mondiale/Cameroon Cooperation Youth Skills Survey

Disclaimer :
- This survey has a restricted distribution and may be used by recipients only to provide information.
- This survey is not intended for employment. Your response to this survey is voluntary.
- This survey is not authorized for further distribution.
- Please contribute to its effectiveness by responding only once.

Avertissement :
- Ce questionnaire est soumis à politique de restriction dans sa distribution et ne peut être utilisé par les répondants que dans le but de fournir des informations.
- Ce questionnaire n'offre aucune garantie d'emploi. Les réponses sont soumises de façon exclusivement volontaire.
- Ce questionnaire n'est pas autorisé à une distribution ultérieure.
- Veuillez s'il vous plaît contribuer à l'effectivité de cette enquête en ne répondant qu'une seule fois

Directions/Consigne : Please read each question carefully and respond accordingly/: Merci de lire attentivement chacune des questions et d'entourer la lettre correspondant à votre choix

I. Background information/Informations de Base
  1. Current status/Situation actuelle
     a. Employed/Employé
     b. Work for wage/salary w/employer (full or part-time)/Salarié(e) à temps plein ou partiel
     c. Self-employed/own-account worker/travailleur indépendant
     d. Available and actively looking for work/Disponible et activement à la recherche d'un emploi
     e. Engaged in training/En formation
     f. Engaged in home duties/Engagé(e) dans un travail à domicile
     g. Did not work or seek work for other reasons/N'a pas travaillé ou cherché du travail pour d'autres raisons
     h. Student/Étudiant
     i. Just graduated/Jeune diplomé(e)

  2. Most recent educational activity/Activité scolaire la plus récente
     a. I have never studied/Je n'ai jamais été à l'école
     b. I left before graduating from secondary/J'ai arrêté les études sans être diplomé(e) du secondaire

Coopération Banque mondiale/ Cameroun Enquête auprès de la Jeunesse	Banque mondiale/Cameroon Cooperation Youth Skills Survey

c. I have completed primary and secondary/J'ai achevé les cycles primaire et secondaire
d. I have completed primary, secondary, and vocational/J'ai achevé les cycles : primaire secondaire et professionnel
e. I have completed primary, secondary, and university/J'ai achevé les cycles : primaire, secondaire et universitaire
f. I am currently studying/Je suis encore scolarisé(e)
  a. Primary level/Niveau de l'enseignement primaire
  b. Vocational school/En formation professionnelle
  c. Secondary level/Niveau de l'Enseignement secondaire
  d. Higher education level/= Niveau Licence de l'Enseignement supérieur
  e. Post-graduate, post-doctoral level Post-graduate, post-doctoral level/ Niveau Maîtrise, Doctorat ou post-doctorat

3. **What is the highest level of education/training you have attained?/Quel est votre niveau de formation le plus élevé ?**
a. Elementary education/Cycle Primaire et Élémentaire
b. Secondary education/Éducation secondaire
c. Vocational education/Formation professionnelle
d. University/Premier cycle universitaire
e. Post-graduate studies/Second cycle universitaire (Maîtrise, Doctorat, Post-Doctorat)
f. Other/Autre: _____

4. **Would you pay for post-secondary education if it would help you to secure another position?/Investiriez-vous de l'argent dans des études universitaires si cela vous aidait à trouver un nouvel emploi ?**
a. Yes/Oui
b. No/Non

5. **Field of study/Filière d'étude**
a. Education and humanities/Éducation et Sciences humaines
b. Social sciences/Sciences sociales
c. Medicine/Médecine
d. Scientific, technical, and engineering/Science technique, et ingénierie
e. Tourism/Tourisme
f. Other/Autre: _____

Coopération Banque mondiale/ Cameroun Enquête auprès de la Jeunesse	Banque mondiale/Cameroon Cooperation Youth Skills Survey

6. Did you participate in any of the following, post or during school?/Avez-vous pris part aux activités suivantes pendant ou après vos études ?
    a. Internships/Stages
    b. Mentoring/Parainnage
    c. None of the above/Aucun des sus-mentionnés

7. What is the highest level of education/training you hope to attain? Quel le niveau d'étude souhaitez-vous atteindre ?
    a. Elementary education/Formation primaire--
    b. Vocational education/Formation professionnelle : Level/Niveau-------------
    c. Secondary educaiton/Niveau de l'enseignement secondaire------------------
    d. University/Premier Cycle Universitaire : level/Niveau-----------------------
    e. Post-graduate studies/studies : Maîtrise/Doctorat/Post-doctorat------------
    f. Other/Autre: --

II. Employment/Experience professionnelle
8. Did you work while you studied?/Avez-vous travaillé durant vos études ?
    a. Yes/Oui
    b. No/Non

9. If so, was the work paid?/Si oui, cet emploi était-il remunéré ?
    a. Yes/Oui
    b. No/Non

10. What was your primary motivation in working while studying?/Quelle était votre motivation première à combiner travail et études ?
    a. Earn money/Gagner de l'argent ?
    b. Gain experience/Accumuler de l'expérience professionnelle ?
    c. Make connections that could help with future employment/Se constituer un réseau de connaissances nécessaires à un emploi futur ?
    d. Other/Autre: _____

11. In what sector are you currently employed? Dans quel secteur êtes-vous actuellement employé(e) ?
    a. Public sector/Fonction publique
    b. Private/informal sector/Secteur privé/informel
    c. Self-employed/Indépendant
    d. Other/Autre: _____

Coopération Banque mondiale/ Cameroun Enquête auprès de la Jeunesse	Banque mondiale/Cameroon Cooperation Youth Skills Survey

12. **Which of the following describes the type of work you do in your current job?/Comment décririez-vous votre travail actuel ?**
   a. Manual work/Manutention
   b. Clerical work/Assistance
   c. Technical work/Intervention technique
   d. Administrative work/Travail administratif
   e. Managerial work/Coordination
   f. Professionnal work/Travail lié à une formation professionnelle
   g. Other/Autre: _____

13. **Why have you decided to choose this area work?/Qu'est-ce qui vous a poussé à choisir cette profession/ce secteur d'activité ?**
   a. I was qualified because of my education/Mon parcours scolaire
   b. I couldn't get my dream job/Je n'arrivais pas à décrocher l'emploi souhaité
   c. Lack of education/Manque d'éducation
   d. Other/Autre: _____

14. **How would you qualify your current employment?/Comment qualifierez-vous votre emploi actuel ?**
   a. Decent/Acceptable
   b. Dream job/Emploi souhaité
   c. Survival job/emploi de survie
   d. Other/autre: _____

15. **Which of the following does your current job guarantee?/Que vous garantit votre emploi actuel ?**
   a. Job security/Sécurité d'emploi
   b. Growth opportunities/Possibilités d'évolution
   c. Other/Autre: _____

16. **Which of the following motivates you most for your job (please rate your preference)/Qu'est-ce qui vous motive le plus dans votre poste actuel ? Veuillez marquer votre niveau de motivation selon une échelle de 1 à 5**
   1 = Peu ou pas motivé du tout ; 5 = Très motivé
   a. Salary _____ Le salaire
   b. Promotion _____ Possibilité de promotion
   c. Job security _____ Sécurité de l'emploi
   d. Training _____ Opportunité de formation
   e. On the job experience _____ Accumulation de l'expérience professionnelle

Coopération Banque mondiale/ Cameroun Enquête auprès de la Jeunesse	Banque mondiale/Cameroon Cooperation Youth Skills Survey

17. Which of the following skills are most important for securing a job (please select up to 5)?/Lesquelles de ces compétences sont les plus importantes pour garantir un emploi (merci de choisir 5 options tout au plus) ?
   a. English/French/Français- Anglais
   b. Computer literacy/Connaissances en informatique
   c. Time management/Gestion du temps
   d. Discipline specific training/Formation spécifique
   e. Discipline specific theory/Théorie spécifique
   f. Creativity/Créativité
   g. Entrepreneurship/Entreprenariat
   h. Work ethic/Éthique de travail
   i. Teamwork/Travail en équipe
   j. Oral communication/Communication orale
   k. Problem solving/Résolution de problème
   l. Leadership/Leadership
   m. Motivation/Motivation
   n. People management/Gestion du personnel
   o. Written communication/Communication écrite

18. Do you feel your education adequately prepared you for a job?/Avez-vous le sentiment que votre formation vous a préparé de façon adéquate à votre emploi ?
   a. Yes/Oui
   b. No/Non

19. What\do you think could undermine your chances of future employment opportunities?/Qu'est ce qui selon vous pourrait réduire vos chances d'employabilité future ?
   a. Long-term studies/De longues études
   b. Skills and job market inadequacy/Incompatibilité entre les compétences et le marché du travail
   c. Overall economic situation of the country/Situation économique générale
   d. Other/Autres: _____

20. How much help/assistance have you received when looking for a job?/Quel degré d'assistance avez-vous reçu pendant votre recherche d'emploi ?
   a. Little to no help/Peu ou aucune assistance du tout
   b. Some help/Une certaine assistance
   c. A lot of help/Une grande assistance

Coopération Banque mondiale/ Cameroun Enquête auprès de la Jeunesse	Banque mondiale/Cameroon Cooperation Youth Skills Survey

21. **Which of these professions are exciting and fulfilling for you?/Lesquelles des professions ci-dessous jugez-vous passisonnante et enrichissante ?**
    a. Engineer/Ingénieur
    b. Doctor/surgeon/Médecin/Chirurgien
    c. Accountant/Comptable
    d. Financial analyst/Analyste financier
    e. School teacher/Enseignant
    f. IT technician/Informaticien
    g. Web developer/Developpeur site Web
    h. Lodging manager/Agent immobilier
    i. Police officer/Officier de police
    j. Graphic designer/Plasticien
    k. Teacher assistance/Professeur/Maître assistant
    l. Customer service/Service client
    m. Medical assistant/Assistant(e) medical(e)
    n. Desk clerk/reception/Réceptionniste
    o. Secretary/Secrétaire
    p. Fire-fighter/Sapeur pompier
    q. Recruiting specialist/Agent de recrutement
    r. Health care technician/Technicien de la santé
    s. Sales representative/Représentant Commercial
    t. Social worker/Travailleur social
    u. Marketing agent/Commercial
    v. Child care worker/Assistante Maternelle/Puéricultrice
    w. Real estate agent/Agent immobilier
    x. Auto mechanic/Mécanicien
    y. Electrician/Électricien

22. **How much do you expect to earn per month?/Combien vous attendiez-vous à gagner par mois ?**
    a Below/Moins de 75,000 CFA
    b. Between/Entre 75,000 CFA - 175,000 CFA
    c. Between/Entre 175,000 CFA - 250,000 CFA
    d. Above/250,000 CFA et plus

23. **What kind of training do you think would be most helpful for you at this point?/Quelle formation pensez-vous être la plus utile pour vous à votre niveau actuel ?**
    a. Completion of vocational training/Achèvement de la formation professionnelle

Coopération Banque mondiale/ Cameroun Enquête auprès de la Jeunesse	Banque mondiale/Cameroon Cooperation Youth Skills Survey

b. Completion of secondary education/Achèvement des études secondaires
c. Completion of university/Achèvement des études Universitaires
d. Apprenticeship with an employer/Apprentissage chez un employeur
e. Entrepreneurship training to start own business/formation en entrepreneuriat pour se lancer dans les affaires
f. Computer and IT training/Informatique
g. Foreign language/Langue étrangère
h. Professional training/Formation professionnelle

24. **Have you ever received any advice/help/assistance from employment services?/Avez-vous reçu des conseils, de l'aide ou de l'assistance des services d'aide à l'emploi ?**
    a. None/Aucune
    b. Advice on how to search for a job/Conseils relatifs à la recherche d'emploi
    c. Information on vacancies/Information sur des postes vacants
    d. Guidance on education and training opportunities/Orientations sur des opportunités d'étude ou de formation
    e. Placecement in education or training programs/Placement dans une école ou un dans un programme de formation
    f. Other/Autre : ———————————————

25. **What would you say has been an obstacle in finding a job?/Qu'est ce qui selon vous a constitué un obstacle à trouver du travail ?**
    a. No education/Aucune éducation
    b. Unsuitable general education/Éducation générale inadéquate
    c. Unsuitable vocational education/Formation technique inadéquate
    d. No suitable training opportunities/Aucune opportunité de formation adéquate
    e. Requirements for job higher than education/training received/Nécessité d'une éducation de plus haut niveau
    f. No work experience/Aucune expérience professionnelle
    g. Not enough jobs available/Pas assez d'opportunités d'emploi
    h. Considered too young/Considéré comme trop jeune
    i. Being male/female/Genre (Homme/Femme)
    j. Discriminatory prejudices/Discrimination
    k. Low wages in available jobs/Salaire bas pour les positions disponibles
    l. Poor working conditions in available jobs/Mauvaises conditions de travail
    m. Other/Autres : ———————————————

Coopération Banque mondiale/ Cameroun Enquête auprès de la Jeunesse	Banque mondiale/Cameroon Cooperation Youth Skills Survey

26. If you are not currently employed, what has been your main reason for not working or looking for work?/Si vous n'êtes pas actuellement employé(e), quelles sont les principales raisons de votre situation de chercheur d'emploi ou de chômeur ?
    a. Own illness, injury, pregnancy/maladie, accident, grossesse
    b. Personal family responsibilities/Responsabilités familiales
    c. Education leave or training/Arrêt scolaire ou de formation
    d. Arrangements for self-employment to start at later date/préparation pour un travail indépendant à une date ultérieure
    e. Slow hiring period/Période de basse activité pour le recrutement
    f. Belief in no suitable work available (in area of relevance to one's skills, capacities)/Aucun emploi adapté dans le domaine de compétences
    g. Lack employers requirements (qualifications, training, experience, age, etc.)/Ne réponds pas aux critères des Employeurs (qualifications, formation, expérience, âge, etc.)
    h. Could not find suitable work/N'a pas trouvé de travail adapté
    i. Do not know how or where to seek work/Ne sais pas comment et où chercher du travail
    j. Not yet started to seek work/N'a pas encore commencé des recherches d'emploi
    k. No reason given/Pas de raison

III. Self-Employed/Entrepreneurs
27. Why did you choose to be self-employed or an own-account worker rather than work for someone else (as a wage and salaried worker)?/Pourquoi avez-vous choisi d'être à votre compte au lieu de travailler pour une entreprise ou quelqu'un d'autre comme salarié ?
    a. Could not find a wage or salary job/Je n'ai pas trouvé d'emploi salarié
    b. Greater independence as self-employed/own-account worker/Grande indépendance en tant que travailleur indépendant
    c. More flexible hours of work/heures de travail plus souples
    d. Higher income level/revenus plus élevés
    e. Other/autres: _____

28. Do you have anyone helping you in your business/economic activity?/ Recevez--vous une assistance dans votre activité ?
    a. Paid employees/Un salarié
    b. Family members/Un membre de votre famille
    c. No help, working alon/aucune aide, travaille seul(e)

Coopération Banque mondiale/ Cameroun Enquête auprès de la Jeunesse	Banque mondiale/Cameroon Cooperation Youth Skills Survey

29. **Where did you get the money to start your current business?/Comment avez-vous eu l'argent qui vous a permis de demarrer votre affaire personnelle? Comment avez-vous financé votre activité ?**
    a. No money needed/pas eu besoin d'argent
    b. Personal savings/épargnes personnelles
    c. Savings from other family members/Fonds d'appuis reçus de la famille
    d. Loan from family or friends/Prêts effectués auprès de la famille et des amis
    e. Loan from bank or commercial institution/Prêts effectués auprès d'une Banque
    f. Loan from private money lender/Fonds reçus d'un organisme de crédit privé
    g. Loan/assistance from government institution/Prêt reçus d'un organisme gouvernemental
    h. Loan/assistance from NGO, donor project, etc/Prêt reçus d'un organisme non gouvernemental/Projet, etc.
    i. Funds from savings and credit/group/Fonds d'un groupe d'épargnes ou de crédits
    j. Credit from customer/middleman/agent/supplier/Fonds d'un groupe d'épargne ou de crédit
    k. Other sources : Autre sources : _____

30. **What are the two most important problems you face in running your business?/Quels sont les 2 problèmes les plus importants auxquels vous faites face dans la gestion de votre activité ?**
    a. Business information /Information sur l'activité
    b. Marketing services/Services de marketing
    c. Financial services/Services financiers
    d. Accounting/Comptabilité
    e. Legal services/Services juridiques
    f. Counseling/advice/Conseil
    g. Business training/Formation en gestion d'entreprise
    h. Language training/Formation en linguistique Langue
    i. Skills training/Formation professionelle
    j. Internet service/Accès/Service d'accès Internet
    k. Access to technology/Accès au matériel technologique
    l. Product development/Développment de produit
    m. Other/Autre : _____

Coopération Banque mondiale/ Cameroun Enquête auprès de la Jeunesse	Banque mondiale/Cameroon Cooperation Youth Skills Survey

IV. Demographic information/Informations démographiques

31. Age/âge
a. Moins de 20 ans
b. 21-30 ans
c. 31-40ans
d. 41-50 ans
e. 51 ans et plus

32. Sex/Sexe
a. Male/Masculin
b. Female/Féminin

33. Quelle est votre province d'origine?
a. Adamaoua
b. Centre
c. Est
d. Extrême-Nord
e. Littoral
f. Nord
g. Nord-Ouest
h. Ouest
i. Sud
j. Sud-Ouest

34. What is your language of expression?/Quelle est votre langue d'expression ?
a. English/Anglais
b. French/Français

35. What is your marital status?/Quel votre statut d'état civil ?
a. Single – Célibataire
b. Married – Marié (e)
c. Separated – Séparé (e)
d. Widowed – Veuf (ve)
e. Co-habitation – En cohabitation

Solutions de développement des compétences au Vietnam et au Brésil

---

Encadré J.1 Élever le niveau des compétences au Vietnam : Préparer la main-d'œuvre à une économie de marché moderne

L'éducation a beaucoup contribué à faire du Vietnam une réussite en matière de développement au cours des vingt dernières années. La croissance économique rapide du Vietnam dans les années 1990 a été due principalement à l'augmentation de la productivité découlant de changements rapides en matière d'emploi, avec un passage accéléré de l'agriculture à faible productivité aux emplois non agricoles à productivité plus élevée. L'économie du Vietnam a commencé à s'industrialiser et à se moderniser, et la pauvreté à fortement diminuer, ce à quoi l'éducation a contribué.

L'engagement du Vietnam à promouvoir l'accès à l'éducation primaire pour tous et à en assurer la qualité en mettant au centre des normes minimales de qualité, a renforcé sa réputation de pays doté d'une main-d'œuvre jeune et instruite. L'alphabétisation et les aptitudes en calcul chez la main-d'œuvre adulte du Vietnam sont très répandues et encore plus élevées que dans d'autres pays, y compris les pays plus riches. En reconnaissant que les investissements en capital sont l'une des principales sources de la croissance économique, le Vietnam a également compris que rendre la main-d'œuvre plus productive et surmonter les obstacles en matière de compétences afin d'assurer la mobilité de la main-d'œuvre étaient au cœur de la modernisation économique. La modernisation économique implique un changement dans la demande de main-d'œuvre, en passant d'emplois essentiellement manuels et élémentaires à des emplois non manuels demandant plus de compétences, ou en passant d'emplois demandant des tâches routinières à des emplois à tâches non routinières, soit des « anciens » emplois aux « nouveaux » emplois.

Ces « nouveaux » emplois exigent de nouvelles compétences. Malgré les progrès impressionnants réalisés en apprentissage de la lecture et du calcul chez les travailleurs vietnamiens, de nombreuses entreprises vietnamiennes déclarent que la pénurie de travailleurs

Suite de l'encadré page suivante

Encadré J.1   Élever le niveau des compétences au Vietnam : Préparer la main-d'œuvre pour une économie de marché moderne *(suite)*

possédant les compétences appropriées constitue un obstacle important à leur activité. Les employeurs identifient les compétences professionnelles techniques comme les compétences les plus recherchées lors de l'embauche de cols blancs aussi bien que de cols bleus. Les employeurs sont également à la recherche de compétences cognitives et comportementales. Les compétences professionnelles techniques et la capacité à bien travailler en équipe et à résoudre des problèmes sont considérées comme des compétences comportementales et cognitives importantes pour les cols bleus. Les employeurs attendent des cols blancs qu'ils puissent penser de façon critique, résoudre des problèmes et présenter leurs travaux de manière convaincante à leurs clients et collègues.

Les nouveaux emplois au Vietnam exigent que les travailleurs aient de bonnes compétences de base, comme une bonne capacité de lecture. Les travailleurs doivent également avoir des compétences plus avancées qui les aident à s'adapter à l'évolution des demandes du marché du travail. Les investissements ciblés du Vietnam des dernières décennies visant à favoriser l'achèvement des études primaires et à élargir l'accès à tous les niveaux d'éducation ont porté leurs fruits. Ils ont permis d'augmenter la part de la population profitant de l'élargissement des opportunités économiques. Le renforcement du système de développement des compétences est un élément important de la restructuration du Vietnam et permet de s'assurer que la transformation structurelle se déroule rapidement et que le Vietnam réussisse comme pays à revenu intermédiaire.

Les résultats de l'analyse comparative selon le cadre analytique des systèmes d'éducation et de développement de la main-d'œuvre SABER-DMO (SABER *Workforce Development*) indiquent que, dès 2011, le Vietnam avait un système fortement **émergent** de politiques et d'institutions, c'est-à-dire : (i) un cadre stratégique qui clarifie les directions de la demande en main-d'œuvre et établisse des priorités en fonction de la demande et un solide mécanisme de coordination adapté à un pays à revenu intermédiaire ; (ii) un système de contrôle qui offre différentes voies pour acquérir des compétences et assure que des normes pertinentes et fiables soient respectées ; et (iii) dans le domaine de la prestation de services, un système qui favorise la pertinence des programmes de formation et offre des incitatifs à l'excellence dans la prestation de formation. Le Vietnam doit fournir des efforts pour garantir l'efficacité et l'équité des financements et renforcer la nécessité de répondre des résultats.

Source : Banque mondiale, 2012c, 2014b

Encadré J.2 Le programme de développement de la petite enfance au Brésil (PIM)

Le PIM, dirigé par le Département de la Santé, coordonne les efforts déployés par les départements de l'Éducation, de la Culture, de la Justice et du Développement social. La conceptualisation et la mise en œuvre du programme reflètent une profonde reconnaissance de la pertinence et de la complexité du développement de l'enfant et sont pleinement engagées à le promouvoir par le biais d'une meilleure articulation entre les différents secteurs et avec des

Suite de l'encadré page suivante

Encadré J.2 Le programme de développement de la petite enfance au Brésil (PIM) *(suite)*

ressources adéquates. Le programme part du principe que le développement de l'enfant est un processus complexe qui comporte plusieurs aspects : neurologique, affectif, cognitif et social. Il ne peut pas être décontextualisé ; au contraire, l'environnement d'un enfant, la famille et la communauté à laquelle il appartient, doivent jouer un rôle central.

Le PIM s'est fortement inspiré des enseignements tirés du programme cubain « *Educa a Tu Hijo* » (Cuba, ministère de l'Éducation 2002). Programme intersectoriel de développement de la petite enfance (DPE) axé sur la famille, il se définit comme non formel, non institutionnel, à base communautaire et fonctionne sous la tutelle du ministère de l'Éducation à Cuba depuis sa mise en œuvre en 1992-94.

Comme *Educa a Tu Hijo*, le PIM est organisé autour d'une troïka structurelle : *la famille, la collectivité et l'intersectorialité*. La *famille* est considérée comme le groupe humain primaire le plus important dans les premières années de la vie d'un individu. C'est une unité affective de relations, de soins, de protection et d'éducation, qui ne s'établit pas nécessairement à partir des liens du sang ou des liens juridiques. L'importance de la famille devient encore plus critique quand on sait que près de 75,28 pour cent de la population âgée de 0 à 6 ans n'a pas accès aux services d'éducation de la petite enfance à Rio Grande do Sul (IBGE 2007 ; ministère de l'Éducation/INEP 2007). Le programme considère *la communauté* comme un espace central ouvrant à des possibilités et donnant accès à des ressources humaines, matérielles et institutionnelles. Ses coutumes, traditions et productions culturelles sont des éléments-clés pour l'éducation, la santé et le développement des enfants. *L'intersectorialité* est considérée comme un élément-clé du succès du PIM. L'intégration du programme dans les départements gouvernementaux de la santé, de l'éducation, des services sociaux et de la culture, ainsi que le plein engagement des administrateurs dans tous les domaines, contribuent progressivement à faire du PIM une réalité non seulement atteignable, mais également de plus en plus prometteuse. En outre, l'articulation du programme avec les secteurs secondaires et tertiaires a également conduit à produire des résultats positifs.

Le PIM offre aux familles bénéficiaires deux modalités de prise en charge : *individuelle* et *de groupe*, complétées par une approche communautaire. Toutes les activités d'orientation des parents et de stimulation des enfants sont planifiées et exécutées de façon ludique, adaptée à l'âge des enfants et/ou aux stades de grossesse des femmes et prennent en compte les dimensions de développement ciblées par le programme, son cadre théorique, ainsi que le contexte local et les aspects culturels.

La *modalité de prise en charge individuelle* est conçue pour les familles ayant des enfants âgés de 0 à 2 ans et 11 mois et les femmes enceintes bénéficiant du programme. Les enfants sont vus une fois par semaine et les femmes enceintes une fois toutes les deux semaines lors de visites à domicile d'une durée d'environ 1 heure. Chaque visite comporte trois étapes distinctes : une révision de la visite précédente et une présentation du sujet du jour (au cours de laquelle le visiteur familial explique les avantages des activités proposées pour les divers aspects du développement de l'enfant et/ou de la relation entre la mère et le bébé) ; l'activité réelle, observée et soutenue par le visiteur familial ; et l'étape d'évaluation finale.

Suite de l'encadré page suivante

Encadré J.2 Le programme de développement de la petite enfance au Brésil (PIM) *(suite)*

Le *modalité de prise en charge de groupe* est conçue pour les familles ayant des enfants âgés de 3 à 6 ans et/ou les femmes enceintes, sur la base de des rendez-vous hebdomadaires et mensuels. Les réunions peuvent se produire dans des centres communautaires, des salles paroissiales, des parcs et des maisons assez grandes pour accueillir tous les participants et organiser des jeux et des activités éducatives et ludiques prévues par les visiteurs familiaux sous la supervision de l'équipe de coordination technique du PIM. L'objectif principal de la modalité de groupe pour les femmes enceintes est de fournir des informations pertinentes sur des sujets tels que l'accouchement et l'importance de l'allaitement maternel, ainsi que de promouvoir la socialisation et l'échange d'expériences.

Une fois que le programme consolidé et son effacité prouvée, une loi d'État a été adoptée – la Loi d'État n° 12544 – afin de garantir la continuité des investissements dans la petite enfance au niveau local. Cette loi fait du PIM une politique publique qui vise à promouvoir le développement holistique des enfants de la grossesse jusqu'à l'âge de six ans comme complément aux actions de la famille et de la communauté.

Source : Schneider et autres, 2009.

Bibliographie

Banque mondiale, 2012c, *SABER Workforce Development Country Report: Vietnam 2012. Systems Approach for Better Education Results*, Banque mondiale, Washington, DC.

Banque mondiale, 2014b, *Skilling Up Vietnam: Preparing the Workforce for a Modern Market Economy*, Vietnam Development Report 2014, Banque mondiale, Washington, DC.

Institut brésilient de géographie et de statistiques, 2006, *Pesquisa Nactional por Amostra de Domicílios (National Household Survey)* — PNAD, Schneider et al. 2009.

Ministère de l'Enseignement, Cuba, 2002, *Educa a tuhijo (Educate your Child)*, Havana, MINED, Fonds des Nations Unies pour l'enfance (UNICEF), Latin American Reference Center for Preschool Education (CELEP), Schneider et al, 2009.

Ministère de l'Enseignement & National Institute of Education Studies, Anisio, Teixeira, Brésil, 2007, *Censo escolar: sinopse estatística da educação básica (School census: statistical synopsis of basic education)*, Brasília : MEC/INEP, Schneider et al. 2009.

Schneider, Alessandra, Vera Regina Ramires, Maria da Graça Gomes Paiva et Leila Almeida. 2009, *The Better Early Childhood Development Program: An Innovative Brazilian Public Policy*, Organisation des Nations Unies pour l'éducation, la science et la culture, Paris.

Synthèse des activités liées à l'emploi et destinées à améliorer la productivité[1]

Introduction

Dix-sept ministères sont impliqués dans la création d'emplois et l'amélioration de la productivité au Cameroun (encadré K.1). Quatre ministères se concentrent sur l'éducation formelle de la population générale et sur le développement de la main-d'œuvre. Neuf mettent l'accent sur la promotion de l'emploi, dont l'emploi informel et quatre sur le développement des compétences de la « seconde chance » pour les personnes vulnérables et les exclus. Le Fonds National de l'Emploi (FNE) est la principale agence d'exécution de la politique nationale de l'emploi. Chacun de ces organismes gère plusieurs programmes. Par exemple, le ministère de l'Agriculture et du Développement rural exécute 17 programmes.

De nombreux programmes – même au sein de la même agence – ont des objectifs similaires. Ce chevauchement conduit à adopter une approche non ciblée en matière d'emploi, qui conduit au saupoudrage des efforts et ressources financières. Quatre ministères sont impliqués dans la prestation de l'éducation et de la formation professionnelle, ce qui complique la capacité du Gouvernement à mener une approche sectorielle, globale et cohérente.

Comme d'autres pays, le Cameroun a établi une relation avec sept partenaires traditionnels fournissant un soutien pour la création d'emplois et la productivité, notamment :

- La Banque africaine de développement (BAD)
- L'Union européenne (UE)
- L'organisation pour l'alimentation et l'agriculture (FAO)
- L'Agence française de développement (AFD)

Encadré K.1 Ministères impliqués dans les activités relatives à l'emploi et à l'amélioration de la productivité

Ministères impliqués dans l'éducation formelle de la population générale et de la main d'œuvre
- Ministère de l'Enseignement primaire (MINEDUB)
- Ministère de l'Enseignement secondaire (MINESEC)
- Ministère de l'Enseignement supérieur (MINESUP)
- Ministère de l'Emploi et de la Formation professionnelle (MINEFOP)*

Ministères impliqués dans la promotion de l'emploi, y compris l'emploi dans le secteur informel
- Ministère de l'Emploi et de la Formation professionnelle (MINEFOP)*
- Ministère de la Jeunesse (MINJEUN)
- Ministère du Travail et de la Sécurité Sociale (MINTSS)
- Ministère de la Promotion de la femme et de la famille (MINPROFF)**
- Ministère de l'Agriculture et du Développement rural (MINADER)
- Ministère du Développement urbain et de l'Habitat (MINDUH)
- Ministère des Petites et moyennes entreprises, de l'Économie sociale et de l'Artisanat (MINPRMESA)
- Ministère de l'Industrie, des Mines et du Développement technologique (MINIMIDT)
- Ministère de l'Élevage, des pêches et des industries animales (MINEPIA)

Ministères impliqués dans les « secondes chances » pour les populations vulnérables et exclues
- Ministère des Affaires sociales (MINAS)
- Ministère de la Promotion de la femme et de la famille (MINPROFF)
- Ministère de l'Emploi et de la Formation professionnelle (MINEFOP)
- Ministère des Petites et moyennes entreprises, de l'Économie sociale et de l'Artisanat (MINPRMESA)

- Le Fonds international de développement agricole (FIDA)
- L'Agence japonaise de coopération internationale (JICA)
- Le Groupe de la Banque mondiale (GBM), dont la Société financière internationale (SFI)

Le manque de coordination pourrait être une source de préoccupation, des programmes similaires étant gérés par différents bailleurs de fonds. L'AFD, par exemple, gère le Programme d'Appui à la Compétitivité des Exploitations Agricoles, tandis que l'UE s'occupe du Programme d'Amélioration de la Productivité Agricole. Les deux programmes couvrent les zones similaires et comprennent des interventions similaires[2].

Ciblage explicite et limité du secteur informel

À l'exception du Programme intégré d'appui aux acteurs du secteur informel (PIAASI), le secteur informel n'a pas fait l'objet d'un programme explicite bien qu'il fournisse un nombre important d'emplois. Le Gouvernement semble avoir préféré traiter ce secteur à travers des programmes portant sur des questions qui lui étaient étroitement liées plutôt que d'agir directement sur les contraintes qu'il rencontre. En outre, les efforts semblent avoir été portés sur les moyens de détourner les travailleurs du secteur informel, même si les résultats de l'enquête indiquent que la plupart d'entre eux sont satisfaits de la plus grande souplesse qu'il procure. En outre, alors que l'enquête a permis de révéler diverses interventions locales dont l'objectif est de faciliter les entreprises informelles non agricoles, de nombreuses municipalités tentent toujours de contenir ou de réprimer ces activités.

Même lorsqu'un programme vise explicitement le secteur informel, comme avec le PIAASI, les résultats sont mitigés. Lancé en 2005, le programme a pour objectif de faciliter la migration du secteur informel vers le secteur formel. La priorité a été placée sur les jeunes et les femmes et les principaux objectifs étaient (i) d'organiser des activités en groupes professionnels, (ii) d'offrir des formations et (iii) une assistance financière. Le programme a tenté d'atteindre autant de personnes que possible, a été déployé dans toutes les régions et a couvert toutes les activités, sans ciblage approprié. Par conséquent, le programme s'est rapidement retrouvé débordé. Incapable de traiter les spécificités de chaque activité, le portefeuille du programme est resté principalement urbain. Les ressources financières ont été saupoudrées et n'ont pas fourni d'incitation suffisante pour que les opérateurs rejoignent le secteur formel. L'augmentation des investissements était limitée. En outre, le taux de remboursement des prêts était faible (40 pour cent).

Implication de la Banque dans le secteur formel

La Banque mondiale s'est majoritairement tournée vers le secteur formel (tableau K.1). En termes de couverture par institution, les projets du Gouvernement en faveur de l'emploi concernent principalement le secteur agricole (18 projets), le secteur non agricole informel (18) et la jeunesse (13 projets). De même, la majorité des projets impliquant des partenaires techniques et financiers en dehors du Groupe de la Banque mondiale se rapportent au secteur agricole (10 projets), au secteur non agricole informel (trois projets), à la jeunesse (deux projets) et aux femmes (un projet). À l'opposé, la plupart des activités du Groupe de la Banque mondiale relevant de l'emploi ont trait au secteur formel (19 projets), la Banque mondiale soutenant également, dans une moindre mesure, le secteur agricole (un projet) et la SFI le secteur informel non agricole (trois activités).

Tableau K.1 Couverture des programmes et projets liés à l'emploi par le Gouvernement et les partenaires techniques et financiers

Domaine	Gouvernement	Partenaires techniques et financiers	Banque mondiale/Société financière internationale
Secteur formel	0	0	14/5
Secteur agricole	18	10	1/0
Secteur informel :			
Entreprises familiales	0	0	0/0
Autres entreprises	18	3	0/3
Emploi des jeunes	13	2	0/0
Emploi des femmes	0	1	0/0

Notes

1. Annexe tirée d'Ames et Godang (2012).

2. Plusieurs groupes privés, non gouvernementaux ou religieux, ont été impliqués dans des activités liées à l'emploi. Cependant, c'était pour la plupart de petites interventions, qui, par conséquent, ne rentrent pas dans le cadre de la présente enquête.

Bibliographie

Ames et Godang, 2012, « Employment in Cameroon: Stock Take of Studies and Programs, Assessment of Existing Gaps and Opportunities and Proposed Next Steps », Banque mondiale, Washington, DC.

Plans et initiatives d'encouragement de l'emploi et de la formation dans le secteur formel au Cameroun

Gouvernement

Prestataire	Type de formation/intervention d'encouragement à l'emploi	Groupes cibles/Marché du travail cible	Qualifications obtenues	Connaissances sur la pertinence/l'efficacité
Centre Multifonctionnel de Promotion de la Jeunesse (MINJEUN-MINEFOP/CMPJ)	Soutien et assistance Conseil	Jeunes	Certificat de Qualification Professionnelle (CQP) en mise en œuvre de projet	72 centres opérationnels 1 500 jeunes en formation
MINJEUN-MINEFOP/Programme de Parrainage des Micro-Entreprises (MICROPAR)	Soutien technique Financement	Chefs de petites entreprises Entrepreneurs Jeunes	Transfert de compétences	
MINADER Division de l'Enseignement Agricole Coopératif et Communautaire (DEFACC)-Centres Régionaux d'Agriculture (CRA)/Écoles Techniques d'Agriculture (ETA)	Renforcement des compétences en agriculture Formation continue en exploitation forestière	Jeunes sans emploi	CQP in Exploitation forestière/Agriculture	1 000 personnes formées en 2009
MINADER-Centres de Formation Rurale (CFR)	Exploitation forestière Agriculture	Opérateurs forestiers Spécialistes agricoles	CQP en agriculture	
MINADER-École pour la Formation des Spécialistes en Aménagement Rural (EFSEAR)	Infrastructures, gestion des ressources hydrauliques, matériel rural	Étudiants en faculté	CQP en gestion des ressources naturelles	
MINADER-Programme d'Appui à l'Insertion des Jeunes en Agriculture (PAIJA)	Renforcement des compétences	Jeunes propriétaires terriens		
MINESUP-École de Géologie et d'Exploitation Minière (EGEM)	Exploitation minière	Étudiants Professionnels	Reconnaissance de l'enseignement supérieur en exploitation minière	École réputée
MINESUP-Institut Universitaire et Technologique-Bois (IUT-Bois)	Travail du bois	Diplômés	Certificat de formation professionnelle spécialisée	École qui fonctionne bien
MINESEC : Section Artisanale et Rurale (SAR)/Section Ménagère (SM)	Alphabétisation fonctionnelle Formation professionnelle	Analphabètes Élèves qui abandonnent/ont achevé l'école primaire Élèves qui abandonnent/ont achevé le secondaire	CQP dans une formation choisie	

Suite du tableau page suivante

Prestataire	Type de formation/ intervention d'encouragement à l'emploi	Groupes cibles/Marché du travail cible	Qualifications obtenues	Connaissances sur la pertinence/l'efficacité
MINJEUN/MINEFOP (FNE-Programme d'appui à la Jeunesse Rurale et Urbaine (PAJERU)	Placement Conseil Financement de projet	Jeunes défavorisés, entre 15 et 35 ans	Préparation à l'emploi	2 390 projets financés
MINEFOP (FNE-Programme Retraite Emploi Jeune (PREJ)	Transfert de compétences	Jeunes Futurs retraités	Formation sur-le-tas	
MINEFOP	Menuiserie Boiseries	Jeunes Diplômés Professionnels	Reconnaissance pertinente de la formation professionnelle	4 500 étudiants en 2010
MINEFOP-Centre de Formation Professionnelle des Mines (CFPM)	Exploitation minière	Chômeurs Jeunes Professionnels	CQP in Exploitation minière	
MINEFOP-FNE-Programme d'Appui aux Emplois Des Ruraux (PADER)	Formation et placement Financement de projet	Jeunes in rural areas	Travail indépendant Qualification	3 600 personnes formées et travailleurs indépendants
MINFOF-École Nationale des Eaux et Forêts (ENEF)	Ingénieurs agronomes Gestionnaires forestiers Opérateurs forestiers	Professionnels Diplômés	Certificat de spécialisation en exploitation forestière	École réputée
Programme Emploi Diplômé (PED)	Placement en stage	Jeunes Entreprises locales	Formation sur le tas	1 000 jeunes inscrits en 2010
MINJEUN-Service Civique National de Participation au Développement (SCNPD)	Conception, suivi et gestion de projet	Jeunes	CQP en conception/mise en œuvre de projet	6 000 jeunes formés Financement de 129 000 FCFA pour chaque projet
MINPMEESA-Groupement Interprofessionnel des Artisans (GIPA)	Renforcement des compétences des entrepreneurs Apprentissage	Artisans	CQP en artisanat	

Suite du tableau page suivante

Prestataire	Type de formation/ intervention d'encouragement à l'emploi	Groupes cibles/Marché du travail cible	Qualifications obtenues	Connaissances sur la pertinence/l'efficacité
Partenariats				
MINEFOP- Centres de Formation Professionnelle d'Excellence (CFPE) du Gouvernement de Corée du Sud	Formation technique avancée (électricité, mécanique automobile, menuiserie, design, etc.)	Jeunes (sans emploi et diplômés)	CQP dans une discipline choisie	Centres de formation dans un processus de construction
MINEFOP-AFD Centres de Formation Professionnelle Sectorielle (CFPS)	Formation initiale et continue dans la maintenance industrielle, la transformation des aliments, le transport et la logistique	Chômeurs Diplômés	CQP dans des domaines pertinents	Centres de formation fonctionnels
MINADER-MINEPIA-AFD (AFOP1&2)	Agriculture Elevage	Jeunes diplômés du secondaire	CQP en agriculture	42 centres publics opérationnels Plus de 2 260 élèves de post primaire et 441 diplômés du secondaire formés
AFD-GICAM Centre de Formation aux Métiers (CFM)	Agroalimentaire, renforcement des compétences, construction, électricité, comptabilité et informatique.	Demandeurs d'emploi Professionnels du secteur privé Jeunes Propriétaires d'entreprise	CQP dans l'agroalimentaire	Programme continu
Partenaires scientifiques et financiers				
Coopération française-Pôle d'Appui à la Professionnalisation de l'Enseignement Supérieur en Afrique Centrale (PAPESAC)	Renforcement des compétences Enseignement supérieur Soutien des établissements de formation et des universités	Gouvernement Administrateurs universitaires Professeurs d'université Chercheurs Étudiants	Gestion de programme	Programme continu
AFD-Accompagnement du Risque Financier (ARIZ)	Entreprenariat	Institutions de micro-finance		322 sociétés assistées en 2012
CONFEJS - FIJ	Travail indépendant	Jeunes (de moins de 30 ans)		37 jeunes formés en 2012

Suite du tableau page suivante

Prestataire	Type de formation/ intervention d'encouragement à l'emploi	Groupes cibles/Marché du travail cible	Qualifications obtenues	Connaissances sur la pertinence/l'efficacité
UNESCO- Pôle d'Excellence Technologique (PETU)	Technologie Recherche Ingénierie	Diplômés de l'enseignement supérieur Boursiers Chercheurs Professionnels	Master Doctorat dans les domaines pertinents	Institutions fonctionnant sous la surveillance du MINESUP De renommée internationale
La Banque mondiale- Centres d'Excellence africains (ACE)	Recherche ICT STEM	Diplômés de l'enseignement supérieur Boursiers Chercheurs Professionnels	Master Doctorat dans les domaines pertinents	Institutions opérationnelles
Investisseurs privés				
Société Nationale d'Électricité (AES-SONEL)/Group 4 (Securicor G4S)	Sécurité	Jeunes (riverains)	(CQP) Security agent qualification	500 jeunes recrutés et formés
AES-SONEL/SCADA	Formation et placement Contrôle, supervision	Riverains	Renforcement des compétences dans le domaine de l'électricité	40 personnes recrutées dans la communauté
AES-SONEL/ T-Line Watchers	Formation et placement Surveillance	Riverains	Renforcement des compétences dans le domaine de l'électricité	108 observateurs recrutés (venant de 54 villages) en 2012 550 lignes-T sécurisées

Note: le secteur formel est défini comme le secteur qui assure un emploi et un salaire aux employés.

Plan d'action proposé

Objectif en matière de politiques	Domaines/problèmes/constats relatifs au développement de la main-d'œuvre	Orientations stratégiques des réformes et des mesures relatives aux politiques	Responsabilité	Délais
1. Définir une orientation stratégique				
Dimension fonctionnelle 1 Cadre stratégique		**Principe d'optimisation : Défendre de manière durable le DMO au plus haut niveau**		
		Thème n° 1. Plaidoyer pour le DMO afin de soutenir le développement économique		
	Certains **défenseurs visibles préconisent le DMO** pour soutenir le développement économique de manière ponctuelle et limitée. Ils ont pris pour cela certaines mesures afin d'adapter le cadre réglementaire du DMO. La mise en œuvre de ces ajustements n'est toutefois pas systématiquement contrôlée. En effet, sur la base de plusieurs sources de données, le Gouvernement et les autres parties prenantes du DMO ne semblent mener des évaluations régulières des perspectives économiques et de leurs implications en matière de compétences pour le pays que pour les principaux secteurs de croissance. Or, ce faisant, ils n'évaluent pas les implications des compétences fondamentales (lecture, écriture et calcul) et des compétences cognitives et non cognitives, qui sont des conditions nécessaires, mais non suffisantes.	Les chefs de gouvernement **fournissent un plaidoyer soutenu au DMO** avec l'appui de dirigeants autres que des gouvernements. Ils collaborent sur le programme des politiques du DMO pour certains secteurs économiques choisis. Plaider pour le développement de la main-d'œuvre en le présentant comme une priorité pour la croissance économique : rassembler les secteurs stratégiques qui contribuent ou ont le potentiel de contribuer à la croissance, énoncer les critères systématiques axés sur la demande, établir les rôles et les responsabilités dans le cadre d'une coordination bien définie, et renforcer les capacités des personnes chargées du plaidoyer	PRIMATURE et Secrétariat du MINEPAT	Court terme
	Absence de **défenseurs actifs** ayant une vision claire de la façon dont le DMO pourrait aider à atteindre les objectifs sociaux et économiques du pays. Aucun élément n'est là pour démontrer que le Gouvernement prend des mesures pour améliorer la perception de l'EFTP par le public	Adopter des communications stratégiques qui évoquent l'importance du développement de la main-d'œuvre pour la compétitivité et la croissance économique	Groupe de pilotage interministériel du Cameroun pour le DMO dont les membres sont le MINFI, le MINEPAT, le MINEFOP, le MINESUP, le GICAM, le MINEJEUN, l'INS, les comités/ conseils pour les compétences sectorielles, l'Association des acteurs des secteurs informels, des représentants de groupes de jeunes, les partenaires techniques et financiers qui se concentrent sur l'éducation et la formation et le développement des compétences, le CIEP, le Secrétariat technique, le Comité de suivi technique de la mise en œuvre du DSCE (CTSE), le MINESEC et le MINADER	Court terme puis de façon continue

suite du tableau page suivante

Objectif en matière de politiques	Domaines/problèmes/constats relatifs au développement de la main-d'œuvre	Orientations stratégiques des réformes et des mesures relatives aux politiques	Responsabilité	Délais
		Thème n° 2. Priorités stratégiques et décisions des défenseurs du DMO		
	Le DSCE du Cameroun constitue un fondement et une orientation pour le développement de la main-d'œuvre	Élaborer un programme et un mécanisme stratégiques pour développer la main-d'œuvre de manière inclusive, évaluer les perspectives économiques et leurs implications en matière de compétences et commander des études sur les perspectives économiques du pays dans le cadre du DSCE, ainsi qu'une évaluation claire de ce que ces perspectives impliquent en matière de compétences	Groupes de travail du Groupe de pilotage interministériel du Cameroun pour le DMO, INS, partenaires techniques et financiers, CIEP, CTSE, MINEFOP et MINTSS	Court terme, puis périodique et régulier
	Les défenseurs du DMO ont pris des mesures particulières concernant les priorités stratégiques du DMO à travers certaines interventions, mais aucune disposition n'existe pour surveiller et examiner les progrès de la mise en œuvre.	Effectuer un suivi et un examen systématique des progrès de la mise en œuvre dans les secteurs à la fois public et privé en établissant une distinction claire à la ligne budgétaire 6187 (stage de formation stockage)		
2. Favoriser une approche axée sur la demande				
Dimension fonctionnelle 1 Cadre stratégique		**Principe de la spécialisation versus la généralisation : Clarifier la demande en compétences et les domaines de contraintes importantes – promouvoir une approche axée sur la demande**		
		Thème n° 3. Évaluation globale des perspectives économiques et de leurs implications en matière de compétences		

suite du tableau page suivante

Objectif en matière de politiques	Domaines/problèmes/constats relatifs au développement de la main-d'œuvre	Orientations stratégiques des réformes et des mesures relatives aux politiques	Responsabilité	Délais
	Orientation stratégique *insuffisante* pour que le DMO puisse être axé sur la demande et être bien coordonné. Certains éléments indiquent que le Gouvernement offre des incitatifs pour développer les compétences et mettre à niveau les employés dans les secteurs formel et informel, mais ces éléments ne sont pas assez nombreux pour confirmer la nature de ces programmes et s'ils sont mis en œuvre ou non.	Afin d'améliorer le développement de la main-d'œuvre axé sur la demande, mener des enquêtes et des études de marché régulières sur le marché du travail afin d'examiner et d'évaluer la demande en compétences, et d'*établir* et *élaborer* un système d'information du marché du travail (SIGT)	Groupe de pilotage interministériel du Cameroun pour le DMO, INS, partenaires techniques et financiers, *MINEFOP*	Moyen terme, puis périodique et régulier
	Bien que les programmes d'incitation pour encourager la mise à niveau des compétences par les employeurs semblent exister, on ne sait pas en quoi ils consistent et si leur effet est examiné.	Effectuer des examens réguliers et évaluer l'impact des programmes de mise à niveau des compétences par les employeurs		
		Inciter les employeurs à établir des priorités en matière de DMO et à améliorer la mise à niveau des compétences des travailleurs		
	Les employeurs semblent avoir un espace formel et institutionnalisé pour participer au dialogue politique du CbF. Il n'est toutefois pas clair si ce mécanisme est actuellement actif et opérationnel et si les discussions relatives au DMO ont lieu dans ce contexte.	Inciter les employeurs à établir des priorités en matière de DMO et à améliorer la mise à niveau des compétences des travailleurs ; renforcer la demande des entreprises en matière de compétences pour améliorer la productivité grâce à la participation active des employeurs qui passent par la plate-forme du CbF pour le dialogue relatif aux politiques	Groupe de pilotage interministériel du Cameroun pour le DMO	Continu
		Principe d'adéquation : Remédier aux principales difficultés concernant l'offre de compétences		
		Thème n° 4. Principaux obstacles en matière de compétences dans les secteurs économiques prioritaires		

suite du tableau page suivante

suite du tableau page suivante

Objectif en matière de politiques	Domaines/problèmes/constats relatifs au développement de la main-d'œuvre	Orientations stratégiques des réformes et des mesures relatives aux politiques	Responsabilité	Délais
	Évaluation systématique *insuffisante* (suivi et évaluation) des compétences fondamentales (lecture, écriture et calcul) et des compétences cognitives et non cognitives qui sont des conditions nécessaires pour le développement de la main-d'œuvre, la diffusion des résultats et les programmes ciblés pour les groupes défavorisés et vulnérables (filles, femmes, enfants handicapés)	Améliorer l'accès à chacun de ces domaines, ainsi que leur qualité et leur suivi :		
		Compétences de base – développement de la petite enfance (DPE) ; ECCD	MINEDUB, partenaires techniques et financiers	Moyen, puis long terme
		Compétences formatrices : maîtrise de la lecture, de l'écriture et du calcul	MINEDUB, MINESEC, partenaires techniques et financiers	Moyen, puis long terme
		Inclure l'orientation professionnelle dans les programmes scolaires (dans les domaines où les étudiants peuvent utiliser les connaissances acquises)		
		Programmes de TIVET axés sur la demande dans les différents métiers liés aux secteurs-clés de la croissance	MINEFOP, GICAM, partenaires techniques et financiers	Moyen, puis long terme
		Réviser les programmes de manière à les adapter davantage aux besoins du marché du travail ; y intégrer les compétences non techniques, les compétences en résolution de problèmes et la pensée critique		
		Renforcer les institutions de formation du secteur public		
		Préciser les cibles des établissements de formation publics		
		Encourager les établissements de formation du secteur privé		

Objectif en matière de politiques	Domaines/problèmes/constats relatifs au développement de la main-d'œuvre	Orientations stratégiques des réformes et des mesures relatives aux politiques	Responsabilité	Délais
		Impliquer le secteur privé dans la gestion institutionnelle		
		Élaborer des programmes scolaires réactifs au marché du travail et qui prennent en compte les compétences non techniques et critiques (communication, écriture, résolution de problèmes, pensée critique)		
		Inclure l'orientation professionnelle dans les programmes scolaires		
		Recruter des enseignants ayant une expérience du secteur		
		Fournir un soutien aux enseignants afin qu'ils puissent développer leur carrière professionnelle		
		Fournir un soutien systématique et ciblé aux programmes de formation destinés aux populations défavorisées	Groupe de pilotage interministériel du Cameroun pour le DMO, partenaires techniques et financiers	Continu
		Enseignement supérieur	MINESUP, partenaires techniques et financiers	Moyen, puis long terme
	Absence de données nationales sur l'offre de compétences	Coordonner la collecte régulière de données de qualité sur les indicateurs-clés (inscriptions, programmes, personnel, données financières, données issues des études de suivi des cycles supérieurs) afin d'évaluer l'offre de compétences	INS, MINEDUB, MINESEC, MINEFOP, MINESUP, MINEJEUN, partenaires techniques et financiers	Continu
		Principe de facilitation : Inciter les employeurs à établir des priorités en matière de DMO et à améliorer la mise à niveau des compétences des travailleurs		

suite du tableau page suivante

Objectif en matière de politiques	Domaines/problèmes/constats relatifs au développement de la main-d'œuvre	Orientations stratégiques des réformes et des mesures relatives aux politiques	Responsabilité	Délais
		Thème n° 5. Rôle des employeurs et du secteur économique		
	De nombreuses petites entreprises ne sont pas enregistrées et opèrent sans être autorisées par la loi	Exiger de toutes les entreprises (petites, moyennes, grandes) qu'elles soient enregistrées	Groupe de pilotage interministériel du Cameroun pour le DMO, comités sur les compétences sectorielles, partenaires techniques et financiers, INS	Moyen terme, puis évaluations périodiques
		Offrir des incitatifs fiscaux aux entreprises afin d'améliorer les possibilités de s'enregistrer		
	L'incubation pour les innovations est insuffisante	Innovations de brevets, créer des incitations en favorisant l'innovation		
		Thème n° 6. Incitatifs proposés aux employeurs afin de perfectionner les compétences		
	Les entreprises n'investissent pas dans la formation des employés car elles craignent de se faire voler des ressources humaines et des connaissances	Fournir des mesures d'incitation pour que les entreprises améliorent les possibilités de perfectionnement des compétences des employeurs	MINFI, MINEPAT, GICAM, MINJUSTICE, MINPMEESA, MINTSS, CBF, organisations patronales (GICAM)	Moyen terme, puis révisions périodiques afin d'adapter les incitations et les règlements à l'évolution des circonstances économiques
	Les entreprises n'investissent pas dans la formation des employés car elles craignent le vol de la propriété intellectuelle	Élaborer des règlements pour la propriété intellectuelle afin de protéger les petits entrepreneurs	*Groupe de pilotage interministériel du Cameroun pour le DMO, CTSE*	
		Thème n° 7. Suivi des programmes d'incitatifs		
		Évaluation périodique des programmes d'incitations pour déterminer leur efficacité et leur effectivité		

suite du tableau page suivante

197

Objectif en matière de politiques	Domaines/problèmes/constats relatifs au développement de la main-d'œuvre	Orientations stratégiques des réformes et des mesures relatives aux politiques	Responsabilité	Délais
3. Renforcer une coordination critique				
Dimension fonctionnelle 1 Cadre stratégique		**Principe de concentration et d'assimilation : Formaliser les rôles-clés dans le DMO en vue d'une action coordonnée sur les priorités stratégiques**		
		Thème n° 8. Rôle des ministères et des organismes publics		
	Absence d'une vision unifiée pour développer la main-d'œuvre	Assurer la cohérence des principales priorités stratégiques du développement de la main-d'œuvre	Groupe de pilotage interministériel du Cameroun pour le DMO, INS, partenaires techniques et financiers	Continu
		Thème n° 9. Rôles des parties prenantes du DMO hors secteur public		
	Les éléments prouvant l'existence de mécanismes de coordination avec les entités publiques sont peu nombreux	Élaborer les termes de référence qui définissent les rôles-clés relatifs à une action coordonnée sur les priorités stratégiques	Groupe de pilotage interministériel du Cameroun pour le DMO, INS, partenaires techniques et financiers, organisations de la société civile (ROJAC, DMJ, …)	Moyen terme
	Les mandats des ministères et des organismes publics responsables du DMO se chevauchent dans plusieurs domaines ; il n'existe aucun mécanisme pour assurer la coordination des stratégies et des programmes du DMO. Les rôles et les responsabilités juridiquement définis des parties prenantes hors secteur public ne sont pas clairs	Institutionnaliser la structure des rôles et des responsabilités concernant le développement de la main-d'œuvre en privilégiant la mise en place du Groupe de pilotage interministériel du Cameroun pour le DMO, avec le MINFI, le MINEPAT, le MINEFOP, le MINESUP, le GICAM, le MINEJEC, le MINPMEESA, les comités/conseils pour les compétences sectorielles, l'Association des acteurs du secteur informel, des représentants de groupes de jeunes, et les partenaires techniques et financiers	*MINEPAT ET MINISTÈRES DES SECTEURS-CLÉS DE LA CROISSANCE*	Moyen terme

suite du tableau page suivante

Objectif en matière de politiques	Domaines/problèmes/constats relatifs au développement de la main-d'œuvre	Orientations stratégiques des réformes et des mesures relatives aux politiques	Responsabilité	Délais
		Thème n° 10. Coordination de la mise en œuvre des mesures stratégiques relatives au DMO		
	Absence de communication sur le développement de la main-d'œuvre	Faciliter la communication et l'interaction entre tous les acteurs du développement de la main-d'œuvre à travers la publication régulière d'un bulletin d'information sur le développement de la main-d'œuvre	Groupe de pilotage interministériel du Cameroun pour le DMO	Moyen terme, puis périodique et régulier
	Absence de planification concertée et de mise au point d'une stratégie pour le développement de la main-d'œuvre	Assurer une planification semiannuelle, un examen du plan d'action, le bilan des actions, l'examen des résultats de l'évaluation de l'impact, et l'établissement de priorités lors des forums sur le développement de la main-d'œuvre	*Plateforme non gouvernementale*	
5. Assurer des financements efficaces et équitables				
Dimension fonctionnelle 2 Contrôle du système		**Principe de facilitation : Fournir un financement stable des programmes efficaces en matière d'éducation et de formation professionnelle initiale, continue et ciblée**		
		Thème n° 11. Aperçu des financements pour le DMO		
		Exposer la stratégie de financement		
	Le Gouvernement s'appuie sur les procédures habituelles de budgétisation pour déterminer le financement des établissements et des programmes d'enseignement et de formation technique et professionnelle	Instituer un financement fondé sur les résultats pour les établissements de formation du secteur public	MINFI, MINEPAT, Groupe de pilotage interministériel du Cameroun pour le DMO, partenaires techniques et financiers, CIEP, CCIMA et autres	Moyen terme, puis périodique et régulier

suite du tableau page suivante

Objectif en matière de politiques	Domaines/problèmes/constats relatifs au développement de la main-d'œuvre	Orientations stratégiques des réformes et des mesures relatives aux politiques	Responsabilité	Délais
	Le Gouvernement détermine le financement récurrent pour l'EFTP à travers un processus formel qui implique uniquement des représentants du Gouvernement et produit un rapport annuel sur l'EFTP à des fins internes	**Thème n° 12. Financement récurrent de l'enseignement et la formation techniques et professionnels (EFTP)** Instituer un financement récurrent de l'EFTP à travers un processus formel qui implique à la fois des représentants du Gouvernement et des employeurs du secteur privé ; produire un rapport annuel sur cette base afin d'informer le public	MINFI, MINEPAT, Groupe de pilotage interministériel du Cameroun pour le DMO, partenaires techniques et financiers, MINEFOP et MINPMEESA	Moyen terme, puis régulier avec évaluations périodiques
		Thème n° 13. Financement récurrent de l'enseignement et la formation techniques et professionnels (EFTP) Instituer un financement récurrent de l'EFTP à travers un processus formel qui implique à la fois des représentants du Gouvernement et des employeurs du secteur privé ; produire un rapport annuel afin d'informer le public		
	Les programmes qui encouragent la formation sur le tas dans les petites et moyennes entreprises (PME) bénéficient de l'appui du Gouvernement. Le financement des PFMT ciblés par le Gouvernement profite surtout aux jeunes et aux groupes ruraux. Un soutien est défini par un processus ad hoc qui implique seulement des représentants du Gouvernement dans les organismes de mise en œuvre correspondants	**Thème n° 14. Financement récurrent des programmes liés à la formation pour entrer sur le marché du travail (PFMT)** Formaliser et systématiser le financement des PFMT ciblés bénéficiant aux groupes de jeunes et aux groupes ruraux ; et rendre le processus transparent	*MINADER, MINJEC*	

suite du tableau page suivante

Objectif en matière de politiques	Domaines/problèmes/constats relatifs au développement de la main-d'œuvre	Orientations stratégiques des réformes et des mesures relatives aux politiques	Responsabilité	Délais
		Mise en place du programme de gestion prévisionnelle de l'emploi et des compétences au niveau territorial (GPECT-CAM)	MINEFOP, GICAM, CCIMA	Court terme
		Surveiller et améliorer l'équité dans le financement de la formation		
		Thème n° 15. Équité du financement des programmes de formation		
		Allouer des fonds pour obtenir des résultats efficaces		
	Il n'est pas clair si plusieurs critères sont utilisés pour déterminer le financement destiné aux institutions et aux programmes, et si les critères sont examinés de manière régulière et systématique	Clarifier les critères appliqués pour déterminer le financement des établissements de formation du secteur public	MINFI, MINEPAT, Groupe de pilotage interministériel du Cameroun pour le DMO, partenaires techniques et financiers	Moyen terme, puis continu
		Clarifier les critères pour et périodicité de l'examen du financement des établissements de formation du secteur public		
	Il n'existe pas d'évaluations formelles récentes de l'impact du financement pour les bénéficiaires des programmes de formation, que ce soit au niveau de l'IVET, du CVET ou dans le cadre des PFMT	Faire intervenir des études de suivi pour suivre les bénéficiaires des programmes de formation financés par le gouvernement	MINEFOP, GICAM, INS, partenaires techniques et financiers, ministères chargés de l'enseignement et de la formation	Moyen terme, puis périodique et régulier
		Faciliter des partenariats durables entre les institutions de formation et les employeurs		

suite du tableau page suivante

201

Objectif en matière de politiques	Domaines/problèmes/constats relatifs au développement de la main-d'œuvre	Orientations stratégiques des réformes et des mesures relatives aux politiques	Responsabilité	Délais
	Le Gouvernement facilite les partenariats formels entre les prestataires de formation et les employeurs. Il n'existe toutefois aucune information permettant de savoir si elles ont lieu au niveau national, régional ou institutionnel. Les avantages pour chacune des parties sont également peu clairs.	**Thème n° 16. Partenariats formels entre les prestataires de formation et les employeurs** *Encouragement de partenariats entre les prestataires de formation et les employeurs afin de maximiser les synergies et l'apprentissage*	MINEFOP, GICAM, *MINPMEESA* partenaires techniques et financiers	Moyen terme
6. Assurer des normes pertinentes et fiables				
Dimension fonctionnelle 2 Contrôle du système		**Élargir la portée des normes de compétences de base comme fondement pour l'élaboration de cadres de qualifications**		
	Il existe des normes de compétences pour certaines professions, mais aucun cadre national de qualifications (CNQ)	**Thème n° 17. Normes relatives aux compétences et cadres nationaux de qualifications** Établir les normes d'accréditation en élaborant et en instituant un cadre national de qualifications (NQF) afin de répondre aux normes d'accréditation pour les programmes, garantir la qualité et assurer un processus de certification NQF	Groupe de pilotage interministériel du Cameroun pour le DMO, GICAM, partenaires techniques et financiers, *ministères des secteurs-clés de la croissance*, ANOR	Moyen terme
	Il existe peu de données sur la participation des intervenants à l'établissement de normes de compétences et pour savoir dans quelle mesure les prestataires de formation s'appuient dessus pour élaborer les programmes axés sur les compétences			

suite du tableau page suivante

Objectif en matière de politiques	Domaines/problèmes/constats relatifs au développement de la main-d'œuvre	Orientations stratégiques des réformes et des mesures relatives aux politiques	Responsabilité	Délais
		Thème n° 18. Normes en matière de compétence pour les principales professions		
	Il existe des normes de compétences pour certaines professions, mais pas pour toutes	En collaboration avec le secteur privé, élaborer et mettre en place des normes relatives aux compétences pour les principales professions	Groupe de pilotage interministériel du Cameroun pour le DMO, GICAM, partenaires techniques et financiers, ministères des secteurs-clés de la croissance, ANOR	Moyen terme
	Il existe peu de données sur la participation des intervenants à l'établissement de normes de compétences et pour savoir dans quelle mesure les prestataires de formation s'appuient dessus pour élaborer les programmes axés sur les compétences			
		Créer des protocoles pour assurer la crédibilité des tests de compétences et de certification		
		Thème n° 19. Tester les compétences professionnelles		
	Il est difficile de savoir si les tests basés sur les compétences sont utilisés pour les emplois qualifiés et semi-qualifiés. Aucun élément n'est là pour prouver qu'il existe des tests de compétences pour les principales professions, s'ils évaluent à la fois le connaissances théoriques et les compétences pratiques, et si les certificats délivrés ont un effet sur l'emploi et les revenus	Élaborer des protocoles pour évaluer la crédibilité des programmes de développement des compétences dans les secteurs public et privé	Groupe de pilotage interministériel du Cameroun pour le DMO, INS, partenaires techniques et financiers	Court terme
		Mettre au point des tests basés sur les compétences pour les emplois qualifiés et semi-qualifiés	MINEDUB, MINESEC, MINESUP, MINEFOP, MINJEC, comités/ conseils pour les compétences sectorielles, INS, partenaires techniques et financiers	Moyen terme

suite du tableau page suivante

Objectif en matière de politiques	Domaines/problèmes/constats relatifs au développement de la main-d'œuvre	Orientations stratégiques des réformes et des mesures relatives aux politiques	Responsabilité	Délais
		Thème n° 20. Tests des compétences et certification		
	Les qualifications certifiées par les ministères qui ne sont pas chargés de l'éducation ne sont pas reconnues pour autoriser l'admission dans les programmes formels du ministère de l'Éducation	Évaluer les qualifications certifiées par les ministres non chargés de l'éducation par rapport aux normes nationales d'accréditation d'équivalence	MINEDUB, MINESEC, MINEFOP, MINESUP, MINJEC, partenaires techniques et financiers, CCIMA	Moyen terme
		Exposer les conditions d'entrée et les directives relatives aux emplois au bas de l'échelle pour la reconnaissance des qualifications certifiées par les ministères non chargés de l'éducation, et l'admission dans les programmes formels certifiés par le ministère de l'Éducation		
	La reconnaissance des acquis commence tout juste d'attirer l'attention, ce qui se traduit par le la mise au point d'un cadre réglementaire avec l'appui des bailleurs de fonds	Élaborer un cadre réglementaire (conditions de seuil, lignes directrices) de la reconnaissance des acquis pour les programmes de formation continue		
		Thème n° 21. Tester les compétences pour les principales professions		
	Il est difficile de savoir si les tests basés sur les compétences sont utilisés pour des emplois qualifiés et semi-qualifiés. Aucun élément n'est là pour prouver qu'il existe des tests de compétences pour les principales professions, s'ils évaluent à la fois le connaissances théoriques et les compétences pratiques, et si les certificats délivrés ont un effet sur l'emploi et les revenus	Mettre au point des protocoles pour les principales professions	Groupe de pilotage interministériel du Cameroun pour le DMO, INS, partenaires techniques et financiers	Court terme
		Élaborer des tests basés sur les compétences pour les principales professions	MINEDUB, MINESEC, MINEFOP, MINESUP, MINJEC, comités/ conseils pour les compétences sectorielles, INS, partenaires techniques et financiers	Moyen terme

suite du tableau page suivante

Objectif en matière de politiques	Domaines/problèmes/constats relatifs au développement de la main-d'œuvre	Orientations stratégiques des réformes et des mesures relatives aux politiques	Responsabilité	Délais
		Mettre au point et renforcer des normes d'accréditation pour maintenir la qualité des formations		
		Thème n° 22. Surveillance de l'accréditation par le Gouvernement		
	Absence de surveillance centralisée pour l'accréditation des institutions de formation	Termes de référence et d'action afin d'établir un groupe de travail gouvernemental pour la surveillance des accréditations	Groupe de pilotage interministériel du Cameroun pour le DMO	Court terme
		Thème n° 23. Mise en place de normes d'accréditation		
	Il n'existe aucun cadre national d'accréditation	Préciser quelles sont les normes d'accréditation existantes en élaborant et en instituant un cadre national d'accréditation afin de répondre aux normes d'accréditation pour les programmes, de permettre le renouvellement de l'accréditation des établissements de formation, et l'établissement d'un processus de certification pour le cadre national d'accréditation	Groupe de pilotage interministériel du Cameroun pour le DMO sur l'accréditation, CCIMA, ministères des secteurs-clés de la croissance, MINEFOP	Moyen terme
	Il existe peu d'informations sur la participation des différentes parties prenantes à l'établissement de normes d'accréditation et dans quelle mesure elles sont utilisées par les prestataires de formation potentiels			

suite du tableau page suivante

Objectif en matière de politiques	Domaines/problèmes/constats relatifs au développement de la main-d'œuvre	Orientations stratégiques des réformes et des mesures relatives aux politiques	Responsabilité	Délais
		Thème n° 25. Incitatifs et soutien à l'accréditation		
	Pas de preuve d'incitatifs et de mécanismes de soutien pour que les institutions puissent recevoir leur accréditation	Préciser les incitatifs et mécanismes de soutien existants pour que les institutions de formations puissent obtenir leur accréditation		Moyen terme
		Prévoir la régulation et donner des possibilités de reclassement au niveau du MINFOPRA et du MINTSS	*MINFOPRA, MINTSS*	*Moyen terme*
4. Diversifier les voies pour l'acquisition des compétences				
Dimension fonctionnelle 2. Contrôle du système		**Principe de concaténation :** Promouvoir la progression et la perméabilité éducatives par plusieurs moyens, y compris pour les étudiants de l'EFTP		
		Thème n° 26. Développer des parcours d'apprentissage et favoriser l'articulation entre les différents niveaux et programmes		
	Faiblesse des voies d'apprentissage, de la collecte de crédits d'éducation et de l'acquisition de qualifications	Construire des passerelles et des échelles dans le système d'éducation et de formation et faciliter les transferts de crédits, et la transférabilité de crédits	MINEDUB, MINESEC, MINEFOP, MINESUP, MINJEC, *MINFOF, MINADER, MINEPIA, MINPROFF*	Moyen terme
		Thème n° 27. Perception du public des voies de l'EFTP		
	Il n'existe aucun élément permettant de dire si les étudiants de l'enseignement technique et professionnel ont la possibilité d'acquérir des compétences formelles au-delà du niveau secondaire	Lancer des communications stratégiques pour améliorer la diffusion de l'information concernant l'apprentissage et les parcours professionnels au-delà de l'enseignement secondaire	Groupe de pilotage interministériel du Cameroun pour le DMO, MINESEC, MINEFOP, MINEJEC	Moyen terme

suite du tableau page suivante

Objectif en matière de politiques	Domaines/problèmes/constats relatifs au développement de la main-d'œuvre	Orientations stratégiques des réformes et des mesures relatives aux politiques	Responsabilité	Délais
	Infrastructures pour l'apprentissage tout au long de la vie largement absentes. Les possibilités pour l'apprentissage à vie sont limitées. Peu de données sur la demande en programmes d'EFTP.	**Faciliter l'apprentissage tout au long de la vie grâce à l'articulation de la certification des compétences et à la reconnaissance des acquis**	Ministère de la Culture, ministère du Commerce, ministère du Tourisme, GICAM, *CCIMA*	Moyen à long terme
		Développer les infrastructures pour l'apprentissage tout au long de la vie en créant des points d'accès vers les programmes d'éducation formelle des adultes et d'autres formes d'apprentissage, notamment en mettant en place des lieux publics pour la diffusion des connaissances (musées, centres d'apprentissage, bibliothèques publiques)		
		Thème n° 28. Articulation de la certification des compétences		
		Se référer au thème n° 20 sur les tests des compétences et la certification		
	La reconnaissance des acquis commence à peine à bénéficier d'une certaine attention, comme en témoigne l'élaboration d'un cadre réglementaire avec l'appui des bailleurs de fonds	**Thème n° 29. Reconnaissance des acquis**		
		Se référer aux thèmes 20 et 27		
		Fournir des services de soutien pour l'acquisition de compétences par les travailleurs, les demandeurs d'emploi et les personnes défavorisées		
		Thème n° 30. Appui à la poursuite du développement professionnel et de la carrière		
		Mettre en place les politiques et procédures pour renouveler les programmes		

suite du tableau page suivante

Objectif en matière de politiques	Domaines/problèmes/constats relatifs au développement de la main-d'œuvre	Orientations stratégiques des réformes et des mesures relatives aux politiques	Responsabilité	Délais
	Nombre limité d'institutions de formation du secteur privé enregistrées	Créer un marché de l'apprentissage en s'appuyant sur le secteur privé à la fois pour le pré-emploi et la formation sur le tas	Ministère du Commerce, GICAM	Moyen à long terme
		Révision et mise à jour de programmes existants	Groupe de pilotage interministériel du Cameroun pour le DMO, INS, partenaires techniques et financiers	Périodique et régulière
		Thème n° 31. Prestation de services de formation destinés aux personnes désavantagées		
	Absence de politiques ciblées pour les services de formation destinés aux groupes minoritaires	Élaborer des politiques pour les services de formation destinés aux groupes défavorisés et vulnérables	Groupe de travail du Groupe de pilotage interministériel du Cameroun pour le DMO	Moyen terme
	Thème n° 31. Prestation de services liés à la formation pour les personnes défavorisées			
7. Favoriser la diversité et l'excellence dans la prestation de formation				
Dimension fonctionnelle 3. Prestation de services		**Encourager et réguler la prestation de formation non publique**		
		Thème n° 32. Portée et degré de formalité de l'offre de formation non publique		
	Il semble exister des mesures limitées pour veiller à l'assurance qualité, mais il n'existe aucune information sur ce en quoi elles consistent	Promouvoir la diversité de l'offre de formation formelle en encourageant la prestation de formation du secteur privé	Groupe de pilotage interministériel du Cameroun pour le DMO, partenaires techniques et financiers, CCIMA	Court terme
		Élaborer des mesures d'assurance qualité pour la formation non formelle		Moyen terme

suite du tableau page suivante

Objectif en matière de politiques	Domaines/problèmes/constats relatifs au développement de la main-d'œuvre	Orientations stratégiques des réformes et des mesures relatives aux politiques	Responsabilité	Délais
		Sujet 33. Incitatifs pour prestataires non publics	Groupes de travail du Groupe de pilotage interministériel du Cameroun pour le DMO, *MINEFOP, CCIMA*	Moyen terme
		Se référer aux thèmes rattachés 3, 5, 6, 25, & 45		
		Thème n° 34. Assurance qualité de la prestation de formation non publique		
		Se référer au thème n° 17		
		Thème n° 35. Examen des politiques portant sur l'offre de formation non publique		
		Se référer aux thèmes connexes 3, 5, 6, 17, 25, 38 et 45.		
		Combiner incitatifs et autonomie dans la gestion des établissements de formation publics		
		Thème n° 36. Objectifs et incitatifs pour les établissements de formation du secteur public		
		Se référer aux thèmes 4 et 38		
		Motiver les établissements de formation du secteur public à répondre à la demande en compétences		
		Thème n° 37. Autonomie et responsabilisation des établissements de formation du secteur public		

suite du tableau page suivante

209

Objectif en matière de politiques	Domaines/problèmes/constats relatifs au développement de la main-d'œuvre	Orientations stratégiques des réformes et des mesures relatives aux politiques	Responsabilité	Délais
	On ne sait pas si les prestataires de formation publics disposent d'autonomie. Certains semblent être en mesure de générer et de conserver les recettes, d'avoir un Conseil d'administration et ont peu de canaux pour traiter les plaintes	Assurer l'autonomie des établissements de formation du secteur public en leur permettant de générer et de conserver des recettes, d'établir un Conseil d'administration comprenant des employés du secteur public, des membres des comités/conseils sur les compétences par secteur, et des membres GICAM	*Groupe de pilotage interministériel du Cameroun pour le DMO, MINEFOP, CCIMA, corporations de ministères des secteurs-clés de la croissance*	Moyen terme puis de façon continue
		Créer un mécanisme de réparation des plaintes		
	Il est difficile de savoir si les approbations et les fermetures de programmes de formation sont bien étayées et suivent un processus rigoureux	Spécifier les normes et des processus rigoureux utilisés pour évaluer la validité et l'efficacité externe (résultats sur le marché du travail) des programmes de formation	Groupe de pilotage interministériel du Cameroun pour le DMO, partenaires techniques et financiers	Moyen terme
		Thème n° 38. Introduction et fermeture de programmes de formation publics		
	Les prestataires du secteur public semblent offrir des formations, mais il n'existe pas suffisamment d'informations à propos des conditions dans lesquelles les institutions publiques sont mises en place et fermées	Inciter les prestataires du secteur public à répondre aux normes de développement de la main-d'œuvre en reconnaissant publiquement et en récompensant les prestataires du secteur public qui respectent systématiquement les normes établies	Groupe de pilotage Interministériel pour le développement de la main-d'œuvre du Cameroun, et Comités/conseils pour les compétences par secteur	Moyen terme
		Élaborer des règlements pour la propriété intellectuelle afin de protéger les employés du secteur public		
		Innovations brevetées		

suite du tableau page suivante

8. Favoriser la pertinence dans les programmes de formation

Objectif en matière de politiques	Domaines/problèmes/constats relatifs au développement de la main-d'œuvre	Orientations stratégiques des réformes et des mesures relatives aux politiques	Responsabilité	Délais
Dimension fonctionnelle 3. Prestation de services		**Principe de pertinence : Intégrer l'industrie et de contributions d'experts dans la conception et la prestation de programmes de formation publics**		
		Thème n° 39. Liens entre les institutions de formation et l'industrie		
		Lier l'industrie de la formation avec les institutions de recherche		
	Il semble y avoir certains liens informels entre les institutions de formation et de recherche autour de l'élaboration de programmes de formation et de l'évaluation générale du système	Spécifier et développer des liens formels systématiques entre formation et recherche à travers des séminaires/ conférences annuels	Groupe de pilotage interministériel du Cameroun pour le DMO, MINRESI	Moyen terme puis de façon continue
	Il existe peu d'éléments qui prouvent que le Gouvernement a réussi à établir des liens formels et à encourager la collaboration entre les prestataires de formation et l'industrie	Établir des liens formels entre les prestataires de formation et l'industrie par le biais de congrès annuels de développement de la main-d'œuvre	MINEFOP, GICAM, comités/conseils pour les compétences sectorielles, partenaires techniques et financiers	De façon continue
		Intégrer les contributions de l'industrie et de des experts dans la conception et la prestation de programmes de formation publics		
		Thème n° 40. Liens entre les établissements de formation et l'industrie	MINEFOP, GICAM, MINFI, MINEPAT, CCIMA, comités/conseils pour les compétences sectorielles	Moyen terme puis de façon continue
		Se référer aux thèmes 4, 5, 6, 16, 32, 33, 34, 35, 36, & 39		
		Thème n° 41. Rôle de l'industrie dans la conception de programmes d'études		
		Se référer au thème n° 4		

211

Objectif en matière de politiques	*Domaines/problèmes/constats relatifs au développement de la main-d'œuvre*	*Orientations stratégiques des réformes et des mesures relatives aux politiques*	*Responsabilité*	*Délais*
		Thème n° 42. Rôle de l'industrie dans la spécification des normes relatives aux installations		
		Se référer aux thèmes 17, 18, 19, 20, 21, 22, 23 & 25		
		Thème n° 43. Liens entre les institutions de formation et de recherche		
		Recruter et soutenir les administrateurs et les instructeurs pour améliorer la pertinence des programmes de formation publics pour le marché		
		Thème n° 44. Recrutement et formation sur le tas des chefs d'établissements de formation publics		
	Un cadre institutionnel existe ; les établissements de formation publics en place ont des chefs d'établissements	Examen des compétences en management, évaluation des niveaux de compétences, développement de programmes de formation sur le tas, administration de programmes de formation et certification des programmes		
		Thème n° 45. Recrutement et formation sur le tas des enseignants des établissements de formation publics		
	Un cadre institutionnel existe ; les établissements de formation publics en place ont des instructeurs	Examen des compétences requises pour les instructeurs, évaluation des niveaux de compétences, développement de programmes de formation sur le tas, et certification des programmes		
		Formation en design avec des contributions de l'industrie		

suite du tableau page suivante

212

Objectif en matière de politiques	Domaines/problèmes/constats relatifs au développement de la main-d'œuvre	Orientations stratégiques des réformes et des mesures relatives aux politiques	Responsabilité	Délais
	Bien qu'il existe des liens entre les prestataires de formation et l'industrie dans certains secteurs, il est difficile de savoir si les entreprises apportent leur contribution à la conception des programmes. En outre, malgré les intentions déclarées par le Gouvernement, il n'y a pas suffisamment d'éléments prouvant que l'industrie ait un rôle dans la spécification de normes pour les installations	Établir des conseils pour les compétences sectorielles pour les secteurs-clés de la croissance afin de conseiller le Gouvernement sur les besoins en compétences sectorielles, les normes (exigences minimales), les cadres de qualifications, les options en matière de gouvernance et de financement	MINEFOP, GICAM, comités/conseils pour les compétences sectorielles, partenaires techniques et financiers, ministères des secteurs-clés de la croissance	Moyen terme
		Améliorer les compétences des administrateurs et instructeurs pour le développement de la main-d'œuvre	Groupe de pilotage interministériel du Cameroun pour le DMO, ministères des secteurs-clés de la croissance	Court terme
		Fournir des incitations de manière à ce que les administrateurs et instructeurs pour le développement de la main-d'œuvre participent régulièrement à des conférences afin d'améliorer leur compréhension du sujet, développer des réseaux, échanger des connaissances, et favoriser l'apprentissage par les pairs	Ministères des secteurs-clés de la croissance	
	Les données et informations disponibles sont trop limitées pour vérifier les compétences des administrateurs et instructeurs et instructeurs du développement de la main-d'œuvre	Fournir des incitations de manière à ce que les administrateurs et instructeurs pour le développement de la main-d'œuvre participent régulièrement à des conférences afin d'améliorer leur compréhension du sujet, développer des réseaux, échanger des connaissances, et favoriser l'apprentissage par les pairs	Groupe de pilotage interministériel du Cameroun pour le DMO, partenaires techniques et financiers, ministères des secteurs-clés de la croissance	De façon continue

suite du tableau page suivante

Objectif en matière de politiques	Domaines/problèmes/constats relatifs au développement de la main-d'œuvre	Orientations stratégiques des réformes et des mesures relatives aux politiques	Responsabilité	Délais
9. Renforcer la responsabilité fondée sur les résultats				
Dimension fonctionnelle 3. Prestation de services		**Thème n° 46. Données administratives des prestataires de formation**		
		Coordonner la collecte régulière de données de qualité sur les indicateurs-clés (inscriptions, programmes, personnel, données financières, données des études de suivi des diplômés) pour évaluer l'offre en compétences		
	Données *insuffisantes* au niveau national sur l'offre en compétences	Précise les exigences de communication de l'information requises par les établissements de formation, y compris la périodicité des rapports qui seront produits et mis à la disposition du public	INS avec MINEDUB, MINESEC, MINEFOP, MINESUP, MINJEC, partenaires techniques et financiers, GICAM, ministères chargés des secteurs-clés de la croissance	De façon continue
	Les prestataires de formation publique semblent collecter des données et occasionnellement produire des rapports ; les prestataires de formation privée ne sont pas tenus de recueillir des données et de produire des rapports	Renforcer le suivi et l'évaluation du développement de la main-d'œuvre	Groupe de pilotage interministériel du Cameroun pour le DMO	Court terme
	Le Gouvernement mène ou commande occasionnellement des enquêtes sur les compétences dans un nombre limité de secteurs, mais ne réalise aucune évaluation de l'impact des programmes existants afin de mesurer leur efficacité	Procéder à des évaluations périodiques de l'impact des programmes existants pour déterminer l'efficacité vis-à-vis du marché du travail, la qualité des programmes, les nouvelles inscriptions, le nombre de diplômés, le nombre d'étudiants qui abandonnent	Partenaires techniques et financiers, comités/conseils pour les compétences sectorielles, MINEFOP, MINESUP, INS	Court et moyen terme, puis sur une base périodique et régulière

suite du tableau page suivante

Objectif en matière de politiques	Domaines/problèmes/constats relatifs au développement de la main-d'œuvre	Orientations stratégiques des réformes et des mesures relatives aux politiques	Responsabilité	Délais
		Thème n° 47. Enquêtes et d'autres données		
		Mener des enquêtes périodiques sur la main-d'œuvre et le développement de la main-d'œuvre périodiques afin d'évaluer l'offre et la demande en compétences		
		Thème n° 48. Utilisation des données pour surveiller et améliorer la performance des programmes et des systèmes		
		Met davantage l'accent sur les résultats, l'efficacité et l'innovation en liant les rapports sur le marché du travail et les rapports d'évaluation par les prestataires de formation des résultats atteints, de l'efficacité des programmes, et si les innovations peuvent être encouragées ou pas		
	Le Gouvernement n'utilise pas les données disponibles, et ne met pas l'accent sur la nécessité de collecter des données et de publier les résultats sur le marché du travail des diplômés		Groupe de pilotage interministériel du Cameroun pour le DMO, INS, partenaires techniques et financiers	De façon continue

Note : ANOR = Agence des normes et de la qualité du Cameroun ; CBF = Forum des entreprises Cameroun ; CCIMA = Chambre de commerce, d'industrie, des mines et de l'artisanat ; CIEP = Centre international d'études pédagogiques de Paris ; CIMSGWD = Comité de pilotage interministériel pour le développement de la main-d'œuvre au Cameroun ; CTSE = Comité technique de suivi et d'éducation ; CVET = formation continue ; DMJ =Dynamique Mondiale des Jeunes; DMO = développement de la main-d'œuvre ; DSCE = Document de stratégie pour la croissance et l'emploi ; EFTP = Enseignement et formation techniques et professionnels ; GICAM = Groupement inter-patronal du Cameroun ; INS = Institut national de la statistique ; EFPI = Enseignement et formation professionnels initiaux ; MINADER = Ministère de l'Agriculture et du Développement rural ; MINEDUB = Ministère de l'Enseignement primaire ; MINEFOP = Ministère de l'Emploi et de la Formation professionnelle ; MINJEUN = Ministère de la Jeunesse; MINEPAT = Ministère de l'Économie, de la Planification et de L'Aménagement du Territoire; MINEPIA = Ministère de l'Élevage, des Pêches et des Industries Animales ; MINESEC = Ministère de l'Enseignement Secondaire ; MINESUP = Ministère de l'Enseignement Supérieur ; MINEFI = Ministère de l'Économie et des Finances ; MINFOF = Ministère des Forêts et de la Faune ; MINFOPRA = Ministère de la Fonction Publique et de la Réforme Administrative ; MINJEC = Ministère de la Jeunesse et de l'Éducation Civique ; MINJUSTICE = Ministère de la Justice ; MINPMEESA = Ministère des Petites et Moyennes Entreprises de l'Économie Sociale et de l'Artisanat ; MINPROFF = Ministère de l'Autonomisation des Femmes et de la Famille ; MINRESI = Ministère de la Science et de l'Innovation ; MINTSS = Ministre du Travail et de la Sécurité Sociale ; NAF = Cadre national d'accréditation ; NQF = Cadre national de qualifications ; PRIMATURE = Bureau du premier Ministre ; ROJAC = Réseau des Organisations de Jeunesse pour l'Action Citoyenne.

green press
INITIATIVE

www.ingramcontent.com/pod-product-compliance
Lightning Source LLC
Chambersburg PA
CBHW082353270326
41935CB00013B/1609